**OPEN 是一種人本的寬厚。**

**OPEN 是一種自由的開闊。**

**OPEN 是一種平等的容納。**

OPEN 2

# 原始佛教思想論（新譯本）

作　　者—木村泰賢
譯　　者—釋依觀
發 行 人—王春申
總 編 輯—張曉蕊
主　　編—王育涵
責任編輯—徐平
校　　對—鄭秋燕
封面設計—吳郁嫻

影音組長—謝宜華
業務組長—王建棠
行　　銷—蔣汶耕
出版發行—臺灣商務印書館股份有限公司
23141 新北市新店區民權路 108-3 號 5 樓（同門市地址）
電話：(02)8667-3712　傳真：(02)8667-3709
讀者服務專線：0800056196
郵撥：0000165-1
E-mail：ecptw@cptw.com.tw
網路書店網址：www.cptw.com.tw
Facebook：facebook.com.tw/ecptw

局版北市業字第 993 號
初版一刷：2019 年 1 月
初版2.7刷：2023 年 11 月
印刷廠：沈氏藝術印刷股份有限公司
定價：新台幣 450 元
法律顧問：何一芃律師事務所

# 原始佛教思想論

木村泰賢——著
釋依觀——譯

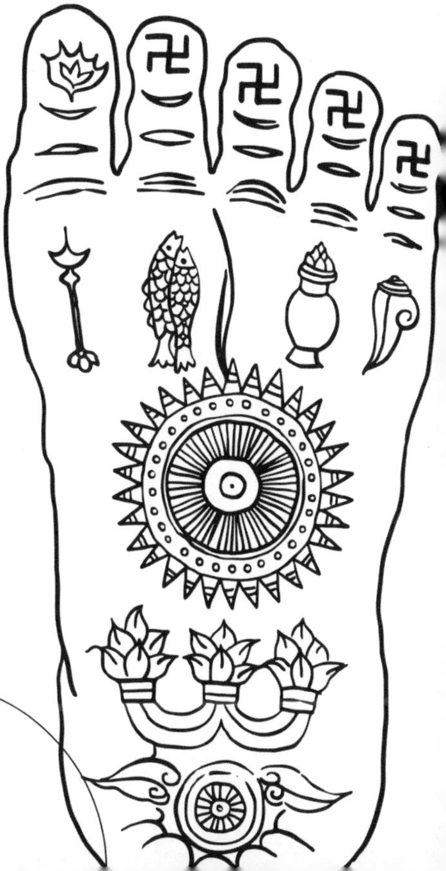

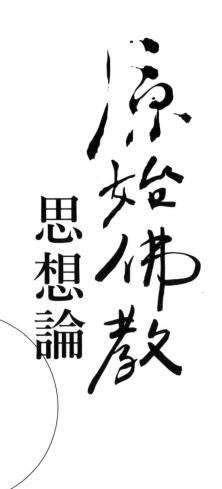

# 二十世紀東亞最佳的《原始佛教思想論》

## ——木村泰賢名著的新譯本導讀

江燦騰（臺北城市科技大學榮譽教授）

東京帝國大學印度哲學第一講座教授木村泰賢，所寫的這本名著《原始佛教思想論》，是他在得文學博士學位與未就任第一講座教授之前所寫的。根據他自己的序文所述，我們可以知道這本書的初稿，是他在留英期間所完成，所花的時間還不到一年。

但修訂稿是在留德期間完成的，但這已是之後又過了一年多的事了。而本書正式出版是一九二二年，先於他的博士論文出版。之後，相隔不久，他的博士論文，也在同一年出版。他因此除能獲得該校文學博士之外，也正式晉升為東大文學科印度哲學專業的第一講座教授，取代在他之前，當時才退休不久的村上專精教授。

至於有關本書原始出版的經過，其實我早在二〇一八年，同樣由臺灣商務印書館出版的首譯《阿毘達摩磨論之研究》的導讀中，已先概要的提及了。如今，本書的中文新譯本又要在臺灣商務印書館出版，我還能多講些什麼呢？並且，為何我會認為本書是二十世紀最佳的《原始佛教思想論》呢？

此一關乎學術史崇高無比的定位論斷，又是居於何種佛教學術史的理由而出現呢？以下就是我的相關簡明解說。

但在正式展開解說之前，我先在此稍微介紹一下，關於這本由臺灣佛教翻譯名家釋依觀比丘尼新譯的現代中文版，和原先由歐陽瀚存用流暢的文言文翻譯的《原始佛教思想論》，全書內容，究竟有何不同呢？

＊　＊　＊

答案是，有三大不同：

第一點不同之處，當然就是釋依觀比丘尼所譯的中譯本，是以現代中文翻譯而不是原來的文言文翻譯。因而，這在閱讀上，當然更容易理解，並且全書內容譯文的清暢與精準，更貼近現代臺灣的讀者口味。在此同時，很多舊譯難解的專有名詞翻譯，如今也都改用現代佛學著作常用的譯法，因此讓現代的廣大讀者在理解上，更清楚和更有親切感。

第二點不同之處是，本書原中文舊譯本，初版是一九三二年在大陸的商務印書館出版的。之後，在一九六八年四月時，臺灣商務印書館的人人文庫中，也將舊譯版的原內容，發行了「臺一版」，並長銷迄今。此一期間，至少有六版重印，但內容沒有任何更新。

因而，原舊譯版最大的內容不足，在於它除了沒有翻譯木村原書作者序文全文之外，也沒有在一九三七年出版的六卷增訂版新加的「附錄：原始佛教緣起觀之開展（特就赤沼、宇井、和辻諸位教授所說而論）」、「追記」與一九二二年之後新出版的重要相關參考書目。

而現在這本由釋依觀比丘尼所新翻譯的全書內容，堪稱是迄今最齊全的現代中文版全文內容。如此一來，它就像長久被歷史灰塵遮蓋的一本原具有鑽石級璀璨的已呈黯淡色調的佛學名著，在精心重譯與增補之後，它又煥發出較之前的殘缺譯本更為光輝、更加豐富、和更為完整的現代學術光芒一樣。

第三點，就是新增我正在書寫的這篇導讀。至於我寫的這篇導讀的內容，有何重要發現呢？請看以下一節的相關解說。

＊　＊　＊

為何我一開始就說，木村的此書，是二十世紀東亞最佳的原始佛教思想論？要做這樣學術論定，可不是任意性的主觀評價，而是有實際的學術史根據的。在過去的幾十年間，由於在此書出版後的數年內，就曾爆發來自宇井伯壽教授與和辻哲郎教授，特別針對木村此書的有關十二緣起解說，提出尖銳的完全對立性的異質解說，而木村本人也強力的提出反駁來自對方的各種不當與扭曲的各點批評，有效而完整的堅守住本身原有的相關詮釋與典據。但因木村本人在一九三〇年就突然心臟病猝死，年紀還不到五十歲，可以說壯志未酬，菁英折損。根據東大名譽教授、國際著名的日本佛教思想史學者末木文美士的最新看法，他認為當初來自宇井伯壽教授與和辻哲郎教授針對木村的緣起論尖銳攻擊，其實是過度現代化的哲學概念強解，不但抽離了緣起論中的所有時間因素，也武斷的選擇性使用早期經典文獻來構成論述內容。

他還提到：辻哲郎教授在一九二六年初版、一九三二年（木村死後二年）第二版的《原始佛教的實踐哲學》一書的批評論點，當時日本佛教學者追隨者甚少。但因木村在東大的印度哲學第一講座教授的教職，立刻由其批評者之一的宇井伯壽也接任。而宇井不但比木村多活了三十幾年，也完全改變了木村之前，享譽日本與東亞佛學界知識圈的「達意型研究（透徹消化相關研究資料之後，提煉出有問題意識的佛教哲學思想性的論點或體系建構）」，改以宇井最擅長的嚴謹佛教文獻學精密研究。因此，以宇井為代表的佛學研究模式，從此完全支配了其後幾十年來的日本佛學研究。

在當代臺灣佛教學者之中，以佛教文獻出版家和佛教史研究，飲譽學界多年的藍吉富先生，也是激賞宇井伯壽教授與和辻哲郎教授的佛學研究方法與批評論點。因此，他在一九八八年主編華宇出版社版的【世界佛學名著譯叢】全一百冊中的第八十冊，就是中譯本和辻哲郎著的第二版《原始佛教的實踐哲學》。而他在出版此書的介紹觀點，則完全引述一九八〇年由京都大谷大學出版的佛教研究法入門書《佛教學研究指南》的第一章的介紹觀點：

從大正末年到昭和初期，日本的原始佛教研究百花齊放，爭奇鬥妍。其中，和辻教授的《原始佛教的實踐哲學》尤以當時佛教界以甚大的震撼。和辻教授嘗試用西洋哲學的方法論去解析原始佛教的教義。使原為佛教學者所專有的佛教研究領域，成為各界都可參與的園地。直至今日，這本書仍可預佛學名著之列，為有意研究原始佛教者的典籍之一。

藍吉富先生完全同意這樣的論述觀點，卻不知這是帶有學術論述缺陷的不完整介紹，相當令人遺憾。而臺灣過去閱讀由歐陽瀚存舊譯的木村著《原始佛教思想論》一書，又缺譯現在新譯本所增加的「附錄：原始佛教緣起觀之開展（特就赤沼、宇井、和辻諸位教授所說而論）」、「追記」的全文，因此，沒有平衡介紹其後木村本人所強力反駁的相關論點。這也導致歐陽瀚存舊譯的木村著《原始佛教思想論》一書，雖在大陸及臺灣地區都發行了幾十年，但卻很少被重視與評論，原因在此。

相對於大陸與臺灣佛學界對於木村所著《原始佛教思想論》的學術論述嚴重缺乏精確的深入理解之冷漠狀況，當代日本最新的權威宗教學者之一的山折哲雄教授，在其一九九八年於日本岩波書店出版的《日本人的宗教意識》（臺灣的中譯本，立緒出版社，二〇〇〇年出版）中提出的相關長文〈消瘦的「佛陀」：木村泰賢、宇井伯壽與和辻哲郎〉（中譯本頁一一七至一六四）就大力為木村翻案。這篇文章還早於前面所説二〇〇四年末木文美士教授於所出版的《近代日本與佛教：近代日本思想再思考之二》一書中所提及的相關論點，即原書中〈和辻哲郎的原始佛教思想論〉和〈以東京大學為中心的學術性佛教學的發展與其問題點〉兩篇內容論述。山折哲雄教授這篇長文是內容豐富無比，批判犀利精準的一流翻案文章。

由於在我這篇簡明的導讀中，無法詳細介紹全文處處精闢無比的論述內容，簡要整理其主要替木村翻案的論述如下：木村的確是用叔本華的「盲目意志」概念，來解釋原始佛教的教理，最深入的「無明緣起」概念，而不是只留於表象的，將「無明緣起」當「無知或痴緣起」來理解。因為這是穿透人生或生命各種苦難來源的幽暗層面之原始驅動力之所在。反之，宇井伯壽與和辻哲郎有關「十二因緣」的詮釋，是完全抽離時間發展順序與「盲目意志」概念，其運用康德哲學巨著《純粹理性批判》一書中的「範疇」概念，亦即以「十二因緣的範疇性概念」來解釋其中的相互關涉性狀況。因此，山折哲雄教授不但批判宇井伯壽與和辻哲郎號稱文獻嚴謹的範疇性概念研究只是「近代矯飾主義」的佛學研究，還認為他們缺乏木村對幽暗人性的深刻體驗和認知，因此導致現代日本佛學研究的枯燥與繁瑣，並與真正的宗教意識無關，也面臨無法突破的窘境。

既然木村《原始佛教思想論》的學術論述，並無重大錯誤，則我們可以重新回過頭來檢視當初木村在《原始佛教思想論》一書中的學術論述建構與相關書寫概念及其方法，究竟是如何形成的？相關解說，還請看下一節的內容論述，即可清楚明白。

* * *

木村泰賢是在一九一二年開始就任東京帝大文科大學部講師，一九一五年出版與其師高楠順次郎教授合著的《印度哲學宗教史》。一九二五出版《印度六派哲學》，並在一九二六年獲帝國學士院的恩賜獎。但，此兩種著作，都是出現在佛教創立之前或佛教出現前後的印度宗教哲學思想，並非直接論述原始佛教思想。

一九一七年十一月，木村晉升為同校文科大學部的助教授。可是，在此之前，也只是在一九一六年六月發表過一篇於《中央公論》上的論文〈奧義書與佛教〉和一九一七年四月於《中央公論》上發表的〈略窺以原始佛教為終點的印度宗教意志論的發展過程〉。

在晉升為同校文科大學部的助教授之後，直到他一九一九年七月出國，成為東大首位以「印度哲學研究」的主體計畫，奉派出國到英、德二國留學進修二年的現職教員為止，他也只發表過三篇與佛教有關的論文，當中有一篇是談原始佛教的禪定觀，有一篇是談佛教解脫主義的特徵，還有一篇是談佛教思想與現代生活的交涉。

因此，單從以上的著作性質來看，他的專長是上古以奧義書各派為中心的各派宗教思想新論述，而有關其《原始佛教思想論》全書內容，其實也才涉及其中的部分而已。因此，他何以能在出國後，就能於短短的八個月左右，就撰成《原始佛教思想論》全書初稿？於是，此點就成了此書撰述過程中，非常令人難以理解的學術之謎。

並且，事實上，有關這一學術謎團的真相，自一九二二年木村出版《原始佛教思想論》一書以來，居然也從未有任何佛教史家探討過——此因就連當時堪稱最了解木村撰述《原始佛教思想論》全書過程的日本佛教學者、木村的東大學弟渡邊楳雄，於一九六六年，特為本書增訂版所寫的「解說」內容，也不曾有洞悉其中的有關全書構思構成的清楚提示；而只是一昧地讚美木村教授當時經常是在床上專注的寫稿，導致床單常沾上墨汁。而全書所述可說是生動流暢，具有很高的可讀性。

甚至，連在當時撰述本書的木村本人，也僅僅在書中稍稍提到，他是先消化過所能到手的相關新著作或文獻研究資料，之後就把參考書籍都搬開，直接一路順暢地快速寫完全稿；之後再花一年多來核對與校正相關內容或引述的文獻。而後此書的原始書名，就是《原始佛教思想論：特別注意有關大乘佛教思想的淵源》，其中的副標題，特別有深意。而後全書初稿校正的這一相關工作，其實是他當時在東大的一些學界知交來鼎力協助的（並且，這些名單，他本人在書序中，也都有一一載明，以示感謝之意）。可是，原先的謎團，依然真相未解。

至於，我個人的相關解說，則如下述全文：

首先，根據山折哲雄教授在其書中的提示，我們已知道：木村當時在東大的老師，也是同校著名的印度宗教學者、日本原始佛教與部派佛教思想的權威、日本近代比較宗教學的主要奠基者姊崎正治教授，是日本第一位翻譯德國哲學家叔本華的代表作《作為意志與表象的世界》一書的譯者，這本書的日本版在一九〇九年問世。

山折哲雄教授接著進一步指出，當時的日文版，其實是用誇張的負面詞彙來翻譯及解說此書。因此儘管木村深受其影響，但在日本當時的社會傳播印象，叔本華的相關論述，並非是很正面與受歡迎的。

如此一來，就導致後來和辻哲郎教授對木村新穎著作《原始佛教思想論》的極為貶抑性批評，其明顯證據，就是指謫木村的緣起概念詮釋，其實只不過是叔本華哲觀點的日本追隨者而已。但，我認為上述的提示，固然有很大的啟發性，卻不能說完全正確。因此，我從另一個角度來解讀。

事實上，木村在各種其著作中，所曾涉及的印度古代宗教思想史地知識、原始佛教與部派佛教的文獻學批判研究，以及提出《原始佛教思想論》的詮釋概念及其體系性的著作、甚至有關原始佛教的人間歷史性佛陀觀與部派佛教的歷史神話性佛陀觀的區隔與論述，也都是先受姉崎正治的深刻影響；其後，才再擴及其他日本佛教學者或以德國研究印度奧義書與佛教的思想關聯性聞名於世的奧登堡教授著作的影響。

此因奧登堡教授，不但是高楠順次郎的德籍恩師，同時也是當時有關早期南傳佛教戒律典籍研究的世界性先驅者與最高權威。因此他出版歷史性存在的劃時代原始佛教著作《佛陀：他的生涯、教理與教團》一書，便成了木村在寫他的《原始佛教思想論》全書時的最初構想的重要參考。因而，木村在其書的導論部分，就提到奧登堡教授的這本書，最大優點是根據佛、法、僧三寶的次第來寫，並成為經典之作。因此，他也是如此詮釋他的《原始佛教思想論》全書體系建構。所不同的是，他是以當中的「法」為全書的論述中心，並且意圖寫出一本有原始佛教的新論書，來溯源性的找出其中有成為日後大乘佛教教理思想的相關發展線索。所以，木村的初版書名全貌就是《原始佛教思想論：特別注意有關大乘佛教思想的淵源》。在此之後，木村更於一九二八年，也就是他過世前的二年，還與日本專業的叔本華著作翻譯者景山折雄共譯及出版有全書註釋的新版奧登堡著《佛陀：他的生涯、教理與教團》一書，可見其一生都高度推崇及深受此書影響。

但是，木村在《原始佛教思想論》的第一篇，使用了「大綱論」的特殊用法，不過這並非他的原創，而是源自當時已擔任東大印度哲學科教授（從一九〇七到一九二二年）的村上專精博士於一九〇一年出版的劃時代巨著《佛教統一論：第一篇大綱論》。

除此之外，村上專精在此書中，曾提出現代性研究佛教的五種方法：第一種是註釋的研究、第二種是達意的研究、第三種是批評的研究、第四種是歷史的研究、第五種是比較的研究。因而，木村撰述的方式，是屬於其中第二種的達意型研究。

只是木村在其書中，他自己一再強調，他是用批判的角度來檢視相關的佛教文獻，區別出其最古層與新出層之不同文獻內容。然後，他再以盲目意志（或非理性的生物貪欲行為驅動力）的根源性無明意識，在第二篇的「事實世界觀」分七章來論述原始佛教四聖諦的苦集二諦，以及從意志自由欲與實踐的無限高遠的道德價值觀來論述第三篇的「理想及其實現」，共分六章來新穎解說原始佛教四聖諦的滅道二諦。

因此，他的全書，得以構成煥然一新的有機論述體系：亦即他引用了當時最新的研究論點與各類南北傳佛教早期經典，再以流暢、新穎、明晰的現代性佛教學術語言，將全書形成有機性結構的論述寫出來。

本書的內容屬於特別針對古代印度哲學第四期時代思潮之一的相關原始佛教思想，是木村泰賢博士所精心撰寫出來的最佳達意型著作。其在日本東大有關印度哲學佛教學的歷史研究中，是重要的轉折點；在二十世紀初期的東亞佛教知識圈內，堪稱首屈一指，並影響之後的研究至今。

# 作者序

一、原先預定《印度六派哲學》刊行之後，將接續出版全體性的《印度佛教史》。但實際著手進行時，才發現若欲了無遺憾地彙整出一部《印度佛教史》，需要相當的歲月。因此，原先的計畫有所改變，新採取的方針是，一部分一部分的予以整理，依序發表，最後才提出全體性的一貫的歷史體系。基於此一方針，以「原始佛教」之題目而獨立成書的，即是本書。其次將及於阿毘達磨佛教（小乘諸教派教理），乃至大乘。此中，關於阿毘達磨中的一部分，是以「阿毘達磨論書の成立の經過に關する研究」（實際是「阿毘達磨論の研究」）為題，將與本書先後發表之。

二、此處所說的「原始佛教思想」，就聖典的材料而言，是指全部阿含部聖典中的思想。阿含部聖典，就其成立言之，在佛教呈現部派化時，已具有現今所見體裁，因此，此中含有小乘的成分，應無可懷疑，雖是如此，然其核心仍含有足以代表真正是佛陀之所說的。亦即佛教爾後雖有所謂大小權實顯密等種種開展，以及與此相應的無數聖典輩出，但阿含部聖典（以及律部）仍含有能傳其最原始面目的資料，而本書所處理的，正是其思想的方面，故得此「原始佛教思想論」之名。

三、剋實言之，與前述有關的原始佛教之研究，東西方學界已有大量發表。西洋巴利學者中，凡是有關佛教的撰述，皆屬此類，而日本方面，以姉崎博士的《根本佛教》為首，也有數種與此有關的著作。更且就學術的見地而言，其中不乏具有卓越成果的。

若是如此，本書刊行的理由何在？總地說來，本書全體具有種種特質，但如次數項更是本書特為值得注意之處：

（一）對於阿含思想作組織性的論述，尤其論及彼與時代精神交涉的方面，可以說筆者意在組成一種新形式的阿毘達磨論書。關於原始佛教雖有種種研究，但對於思想上的處理，大抵只是就經典文句的表面作解釋，如同昔時阿毘達磨論師之所為，大多未能推至其內在的意義。更且昔時阿毘達磨論師雖以阿含部聖典（以及律部）為其基礎，但僅止於從種種觀點揭示其根本主張，大抵欠缺批判的精神，對於問題所在，經常是詳其末節卻失其大體，就今日而言，其不足之處實是不少。因此，本書所採取的立場是，雖也採用昔時阿毘達磨論師之精神，但立於今日學問的見地，直接探究原始佛教思想，又為避免煩瑣，故僅止於闡明其根本立腳地而已。如是的研究法，在原始佛教之研究盛行之今日，至少作為一種見解，應是可以接受的。

（二）嘗試作如此處理時，嚴格吟味佛教思想與當時各種思想的交涉，更且闡明爾後大小乘思想，尤其大乘思想其淵源與原始佛教的內在關係，如表題之括註所顯示，將是本書最大之特質。就吾人的見解言之，佛陀本身所持的立場，既非所謂的純小乘，亦非純大乘，但又小乘與大乘兼具。從而對於比較忠實傳述佛陀的說法與行動的阿含部聖典作思想研究，正是探索爾後大小乘思想（尤其大乘思想）何以產生的契機，在研究上，此乃是極其必要之事項。況且若有意以此為出發點而歷史探究佛教思想之開展，卻欠缺此一方面的準備，將有失其立足點之虞。從在來有關阿含部聖典的研究著作看來，只有姉崎博士的《根本佛教》觸及於此，其他對此都欠缺注意。對於阿含，昔時的中國或日本的學者僅以小乘經視之，漠視此等乃是全體佛教的歷史淵源，而專以巴利語為依據的近代佛教學者若一言及大乘，就視為是後世所添加，忽略此等仍是原始佛教思想的論理性的開展。亦即可以說對於阿含思想與大乘思想兩者之間的連絡之論究，幾乎無所助益。而本書正是嘗試彌補此等缺陷，希望一方面能闡明佛陀本身有關大小乘之立場，另一方面對於佛教思想的歷史的研究有所貢獻。

（三）如是，由於筆者在考案本書時，具有如此特殊用意，因此在敘述及論證時，將擺脫舊套，盡量以新鮮的面目呈現，此亦屬本書的特色之一。亦即在揭出教理項目時，避免如同從前的學者所行，例如對於四諦不作枚舉式的說明，盡可能採取哲學的分類，在處理各個題目時，雖引證種種經文，但不作只是表面的解說，而是嘗試探及其深處的內在意義或價值。從而此中或有過於獨斷或過於深入之見，也是在所難免。尤其對於原始佛教思想之解釋，在參照爾後的大小乘教理後，將先前被視為異端的，改視為正當的，其數不少。例如關於「羅漢論」，肯定大眾部的所謂的五事說；或關於有情的「本質論」（以及輪迴論），肯定近於犢子部所說的「非即非離蘊我」之思想。剋實言之，筆者清楚的了解若作如此解釋，將冒著二重危險：一方面，被所謂的正統派評破為異端，另一方面，被所謂的古典的研究家非難為獨斷。但就筆者而言，此乃是基於不違背所謂的「學問良心」所得的結論，剋實言之，此即是筆者出版本書的意義所在，所說當否另當別論，但是否可以作為本書的特色之一，則完全仰憑讀者認定。

四、筆者撰述本書之前，作為預備功課，可作為參考書的（當然東西方的，都含括在內），至少其中較為重要的，都已一覽。但起稿之際，此等參考書卻完全排除於座右，專以原典（巴利以及漢譯阿含與律部）作為立論方針。此因若一再參考此等，恐將妨礙筆者思想上的獨立，論述恐有拮据之感。雖然如此，筆者絕非忽視此等先進的苦心成果，或將前人所說據為己有。至少若記憶所及，自己的意見若與前人所說相符，或清楚意識到自己所說是受其影響，即一概揭出其出處，此因一來有助於讀者參考，二來不使前人的勞苦落空。尤其姉崎教授的《根本佛教》一書，無論漢巴對照的材料上的使用，或是從根本佛教導出大乘的態度，筆者所附的，實是不少，凡此，在各章節的註解中，皆已明白指出。

五、本書的撰述雖採取上來所說方針，但未必是為當作純粹的學究書而問世。可以說筆者頗為期望縱使是初始才研究佛教的人也能了解且品味之。亦即如筆者在《印度六派哲學》中所說：「既可作為初學者的指南，又可給予意欲進一步研究者作參考」，此亦屬本書刊行的理由之一。從而，為達此目的，佛教中的術語盡量避免使用，且盡可能改為現代用語，又註解與記述也盡量口語化，希望有助於一般人理解。

六、本書雖基於如此用意而起筆，但由於筆者駑鈍，幾乎難以達成此一目的，看著完稿，筆者自己都覺得汗顏。期望簡明淺顯，結果是敘述冗長；期望分類緻密，結果是多所重複，或是論證不足，或是欠缺說明等等，隨處可見的缺點不勝枚舉。剋實言之，再三訂正之後才予以刊行，自是筆者最大希望，但受制於尚有其他研學題目，加上筆者目前還在留學期間，無法專念於此，僅能自我安慰的認為本書多少具有某些特色而予以付梓。萬望讀者諒之。

本書是筆者在倫敦郊外的 Coulsdon 起稿，移住北區的 Highbury 時，大致上已告完稿，最後是在柏林訂正並脫稿。

七、最後列舉撰述本書時，筆者直接或間接獲得其援助者的大名如次（省略書中所引用的著者名）：

Dr. W. Stede，Prof. Rhys Davids，Mrs. Rhys Davids，立花俊道，羽溪了諦，和田徹城，渡邊楳雄。此中的前四位，是筆者在英國起草本書時，無論材料的查詢，或意見之交換上，給予筆者不少資益。而和田與渡邊則是在本書出版之際，或是校正或是作目次與索引，乃至訂正筆者一時疏忽所造成的誤謬等等，盡量幫助筆者將錯誤減至最低。茲誌之於此，並致上感謝之意。

大正十年十月二十四日　在德國奇魯

木村泰賢誌

# 有關典籍之引用應注意的地方

巴利原典皆依以羅馬字出版的版本。漢譯方面，四阿含全部，基於携帶方便，是依據博文閣出版之最小縮刷本，其他則依據普通縮刷或一般的刊行本（譯按：今已都改為大正藏本）。

在記錄此等之引用時，常使用略符。例如：

D. 是 Dīghanikāya 之略（漢譯《長阿含》）

M. 是 Majjhimanikāya 之略（漢譯《中阿含》）

A. 是 Aṅguttaranikāya 之略（漢譯《增一阿含》）

S. 是 Saṃyuttanikāya 之略（漢譯《雜阿含》）

Vin. 是 T Vinaya Text 之略（漢譯《揭出律名》）

Milinda pa. 是 Milinda pañha 之略

Dh. pada 是 Dhammapada 之略

Sutta-n. 是 Sutta nipāta 之略

在引用此等時，巴利的 Dīghanikāya（長部）與 Majjhimanikāya（中部），是揭出經題及其編輯上之數號，並且揭出出版本之卷數與頁數。例如：

D. 2 Sāmaññaphala-s.（I, p.45）

是巴利長部位於第二的《沙門果經》，出版本是第一卷第四十五頁。

但 Aṅguttara、Saṃyutta、Vinaya 等，都僅揭出出版本之卷數與頁數，略去其題章。此等之中，或是題號難得，縱使有題號，若一一列出其題目，恐過於煩瑣。從而，例如：

A.（2, p.45）; S.（1, p.55）

是出版本 Aṅguttara 第二卷第四十五頁或 Saṃyutta 第一卷第五十五頁之意。

又如 Theragāthā、Therīgāthā、Dhammapada、Itivuttaka 等，以經句號碼取代頁數的也不少。例如：

Therag. 35. ; Itivuttaka 5.

意指《長老偈》第三十五首，或《如是經》第五經，並不是頁碼。此因相較於揭出其頁數，此等聖典揭出其編號，將更為適切。在揭出頁數之際，常用 p. 的略號，在揭出編號時，則略去 p. 之略號，而是用其略符，如此將無混亂之憂。

盡可能揭出與前揭巴利本相對應的漢譯本，此時所揭的《長》、《中》二種阿含，同樣是揭出其卷數、經名與出版本（大正藏本）之頁數，《增一》與《雜》則揭出其卷數與頁數。例如：

長阿含　卷五某經（大正一，頁五一二b）

是請參照《長阿含》第五卷之某經，大正藏本第一冊，第五百十二頁第二段之意。

增一阿含　卷七（大正二，頁七一二c）

是見於《增一阿含》第七卷，大正藏本第二冊，第七百十二頁第三段之意。

眾多的引用標示之中，或有不符合此方針的，但大致上，請依據前揭方針而閱讀本書，或利用其引用是盼。

# 目次

# 第一章　原始佛教的處理方式與本書的方針

## 一、資料的處理方式

研究佛教的問題所在，今昔大為不同。昔時的研究是大小乘混融，嘗試從種種經典探究何者才真正代表佛之本意，何者只是誘引的方便說。所謂的「判釋」即因此而起。反之，現今則是探究何者代表真正的佛說，而他者是經由何等徑路發展而成，可以說是一種將紛雜的佛教予以整理並建立其系統的學問方法。亦即昔時認為差異在於佛所施的教化法，今日則是勘定佛陀滅後長達數百千年的歷史發展並予以判釋。從而若探究何者是佛陀所說真正法門，何等經典得以作為代表，即得以闡明佛教教理之源泉，故將此視為是佛教教理研究上最為重要，至少視為是其出發點，不足為奇。

雖然如此，但今日所見的種種經典中，究竟何者所傳是佛教最為原始的面目，嚴格說來，是極為困難，大體上，應是阿含部與聖典律部（小乘律）。此因相較於其他，尤其相較於大抵都是由構思所成的大乘經典，阿含部與律部聖典之記事，無論其場所，或人物或事件，都與實際較為貼近，較能傳述原始的面目。對此，德川時代的富永仲基於其《出定後語》中早已指出，今從南方佛教，亦即巴利語所傳佛典僅與漢譯的律部、阿含部相應，至於諸大乘經，甚至連其名稱都不得見的事實，大體上，更得以確信如此的推定是無可動搖的。就此而言，所謂的原始佛教之研究，若依以文書作為材料而言，可以說就是阿含部與律部的批評研究及其整理而已。

但剋實言之，此也僅只是大體之言。若更推進一步，阿含部與律部的聖典果真能如實傳述原始佛教之真面目？嚴格說來，恐非如此。此因就阿含部、律部聖典而言，被視為其傳持淵源最純正的，是以巴利文所傳的聖典，但依據傳說，此等是在阿育王時代（西元前二六九年舉行即位灌頂式），亦即是在佛滅二百餘年後，才被整理成現存體裁，故其中必然含有此間所發展的教理以及事件。至於與巴利本不同傳承的漢譯本，無可懷疑，在種種方面，其編輯較遲於巴利聖典。但無論巴利聖典，或漢譯聖典，縱使其原形較能忠實傳述所謂的原始面目，但至少就現存所見言之，已是經由所謂部派（小乘十八部）之手所成。從而可以輕易推想其中業已混入部派之見，至少是依據部派之意見而作取捨的。是故，總地說來，現存聖典，無論巴利本，或漢譯本，其傳持者在傳述佛之教法或教團生活時，已盡可能予以類型化，亦即彙整成一定的形態，此乃讀此等聖典之人都首肯的。亦即僅只如此，其原始之純度已有某種程度的喪失，更且其中既含有部派所作的取捨，當然無法無條件的視為能如實的傳述原始佛教之真面目。此正如同基督教福音書並非如實傳述耶穌言行，而是爾後的福音書的記述者加上其基督教觀所成，乃至柏拉圖的《對話篇》中所呈現的蘇格拉底，並非如實傳述蘇格拉底的實際言行，情形如出一轍。

從而，嚴格說來，在研究真正的原始佛教時，需要將阿含部與律部聖典材料中的新古部分予以區分，擇出其中最為原始的。而今後阿含部與律部之研究，其主要題目即在於此。

若是如此，究竟應如何區分？此雖是最困難之事，但首先所幸吾等擁有被視為各別所傳的漢譯聖典（原文是梵文？）與巴利聖典等兩種傳承。據此，至少得以一窺諸派一致所傳的古聖典之面貌。

亦即不同所傳之間若是一致的，縱使不是純粹的原始，但至少可以視為是屬於最古傳的，而其不一致之處，則是該派所特有的，在研究上有種種的線索。當然今日吾等所見的，無論漢譯或巴利本，其之所傳皆非古時所傳之全貌，在傳承中，散佚的恐是不少，而唯見於此派卻不見於彼派的，雖未必是該派所特有，但總有某種程度可作為標準，此乃不爭之事實。就此而言，吾等最應感謝的是，姉崎教授的力作：“The four Buddhist Āgamas in Chinese”（A concordance of their parts and of the corresponding counterparts in the Pāli Nikāyas, 1908, Tokyo）。依據此書，在阿含部聖典的漢巴比較對照上，可以獲得最為有力的導引。進而對於律部聖典，以及由原始佛教發展成部派佛教時所形成論部，若都採用此一方法，相信在原始佛教史料之整理上，應有不少助益。而此乃今後吾等應再多加努力的。

如是，作漢巴兩傳之整理，進而探究其一致以及不一致之部分，依據種種徵證，確定其中的新古，此即是第二段的工作。固然此事相當困難，是否有完全可到達目的之時期值得懷疑，但朝此方針推進，將是今後此一方面的研究者所應盡力之處。嚴格說來，真正的原始佛教之研究必須如此，才得以完成。

上來所述的處理方式，剋實言之，是將「原始」的定義作非常嚴謹的限定。若稍加寬鬆，將「原始」的意義作廣義解釋，則無須如此嚴謹。廣義的「原始」，所指稱的是，佛住世至佛滅後百年之間，亦即小乘諸派未分派以前的佛教，故其資料未必侷限於佛住世的時代。尤其就思想的方面而言，原始佛教的教理未必是完成於佛住世時期。佛陀只是暗示性的表示，或僅只說出輪廓，由其弟子次第予以組織而成的，其數也不少。雖然如此，但只要是真正開發佛陀精神的，都可以視為是原始的，亦即可以與「佛說」同等看待，而此等的紀錄仍需從阿含與律部中探求。其編撰的工作未必只由佛陀的直傳弟子擔任，直至佛滅後一百年，甚至更往後的時期都還持續著，終致具有阿毘達磨聖典的特殊地位，此乃彼等被收入於阿含與律部中的理由。就此而言，在探究原始佛教時，大體上，阿含部聖典與律部聖典仍是其全體資料。此因其中雖含有後世的要素，但至少依據傳說，其編輯是諸多長老上座匯集，其所採錄僅只取用佛所說或真正能代表佛所說的，如後世論書所見的部派的主張或特徵並沒有混入於其中。簡言之，今日所傳的經律是部派所傳，此間有部派視情況而作的若干取捨，在編輯之際，或有所添加，但就其本身而言，大體上，視為代表部派未分以前的佛教並無不可。今將律部與阿含稱為原始聖典的用意在此。但將此當作資料而作研究時，縱使是以廣義的原始佛教作為題目，但必須謹記前述事項，在處理方法上，需常具批判性，此乃將佛教作學術研究時，必須切記莫忘的。

本書所處理的原始佛教，是廣義的「原始」的佛教。既以材料為主，故不外於是阿含（以及律部）之研究。如本書之書目所表示，是專就其思想方面作理論化、哲學化的探究，亦即從阿含聖典探究原始佛教的思想，以及後世思想，尤其是大乘思想之淵源，即是本書的目的。從而剋實言之，在材料的處理上，必然相當龐大。大體上，雖以漢巴一致的材料為本位，但若有漢譯獨傳而巴利本欠缺的情形，在研究上，若屬重要的，仍必須利用。此因大體而言，雖是巴利本較古，而漢譯較遲成立，但就筆者所見，漢譯本中仍存在某些巴利聖典編輯者故意節略的材料，故不能因於未得巴利本支持，就斷定都是後世附加，不能以此理由予以排除。如是，不只利用全體的漢巴兩傳，有時作為參考，代表部派意見的阿毘達磨論或大乘諸經論也有必要引用。此舉看來似乎違反筆者先前所述，對於資料竟任意的採用，但剋實言之，前述的史料的見解若能切記不忘，且常具批判性，仍可說是異於往昔不具批判性的研究。

〔註〕　此處簡單揭出原始聖典之組織，對於初學者，此乃是便利的，故錄之於次。

## 甲、（巴利）聖典

### （一）律藏（Vinaya piṭaka）

大體上，由四個部分所組成。

1. Pāṭimokkha（波羅提木叉）。律之條文。
2. Suttavibhaṅga（修多毘崩伽）。條文之解釋。
3. Khandhaka（犍度）。修多毘崩伽之補遺，歷史研究上，最為主要的資料。二十二品所組成，其中的前十品稱為「大品」（Mahāvagga），後十二品稱為「小品」（Cullavagga）。
4. Parivāra（附屬）。

此等今已轉寫成羅馬字，總計五卷，已出版。

### （二）經藏（Sutta piṭaka）

此由五部組成。稱之為「五尼柯耶」（Pañcanikāyā）。

1. Dīghanikāya 相當於漢譯的《長阿含》。總收三十四經。巴利協會本，三卷。
2. Majjhimanikāya 相當於漢譯的《中阿含》，總收一百五十二經。巴利協會本，三卷。
3. Saṃyutta-n. 相當於《雜阿含》，都是相當短的經文，約七千七百六十二經，五十六篇（saṃ-

yutta）。協會本，五卷（加上索引為六卷）。

4. Aṅguttara-n. 相當於漢譯《增一阿含》。分為十一集（nipāta），總計九千五百五十篇的短文（也有相當長的經文）。協會本，五卷，加上索引為六卷。

5. Khuddaka-n.（小部）。大抵是綱要集的經文之匯集。有十五種。（一）小誦（Khuddakapāṭha）。三歸文等的短篇集。（二）法句經（Dhammapada）。道德的宗教的訓示的文集。（三）感興語（Udānaṃ，優陀那）。因感興而宣說之法義。（四）如是語（Itivuttaka）。相當於漢譯的《本事經》。（五）經集（Suttanipāta）。重要經文之集錄。主要是偈頌。（六）天宮事（Vimānavatthu）。述說天界之事。（七）餓鬼事（Petavatthu）。（八—九）長老偈、長老尼偈（Theragāthā, Therīgāthā）。佛弟子之感興語或述懷之歌。（十）本生經（Jātaka）。佛的本生譚之集錄，收錄五百四十六則。福斯貝爾（Fausböll）添加索引而成六卷，以羅馬字出版。（十一）解釋（Niddesa）。對《經集》（*Suttanipāta*）之解釋，此有 Cullaniddesa 與 Mahāniddesa 二種。（十二）無礙道論（Paṭisambhidāmagga）。主要是揭示修道之德目。具有阿毘達磨的特色。（十三）譬喻（Apadāna）。佛弟子傳。（十四）佛史（Buddhavaṃsa）。過去佛譚。（十五）行藏（Cariyāpiṭaka）。本生經的某些部分以韻文表現。

上來所揭，本生經除外，皆已由巴利協會出版。

### （三）論藏（Abhidhammapiṭaka）

此一部分將另作論述，故略去不錄。

## 乙、漢譯

### （一）律

| | | | | |
|---|---|---|---|---|
| 十誦律（有部所傳） | 六十一卷 | 後秦 | 弗若多羅<br>羅什鳩摩 | 共譯 |
| 四分律（法上部所傳） | 六十卷 | 同 | 佛陀耶舍<br>竺佛念 | 共譯 |
| 摩訶僧祇律（犢子部以及大眾部所傳） | 四十卷 | 東晉 | 覺賢<br>法顯 | 共譯 |
| 五分律（化地部所傳） | 三十卷 | 宋 | 佛陀什<br>竺佛念 | 共譯 |

此中，與巴利律相近的，恐是《四分律》與《五分律》。

### （二）經藏

1. 長阿含（後秦佛陀耶舍、竺佛念共譯）。收錄三十經，分為四品，二十二卷。
2. 中阿含（東晉僧伽提婆譯）。二百二十二經所成，分成五誦，各誦更分數品。六十卷。
3. 雜阿含（宋求那跋陀羅譯）。約收錄一萬五千則小經，分為五十卷。
4. 增一阿含（東晉僧伽提婆譯）。約收錄五百經，分為五十卷。

### （三）論藏

此處暫且略過。

## 二、原始佛教及其問題

在研究原始佛教時，究竟應分成幾許題目？固然可作種種細分，但大體上，擬分成三大題目。第一佛陀論，第二教理論，第三僧伽（教團）論。此係因應佛法僧三寶所作的區分，此三種題目具足，真正的原始佛教才得以呈現。

第一的佛陀論，無庸贅言，是就佛教開祖，亦即就人格的佛陀其人經歷及其人格之研究，是研究佛教的第一步的重要問題。此因在婆羅門教系的宗教中，並無特別的教祖，縱使有類似之說，然其人格極其曖昧，其人格與教理之間並無特殊關係，反之，若脫離佛陀的人格，則無法理解佛教的教理或教團。加之，就純然的教理上的問題而言，在佛教教理史上，佛陀論漸次占有重要地位，此正如同基督教神學中的基督論（Christology），因此，在闡明其出發點上，對於佛陀的歷史的人格之研究，當然是原始佛教之根本題目。

其次所說的教理論，是就佛陀成道後，大約四十五年之間所揭示有關人生問題之歸趣的教法所作的研究。如前所述，阿含部聖典所收主要是佛於此期間所說之教法，因此，必須就此中的理論與實際進行探究。更且爾後有種種開展的大小權實的佛教教理皆由此發展，故此一研究可說是佛教一切教理之出發點。

第三的僧伽論（教團論），是有關佛教教團組織與規定等的研究。教團是維持與發展作為宗教的佛教其實際生命的機關，故研究其成立之經過、勢力、分布之狀況等，不只是理解作為宗教的佛教最為必要之條件，更且爾後所發生的種種佛教史的現象，主要也是與此有關，因此，闡明彼等之出發點，也是原始僧伽研究極為重要的問題。律部聖典實是為闡明此教團規定而編輯的，因此，是研究有關此一問題的主要資料。

作為原始佛教大綱目的此三大項目，只要是作全體的研究，則不能脫離。就此而言，奧登堡等在論述佛教時，是依此綱目作為其論述體裁，此舉可說極其得當。而今後的研究法，當然也是以此作為準則。

前揭三大綱目之外，另有研究上必要的一大題目。此即佛教與時代文明的關係，在正確理解佛教時，此乃不可或缺。此因佛教的成立雖是基於佛陀之無師自悟，但在種種關係上，承自於時代精神的，實是不少，故若忽視之，終不能得其真相。近代學者當然有對此頗為注意的，但日本守舊的學者之中，仍有人將佛所說都視為創見，彼等不清楚何者是佛教獨特之說，何者是當時一般通說，何況對於佛陀在解決種種問題時，其所採取的態度與當時的時代精神具有何等關係等等都不了解，因此，對此，有必要再予以力說。此不僅只限於原始佛教之研究。對於爾後的部派佛教，或種種的大乘教，欠缺此一探討，終究不能得其真相。研究真正的佛教時，不只是研究佛教經典而已，與此相關的時代文明，尤其是宗教思想，通常也必須予以研究與參照。

如是，在闡明全體的原始佛教時，雖含有種種問題，但學者在研究之際，無須平等處理之。可以依其意圖，或以僧伽為中心，或以佛陀論為中心，或以教理為中心，作為其研究方法，此當切記莫忘。此因前揭種種問題之間，彼此皆有密切關聯，故若窮究其中某一問題，必然牽動其他。更且相較於三者平等的處理，如此的處理更能深切探得原始佛教之真面目。此因此三者的任一項目都是大問題，若三者平等注力，將有削弱全體之虞，反之，若僅將全體的問題置於心中，唯專注其中某一方面，即能自由且於其範圍得其窮盡。

如前所述，在本書中，筆者專以教理問題為中心，探究原始佛教的理由完全基於此一見地。亦即本書的目的，是以三寶中的法寶之研究為中心，但佛寶或僧寶之探究還是包含於此中。此因如前所述，從三寶之任一都可以進行，但從佛陀的精神而言，法（dhamma）為其中心，更且從思想史的見地言之，此屬最重要的部分，因此，筆者選擇此一方法。

若言及與時代精神的關係，吾人之立場必須相當慎重。如後文所述，筆者為此特設一章，此外，在論述各個問題之際，亦採取始終不疏忽此一問題之方針。亦即原始佛教之項目若有四個問題，則以教理問題為主，時代精神關係為副，亦即雜揉此二問題的，即是本書的立場。

## 三、原始佛教教理的解釋法

上來所揭是材料的處理方式與研究題目，進而對於教理的處理，筆者擬略述數言。亦即應以教理上的何等眼光看待原始佛教聖典？換言之，收錄佛陀及其直傳弟子所說教法的聖典，其與佛陀本意的關係應如何看待？在佛教教理之解釋上，此具有重大之意義。

佛陀四十五年所說之法，皆出自於其之自覺，全無來自於古來的傳承，此乃佛陀常所明言。亦即佛陀明白指出「此乃如知而行，如行而說，此間無內外，無所隱藏，皆真實不虛」。[1]從而彙編佛

1.《中阿含》卷三四《世間經》（大正一，頁六四五c）；A.（2, p. 24）。

陀所說法的聖典，亦即經律所顯示，必然完全代表佛陀本意，反之——編輯之際的取捨，暫且不論——解釋者其酌情所作的取捨，或添加的解釋，必然違反佛陀真意。就此而言，爾後的小乘派之中，主張無所謂的「不了義」（apanetabba），[2]將一切經文視為是代表佛陀本心之絕對權證，其態度應是可以認可的。

但剋實言之，如此的看待聖典，相當受限於形式。進而若深究佛陀說法的態度或說法的內容，不難發現此間有相當值得探討之餘地。此因佛陀說法的方式相當多是依存當時情事，故探究其根本精神時，不可過分拘泥其說相。今試就四、五項觀之。

第一，就一般的經文見之，乍見之下，似乎是一般性的述說，但若深究其情事，可知相應當時特殊情事的，實是不少。例如巴利《中部》（No. 60）的Apaṇṇakasutta。[3]此經乃是佛陀為憍薩羅國的荼羅（Sālā）婆羅門村所說。從內容看來，完全是破斥六師等所主張的非道德的懷疑的態度，進而揭示應相信因果。經中既無四諦之說，亦不言及中道，可以說佛教的成分很少。何以如此？此因荼羅婆羅門村尚未接受佛陀教化，亦即就佛陀而言，是首次之布教，換言之，作為進入本論之準備，首先是破斥其非宗教的立場，進而揭示一般的因果，強調宗教之應受重視。從而若將此經視為直顯佛陀本意，縱使不能說是錯誤，卻是相當遠離佛陀核心之解釋。又如《中阿含》卷三的《羅云經》（M. 61 Rāhulovāda-s.）。此係佛陀以其子羅睺羅為對象，痛切揭示戲言與妄語之害，乍然見之，羅睺羅只是一般的說法對象。但若從律的記事觀之，可知羅睺羅年幼出家，因年幼戲心不止，頻頻以戲言、妄語欺騙諸長老，據此可知是為矯正羅睺羅，才有此經之成立。亦即是特為少年時代的羅睺羅的惡癖所施的教誡，爾後一般化，遂成為《中阿含》中的一經。但若認為有關戲言妄語的特殊教誡，是專就羅睺羅而設，未必是對所有的人，作如此的解釋，想必也是可以。依此例推之，《中阿含》卷七的《分別聖諦經》（= M. 141 Saccavibhaṅgasutta）也具有此意。佛陀最初轉法輪，為五比丘揭示四諦法門，佛陀此時的說法，雖如同法界轉輪王即位式時之宣言，但此中仍含有對機之意味。亦即此中力說修行要道是不苦不樂之中道。當然此乃佛陀的修行觀中，最具特色之處，具有普遍之意義，在最初的轉法輪時，作此宣言，毫無不自然。雖然如此，但若思及憍陳如（Aññā or Aññāta Koṇḍañña）等五比丘是與修行時代的佛陀（亦即所謂的菩薩）同修苦行的人，佛陀認為苦行非真道而放棄修之，但彼等以為佛陀墮落，捨之而去。為此，佛陀特為彼等揭示耽於快樂之非，同時，也揭示其排斥無意義的苦行之立場，如是等等，無疑的，都有其相應之事實。從而如果佛成道時，阿邏羅迦羅摩（Āḷāra Kālāma）與欝陀迦羅摩子（Uddaka Rāmaputta）猶生存在世，更且佛陀是為彼等轉最初之法輪，則佛陀當時所說之法，必然是稍異於為五比丘所說。

類此之例，不勝枚舉，但若深加探究，佛陀的說法大部分屬此種類。可惜的是，對於當時佛陀說法對機的人物性格與當時情事，今無法具體揭出，因此一一予以證明頗有困難，但至少大體上，佛陀的說法是依時處位而有所斟酌，將是無可懷疑。此乃有「如來知義、知法、知度、知時、知會眾」[4]之讚嘆之所以，雖然如此，但若因此而認為佛之所說皆是其之內證，仍有所困難。佛陀之所說只是觀機逗教，此乃在解釋經文時，必須切記莫忘的。

---

2.《異部宗輪論》（大正四九，頁一五 a ff）大眾部之條項，以及 Sumaṅgalavilāsinī（p.12）。
3. 此經漢譯不傳。
4. A.（3, p.148）；姉崎正治《根本佛教》附錄（頁一五）。

第二，上來主要是就經典所載而言，進而就教團的外在規定的律文觀之，相較於經典所載，其所表現更為顯著。此因佛所制定之戒律，主要是在事件發生過後才訂定，亦即其相應時處位之特色，較經典更為明顯。從而縱使已經制定，亦可能相應時處位而變更，或另設特例，此依律文所載，即得以知之。後世視為最嚴重的規定，其初始只是相應當時狀況而制定，類此的情形不少。例如有關三衣之規定，比丘著上衣、中衣、下衣等三衣是正規，不可超過。若依據律文所載，佛陀從吠舍利前往鉢遮羅塔時，途中，在露地過夜，由於天寒，披上三衣才得以禦寒，遂有此戒之制定。[5] 如果當時佛陀是在迦濕彌羅過夜，則此制度將有相當大的不同，此從其制定精神推之，將是不爭之事實。後世被視為極為嚴峻規定的三衣制度若是如此，則其他小戒據此也可推知。從而若欲透過律規探究佛陀精神，卻僅只拘泥表面條項，將失其真意，所謂的隨方毘尼、隨時毘尼之說實有強調之必要。佛陀入滅之際，給予阿難如次的遺誡：

阿難！我入滅後，僧伽小小學處（小戒）可捨。[6]

此可說是無可辯駁之證明。可惜的是，依據傳說，第一結集之際，由於不能確定此小小戒之範圍，迦葉再三考慮後，決定不採用此遺誡，導致後世對於戒律的持守極其保守，雖然如此，但至少從戒律中探討佛陀本意時，常將前文所述置於心中，自能獲得佛陀真意。

第三，對於當時一般的習慣與信仰的態度，佛陀一方面以峻嚴的批評的精神予以取捨，但另一方面，在不傷害其精神的原則下，基於教化之必要，對於當時的習慣或信仰，是採取廣泛協調的態度。與此等有關的種種教說之中，若有不一致的，在有助於所謂的佛陀主義的情況下，是完全採用，反之，採取排斥態度的，也不少。例如梵天信仰。依據當時婆羅門的信仰，梵天是娑婆世界之主，是主要的神格，佛陀所面對的既然是婆羅門社會，此一信仰自然不能忽視。因此，佛陀一方面承認彼之存在，更且委以佛陀之讚嘆者與隨喜者之任務，在佛教中，此梵天有時是作為佛陀思想之保證者，[7] 有時是勸請佛陀說法的勸請者。[8] 但另一方面，對於將此視為究竟之理想而不接受佛陀之教化者，則指出其存在之不確實性，藉以顯示其信仰之無稽。例如《長阿含》的《三明經》（Tevijja-s.），[9] 佛陀曾質問信奉梵天道的婆羅門：何人實際見過梵天？更且給予若僅只憧憬無實之名稱，正猶如戀著幻想之女之告誡。要言之，對於當時的信仰雖仍保留幾分餘地，然其本意實是不承認的。僅依梵天勸請之記事或隨喜之記事，就認為佛陀對梵天亦持敬意，將是大違佛陀本意。見於種種聖典的魔羅（māra pāpimā）之記事也一樣。佛陀所以提出「魔羅」之說，主要是以當時的世俗信仰比擬修道之障礙，絕非意指如同幻影的惡魔。此如溫提須（Windisch）與瓦雷（Warren）之所述。[10] 若忽視此一事實，只專注於經文表面，將會把佛陀視為如同福斯貝爾（Fausböll）所說的 “Visionary man”，[11] 一直都

---

5.《五分律》卷二〇（大正二二，頁一三六 a）。
6.《長阿含》卷四《遊行經》（大正一，頁二六 a）；D. 16 Mahāparinibbāna-s.（2, p.154 ——南傳大藏經卷七，長部二，頁一四二）。
7.《雜阿含》卷四四（大正二，頁三二一 ff）；S.（1, p.136~140）。
8. M. 26 Ariyapariyesana-s.（1, p.168~169 ——南傳大藏經卷九，中部一，頁三〇一~三〇四）；《佛本行集經》卷三三（大正三，頁八〇六 a ff）。
9.《長阿含》卷十六《三明經》（大正一，頁一〇五 b ff）；D. 13 Tevijja-s.（1, p.241ff ——南傳大藏經卷六，長部一，頁三四一 ff）。
10. Windisch : Māra und Buddha（S. 192）；Warren : Buddhism in Translations（p.63 footnote）。
11. S. B. E., X. Introduction to Suttanipāta（p. XIV）。

是以幻影作為其戰鬥對象。

類此之例不勝枚舉，無論如何，據此看來，應知欲得佛之真意，不可僅拘泥於經文的表面。

第四，更就佛之自覺與覺他的連絡而言，此間更有必須特加注意的。亦即相傳佛陀初成正覺，三七日思惟時，慮及其法甚深，恐無人能解，曾一時決意不傳其教法。[12]更且此佛陀一時之決心，正是當時佛陀心理的事實。若是如此，則梵天勸請之傳說正是因此而得以產生。總之，其動機究竟如何？雖然有佛陀改變其決心，毅然從事布教如此明顯的事實，但筆者認為從自覺移至覺他時，佛陀對於其教說必有幾分斟酌。此因曾令佛陀決意不傳其教法的所謂甚深之法，若直接揭示，眾人無法領受。此若對照前文所述的佛陀最初轉法輪時，存在著對機的考慮，即得以理解。

如是，揭出種種理由，探究經典所載與佛陀本意的關係，將經典所載都視為顯示佛陀本意，終究是不恰當的。所謂的小乘家，是大乘家給予將經典所載都視為佛陀本意且不可更動的人的貶抑名稱。其實若是批判力強，自然認為佛陀所說有真諦（paramattha）與俗諦（vohāra）等二方面，尤其以上座部自居的說一切有部，彼等容許聖典內有不了義經（義理未完成）之說，[13]主張經典之解釋應超越文句而著重於精神。對於只執著經典文句，不敢跨越一步的人，《大毘婆沙論》曰：「有著文沙門執著文字，離經所說，終不敢言。」[14]而據此更加深入的，即是所謂的大乘教，大乘運動的起源之一，顯然正是意欲從經典的文句中，探究出佛陀精神。就此而言，縱使非如後世大乘家所說「佛陀於阿含聖典之外，直說種種大乘經」，但為探求佛陀真意，對於阿含聖典、律部聖典，亦須以大乘的精神待之。現今所傳聖典是在相當類型化，阿毘達磨化，亦即所謂小乘化之後所編輯的，因此，為獲得原始的精神更有必要如此。若漫不經心，輕視各種經文，或作與此顯然矛盾之解釋，在學問上當然不容許，但若無法窺見並闡明一一經說以及潛藏於其背後的全體思想，終究不能獲得佛陀真意。

要言之，依據筆者所見，佛陀的立場具備既非大乘亦非小乘，同時，又是小乘與大乘之要素。今日所傳的原始聖典，縱使編輯上，偏向小乘色彩，但在處理時，必須採取前述立場。此乃筆者的原始聖典觀，基於此一立場，既顧慮大小乘之教理，又施以稍微自由的解釋，此乃撰述本書之所以。

12. 參照註10。
13. 《異部宗輪論》（大正四九，頁一六c）＝《十八部論》（大正四九，頁一九a）＝《部執異論》（大正四九，頁二一c）。
14. 《大毘婆沙論》卷五〇（大正二七，頁二五九b）。

# 第二章　時勢與佛教

## 一、時勢的概觀

所謂的佛陀時代，無庸贅言，當然是指西元前五、六世紀前後。此一時期的印度，在種種方面，在文明史上，是劃時代的時期。無論民族的發展，或政治的關係，或一般的教學，都屬一大轉向之時期。因此，為稍微了解此時代之風潮，首先擬就其文明的一般趨勢見之。

首先就文明舞台觀之，當時印度文明地區，大體上，如同前期，仍侷限在德干以北的大陸，亦即北部的三角地帶，尚未及於半島。[1]當然此時代的文化運動才剛觸及於半島，但尚未顯著。故大體上，可說是前期之末。

不同的是，文明中心地之移動與主動者有所不同等。一、二百年前文明之本源地是恆河上游的俱盧（Kurukṣetra），以此為中心，旁遮拉（Pañcāla）、瑪亞（Matsya）、修拉協那（Śūrasena）等或作為勢力國或種族，是政治與文化之中心地。此即婆羅門所說的中土（Madhyadeśa），婆羅門教即於此地奠立其基礎。位於南方或東方的拘薩羅（Kosala）、迦尸（Kāśī）、韋提波（Videha）等諸國（亦即種族），雖與中土的文明有所交涉，但尚未發揮顯著的特色，例如摩訶陀（Magadha），如同阿富汗尼斯坦的犍陀羅等，是被《阿闥婆吠陀》視為外國，[2]是被婆羅門的「法典」視為半雅利安，半野蠻的下等種族，[3]幾乎不擁有任何勢力。然隨著時勢改變，原先的中土，固然無庸贅論，所有的舊國日漸衰落，而被婆羅門文明者視為鄉巴佬，被視為下等人的東南邊陬國的種族勃興，擁有主要勢力，實是此一時代最應注意的現象。大敘事詩《摩訶婆羅多》所述的大戰爭，導致庫魯、旁遮拉等種族疲弊，而參加此次戰爭的鄉巴佬受中土文明感化，歸於故國後，某種程度應用其文明施設，並採用富國強兵之策，逐漸增強勢力，更且受文明南下的趨勢所促，邊陬國也逐漸發展，遂產生如此的變化。如是，此間新舊種種邦國（嚴格說來是獨立的種族）輩出，依據佛典所載，在佛陀時代，計有十六大國。[4]雖然如此，但有其特色，有其勢力的，都是新興國。尤其拘薩羅的舍衛城（Sāvatthī）、摩訶陀的王舍城（Rājagaha）、嗟彌（Vaṃsā，Vatsā）的憍賞彌（Kosambi）、跋耆的吠舍利（Vesālī）等，作為當時最有名的新都市，是種種文化運動之中心地。此等新興國表面上縱使曾受婆羅門文明影響，但不如中土之根深柢固，[5]其人種縱使是雅利安人種，但並非來自中土之移民，而是早已分支且有某種程度的混血，[6]因此在中土文明的外衣之下，正適合形成特殊的文明。

---

1. 參照《印度哲學宗教史》（總敘，第一節中）。
2. 參照《印度哲學宗教史》（本論第一篇第三章第三節中）。
3. 參照《印度哲學宗教史》（本論第四篇第二章第三節中）。
4. 《佛說人仙經》（大正一，頁二一三 cf）；《長阿含》卷五《闍尼沙經》（大正一，頁三四 b）；A.（1, p.213 ——南傳大藏經卷十七，增支部一，頁三四四～三四五）；A.（4, p.252 ——南傳大藏經卷二一，增支部五，頁一四六）；Rhys Davids : Buddhist India（p. 23~34）。
5. Oldenberg :Buddha（7te Aufl. S. 72~73）。
6. R. Fick : Die Sociale Gliederung im Nordöstlichen Indien zu Buddha's Zeit（S. 8）。

此中，最應予以注意的是，在此時代勃興的摩訶陀。此摩訶陀，是被《巴達亞那法典》（*Baudhāyana dharma sūtra*）等視為吠舍與首陀羅之混血種，是被極度輕視的國家，但約早於佛陀一代，亦即西元前六百年前後，自協修那加（Siśunāga, Śiśunāga）建設王國以來，其國勢開始興盛，到了佛陀時代，拘薩羅除外，無可匹敵。南至頻度耶山，北至恆河，東至瞻波河，西至梭那河（Sona），擁有廣大的領地，故足以稱霸天下。[7]從而，因應其國勢而有種種特有文明發展，此徵於頻毘沙羅王設定摩訶陀特有之曆日一事，即可知之。[8]尤其對於新思想，最為歡迎，給予保護，努力發揮其特色。從有名的六師，乃至其他種種非婆羅門新思想運動以此地為中心而發展，而佛教至少初始也是興於此地等等看來，即容易理解。就此而言，新興國的真正代表者是摩訶陀，因此，將摩訶陀文明說為當時新文明之代表者並不為過。更且此摩訶陀在佛陀時代雖與拘薩羅勢均力敵，但自佛陀晚年以後，逐漸壓倒拘薩羅，爾後未及二百年，更開啟統一全印度之端緒，若據此推定，至少長達數世紀，支配印度的，是此新文明。佛教實是乘此新文明而起，更且成為其指導的精神，因此，就某種意義而言，佛教可以說是摩訶陀文明的產物。

要言之，佛陀時代的文明地，就全體言之，雖是未及於半島的北部地區，但其中心地已從西部移至東部，從北部移至南部，亦即從所謂的舊都移至僻野。佛陀時代的中土，主要是指此等新興地區，北至拘薩羅，南及於摩訶陀，東至嚩嗟（以憍賞彌為首都），西至鴦伽（Anga，以瞻波為首都）等。其文明之指導者，相對於前期的婆羅門，此時期主要是以國王為中心的剎帝利擔任，又由於都市發展的經濟上的關係，長者、居士等實業家漸次發揮其實力，可說是與前期相當不同之特色。從而產生特權階級之變動，也不足為奇。婆羅門教所訂的四姓順序是婆羅門、剎帝利、吠舍、首陀羅，反之，根據佛教方面的史料，大體上其順序是剎帝利、婆羅門、吠舍、首陀羅，如此順序未必是因於佛陀出身於剎帝利種，而是因於當時的實際勢力而定。從而其文明色彩，相對於前期的形式的，此時期是實質的；相對於前期是靜的，此時代是動的；相對於前期的思想方式是詩的形而上的，此一時期，可以說是形而下的實證的，有如此的不同。更且相對於前期，此時代之文明是人間的，其理由也全在於此。前期的文明若稱為婆羅門文明，則此時期的文明可稱為剎帝利文明。若以日本史為例，相對於以京都為中心的公卿文明的前期文明，此時期的文明是以武士市人為中心的鎌倉或江戶文明。亦即此期的文明，只有典雅莊重方面不及前期，但若從人間的，富含生氣方面而言，是前代所不能及。

若觀察當時文明的特色，暗默之間，即得以會得佛教興起的理由與使命。第一，佛陀不是婆羅門出身，而是出身於剎帝利種；第二，其出生地是在拘薩羅之東，所謂邊陬地帶的迦毘羅城；第三，選擇新興國作為修行場所，尤其是摩訶陀；第四，以摩訶陀為中心，在新興國拓展教線；第五，標榜非婆羅門主義，但亦意欲救濟過分趨於極端之弊；第六，其信眾主要是剎帝利、長者、居士等，彼等大多屬於當時社會上的菁英等等。總之，佛陀之興起是當時的時勢所促成。佛教之興起與當時時勢之間，實有超乎從來所想定的深厚關係，此乃不能忽視的事實。凡此種種，尤其思想方面，雖是必須逐步闡明之，但在此預先略言如是數句。

7. Rhys Davids : Buddhist India（p.4, p.24）。

8.《五分律》卷十八（大正二二，頁一二二b），曰：「爾時，瓶沙王作五歲一閏，外道、沙門、婆羅門皆悉依承云云。」

## 二、當時的思想界

相應前述的外在的文明趨勢，其內在的趨勢，亦即當時精神界也是極其多事。婆羅門教雖意欲維持其往昔勢力，但終歸欲振乏力，故種種主義或信仰不同的學流輩出，相互辯難抨擊，導致喪失人心歸趨，此乃當時思想界之大觀。筆者曾將此時代前後一、二百年間的主要思想傾向，大致分成四股潮流而作觀察，茲述之如次。[9]

第一，正統婆羅門教的潮流。主張維持往昔的三大綱領（吠陀天啟主義、婆羅門至上主義、祭祀萬能主義）。

第二，俗信的潮流。非如第一股潮流般的拘泥於形式，而是以種種神格，尤其以梵天（Brahmā）、毘紐拏（Viṣṇu）、濕婆（Śiva）等三者為中心之運動，一神教的潮流自然由此產生。大敘事詩《摩訶婆羅多》的中心思想即此，可視為是婆羅門的通俗運動之一。

第三，哲學的潮流，主要是受梵書、奧義書所激發，尤其從種種方面，將奧義書內在發展的思想傾向作理論的發展。數論、瑜伽等所謂六派哲學的大部分，至少就其種子而言，即萌芽於此一時代。

第四，非吠陀的潮流。前揭三股潮流就某種意義言之，都與廣義的吠陀有關聯，反之，此乃全然不承認吠陀權威，欲作獨立自由之考察者。所謂的六師即此，佛教也可視為是其中之一。

亦即如是諸潮流，或是分化，或是妥協，以種種形態相應人心之歸趨，此實是此學派時代，亦即西元前六百年至四百年之間的思想界大觀，而佛陀時代是其釀成期。

但剋實而言，此僅只是概括的觀察。是從全體印度哲學宗教史之見地而作的分類，依據佛教史料未必得以全部證明之。因此，今雖將此分類置於心上，但無須拘泥之，主要是依據佛教史料而見當時思想界狀況，闡明佛教思想之淵源及其地位。

## （一）婆羅門教

當時婆羅門教雖已失其勢力，但仍遍布於各地，至少在形式上，具有相當的權威。此從漢譯《中阿含》梵志品的十經[10]之所顯示，即可知之。婆羅門教是根深柢固的國民宗教，至少彼與種種儀禮有關連，在日常生活上，其影響頗鉅。

若是如此，當時婆羅門教是如何狀況?首先就聖典看來，《阿闥婆吠陀》的地位雖尚不明朗，[11]（請參照註3?）但至少將《梨俱》、《夜柔》、《沙磨》等三種吠陀總稱為「三明」（trividyā, tevijjā）的風習早已圓熟。加之，種種所謂的吠陀支（Vedāṅga）也成立，進而也將「史傳」（Itihāsa; Mahābhārata）視為第五明。聖典常見的學殖深厚的婆羅門，是「通三吠陀，通字彙學（nighaṇḍu），通語源學（sākkharappabhedana），通達第五之史傳（Itihāsa），乃至通文法學（veyyākaraṇa），世

---

9.《印度哲學宗教史》（第五篇第一章）。

10.《中阿含》卷三八至四二。巴利聖典取別種之分類。

11. 漢譯通常稱為「四典」，《阿闥婆》也包含在內，但巴利《阿含》通常是稱之為「三吠陀」（tayo vedā），並無「四吠陀」（cattāro vedā）之稱。巴利《阿含》中的「阿闥婆」（Athabbaṇa）之名稱，僅見於 Jātaka（4, p.490）與 Suttanipāta 927 的 Āthabbaṇa。都是當作咒術或醫書的名稱使用。爾後，到了 Milinda pañha，阿闥婆雖被當作吠陀之一（Trenckner's ed. p.178），但不能以此證明佛陀時代已有此吠陀。總之，在漢巴佛典成立次第的研究上，是應予以注意的事項，故特別詳述之。

學（lokāyata），大人相學（mahāpurisalakkhaṇa）之人」。[12] 亦即相對於奧義書等，在三吠陀之次，置阿闥婆耆者羅（Atharvāṇgiras）作為第四，將史傳置於第五，[13] 至此時代，是將吠陀支分之一的語言學置於第四，取代《阿闥婆》，顯然已將語言學之學習視為正統婆羅門之標準資格。又，傳持與學習此等之學派（Śākhā）也有種種，此從《長阿含》卷十六的《三明經》（= D. 13 Tevijja-s.）所揭行祭僧（addhariya, skt. adhvaryu）中，有夜柔派一派的 Taittirīya 婆羅門、沙磨一派的 Chāndogya 婆羅門（Chandoka Brāhmaṇā）、詠歌僧（chandavā; skt. udgātā）等名，即可知之。[14]

據此看來，當時婆羅門文學的本典（Vedasaṃhitā）固然無庸贅言，梵書（Brāhmaṇa）、吠陀支分書（Vedāṅga）乃至經書（Sūtra）等都已齊備，是不爭之事實。佛陀的時代，在文學史上，正相當於經書時代，從此事實推察，也無可懷疑。[15]

基於此等的婆羅門之祭祀，在當時仍然盛行。大至「馬祠」（aśvamedha; pālī: assameddha），小至日常之火祭（Agnihotra），種種祭祀之舉行，在經中隨處可見。《長阿含》卷十五的《究羅檀頭經》（= D. 5 Kūṭadanta-s.）載有「某一婆羅門聽聞佛陀盛名，以為佛陀如同彼，也是通曉祭規者，遂詢問佛陀三種祭法與十六種祭具」的記事。亦即依此記事得以了知當時的婆羅門仍以祭祀為主要，通曉祭祀是其獲得盛名之所以。

相應重視祭祀，其所祭之神大多因襲自往昔。阿耆尼（火神）、蘇摩（酒神）、蘇利耶（日神）等名稱在當時依然保存。若依據佛教史料，當時以婆羅門為中心，彼等最重視的神格是梵天（Brahmā）、三十三天之主的帝釋天（Sakko devānaṃ indo）、守護四方（Lokapāla）的四天王（Catumahārājā）等。此等屬於新的神格，因此，對於諸神的信仰顯然已有很大變遷。此中，梵天最受彼等重視，被視為是世界之創造者，尤其婆羅門種是由其口出生，死亡後，生於梵天界是最高理想，此乃是婆羅門始終對佛所說的。

> 我是梵天。是大梵天。是勝者。是不敗者。是全智者。是支配者。是自在。是作者。是計畫者。是最勝者。是分配者。是過去未來之聖父。一切眾生是我所作。

類此的當時的梵天神格觀，[16]在《長阿含》卷十四《梵動經》（＝D. 1 Brahmajāla-s.）等隨處可見。此即前文所述的，佛陀所面對的，既然是此類信者，自然不能無視於其信仰，從神話的立場，梵天屢屢出現在佛教中，其因全在於此。依據筆者推定，爾後大乘教的文殊與觀音等信仰，承自此梵天神話的，實是不少，爾後在種種方面，是佛教中的重要角色。更且此梵天既然是佛陀時代的中心神格，在研究印度宗教歷史上，具有極為重要的暗示，此當切記莫忘。此因就婆羅門聖典觀之，從種種的法典以及大敘事詩的《摩訶婆羅多》之中，可以窺見梵天與守護神信仰之盛行，但隨後梵天的地位

---

12. 例如 M. 93 Assalāyana-s. 曰：tiṇṇaṃ vedānaṃ pāragū sanighaṇ ukeṭubhānaṃ sākkharappabhedānaṃ itihāsapañcamānaṃ padako veyyākaraṇo lokāyatamahāpurisalakkhaṇesu anavayo.（2, p.147：參照南傳大藏經卷十一上，頁一九五）。漢譯《中阿含》卷三七《阿攝惒經》譯為「誦過四典經，深達因緣正文戲五句說」（大正一，頁六六三c），文義不明。《長阿含》卷十三《阿摩晝經》的「三部舊典諷誦通利，種種經書皆能分別，亦能善解大人相法祭祀儀禮」（大正一，頁八二a），同樣有欠缺正確之嫌。
13. 參照《印度哲學宗教史》（總敘第二節中）。
14. 關於四祭官以及吠陀支派，請參閱《印度哲學宗教史》第一篇第一章、第二篇第一章、第四篇第三章第二節等（三明經，巴利本，D. 1, p.237；漢譯，大正一，頁一〇五b）。
15. 關於經書的時代，請參閱《印度哲學宗教史》（第四篇第一章中）。
16. D. 1 Brahmajāla-s.（1, p.18 ——南傳大藏經卷六，長部一，頁二二）；《長阿含》卷十四《梵動經》（大正一，頁九〇c）。

即由毘紐拏天與濕婆天取代，而佛陀時代的梵天信仰，正處於此短暫的期間。[17]

佛陀時代，毘紐拏、濕婆，亦即自在天（Īśāna）等雖已逐漸抬頭，但仍未能及於梵天足下。[18]

與前揭的神觀相同，佛典中所見的婆羅門之行持，得以與法經、大敘事詩《摩訶婆羅多》等的規定相應的，確實不少。例如《中阿含》卷三十八《鸚鵡經》（＝M. 99 Subha-s.）揭示理想的梵志之行持：真實（sacca）、苦行（tapa）、梵行（brahmacariyā）、讀誦（ajjha）、離欲（cāga）[19]等，雖已見於奧義書，[20]但正與法經所規定的修行期的梵志修養項目相當。佛典隨處可見的一類婆羅門，欲得清淨而頻行水浴，將此視為聖事的風習，實與大敘事詩《摩訶婆羅多》屢屢推獎的規定相當。此外，當時的風習與佛典、法經、《摩訶婆羅多》等所載頗能相應。例如佛典載有舍衛城某一長者過世，彼無子嗣，故其財產被官府沒收的故事，[21]此即婆羅門的法經在當時被實際施行的證據。[22]又如後文的政道論之所介紹，[23]佛陀為比丘說法時，揭示國王應守之十德，此時佛所說的十法，也與《摩訶婆羅多》所揭的毗修瑪（Bhīṣma）所說的國王的義務相應。就此而言，筆者認為在深入探察婆羅門教與佛教關係時，法經與《摩訶婆羅多》有必要詳加比較研究。

要言之，佛陀時代的婆羅門教，就其形式而言，是屬於已全部完成的時期。若更進一步言之，則如前文一再所述，其形式已完備，精神卻喪失，只固執形骸，已到達無法導正新起的人心的時代。此乃諸教派取代競起之所以，但另一方面，彼等的根柢仍是牢固不可拔，也是不爭之事實。此不只是梵天之例，如後文所述，佛陀述及在種種方面，如何與婆羅門教締結因緣之策，其因亦在於此。加之，在此時期，婆羅門教興起一種通俗運動，嘗試相應新起的人心，也是事實，就爾後此成為印度教諸派之種子而言，在某種意義上，可以說是新婆羅門教的胚胎期。

## （二）種種的沙門團

相對於舊婆羅門教喪失其生氣，當時，充滿活氣，隨處競起的是，有特種主張的教團。組織此等教團的，通常稱之為「沙門」（samaṇa，勤息）。更且為與普通的婆羅門有所區別，遂以「沙門、婆羅門」稱呼當時的思想家（宗教家）。此依佛陀在介紹當時的種種意見時，是說為「某沙門、某婆羅門」，更且在爾後的旃檀羅崛多（Chandragupta）時代，旅居印度的希臘人梅嘉斯提尼斯（Megasthenes）將印度的學者分成沙門與婆羅門等二種的記事，可以知之。當然就歷史而言，此沙門之制度或名目，出自於婆羅門之遁世生活，亦即第三期與第四期的生活，或其終世行者（naiṣṭhika），但至少在佛陀時代，產生異於一般的婆羅門制度，完全不受婆羅門的傳統教條或規定拘束，自由出家，更且極力主張其所主義的，異於普通婆羅門教的種種沙門教團。更且受當時新興氣運所刺激，平凡傳統的婆羅門教已不能令求道者或一流的主張者滿足，故彼等爭相在此一方面開

---

17. 參閱 Hopkins : *Religions of India*, Chap. X。
18. 參閱 S.（1, p.219 ——南傳大藏經卷十二，相應部一，頁三八三）；《增一阿含》卷十四（大正二，頁六一五 a）等。
19. M. 99 Subha-s.（2, p.199 ——南傳大藏經卷十一上，中部三，頁二六〇）；《中阿含》卷三八《鸚鵡經》（大正一，頁六六七 c）。
20. 參閱《印度哲學宗教史》（第三篇第四章第二節中）。
21. S.（1, p. 91 ——南傳大藏經卷十二，相應部一，頁一五三）；《增一阿含》卷十三（大正二，頁六一二 c）。
22. 參閱 "Āpastambīya dharmasūtra"（2. 6. 14. 5）。
23. 參閱本書第三篇第二章。

拓精神境地。將彼等視為最能代表當時精神界，並不為過。如前節所述，以摩訶陀為中心，盛行此種運動，新興國是彼等的舞台，是促進彼等氣勢的背景。例如佛陀最初師事的阿邏羅迦摩羅（Aḷāra Kālāma）、欝陀迦羅摩子（Uddaka Rāmaputta）正是以摩訶陀或吠舍利之附近為根據地的沙門團統領，最初團體性的歸依佛陀的 Jaṭilakā（亦即三迦葉兄弟）也是居住在摩訶陀。與佛陀辯論的尼俱盧陀梵志（Nigrodha《長阿含》卷八《散陀那經》= D. 25 Udumbarika-s.）是住在王舍城附近。尤其所謂的六師，爾後，雖遍行於新興諸國，但仍以摩訶陀的王舍城作為彼等之中心地，在種種徵證之上，此乃無可懷疑的事實。[24]此外，依據《五分律》所載，[25]摩訶陀王頻毘沙羅之弟迦留曾設一大齋，召集九十六種異道，縱使此非確實之數，但據此看來，當時有諸多沙門團存在是不能否認的。佛陀最初出家時，沒有前往婆羅門根據地的俱盧（Kuru），反而以吠舍利、王舍城，作為其修行場地，應是因於此地乃是新思想家之淵叢。四處參師問法，不能獲得滿足的佛陀，最後雖到達無師獨悟之自覺，但直接間接的，佛陀仍承受其感化，將是無可懷疑的。加之，佛陀成道後，不傳教法的心意所以改變，並且決定轉法輪，依據傳說，是梵天指出當時摩訶陀思想界混亂，希望佛陀救濟，[26]梵天的問題暫且不論，就此傳說的精神言之，佛陀欲默而不能默的動機之一，是不忍心見摩訶陀的新思想家動輒危害人心。亦即一方面，佛陀乘與彼等相同之氣勢，另一方面，將引導彼等至正軌視為其任務之一。若欲正當理解佛教，在此一方面，必須給予從來所行更多的注意，此須切記莫忘。

如是，以東部新興國為中心，興起種種沙門團，進而與西部的婆羅門自由思想家相呼應，隨處可見主義與信仰不同的教團出現，此乃筆者稱當時為學派時代釀成期之所以。彼等的特徵是，彼等沙門團的主義與信仰不同，其教團之開祖或領袖個人風格顯著地影響教團色彩。尤其主義距離婆羅門教越遠，其開祖或領袖的意義越發深重。婆羅門教是國民的傳統的宗教，故其傳持者不具有何等特別意義，反之，由個人意識所產生的沙門團其生命完全依存於開祖的人格與主義。就此而言，在此時代，以所謂的六師為首，以種種固有名詞稱呼的教團極多，此應特加注意。此乃國民的宗教即將形成普遍的宗教之際的重要階段，因此，在理解印度宗教史上，尤其在理解以佛陀的人格為中心的普遍的宗教的佛教時，是不能忽視的事件。

要言之，形式的婆羅門教可說是官僚主義的宗教，反之，在文明轉化期，在一般民眾之間，生起基於自覺的思想的要求，是此時代種種教團輩出之所以。當此風潮之際，其中趨於極端，具有所謂的危險思想者輩出，但無論如何，不得不承認此等皆是為獲得傳說中的真實所致。從前的古佛教者，只是簡單的將彼等視為六師輩邪說，導致無法理解佛陀依之而起之所以，以及佛教富含社會的順應性之所以，此當切記莫忘。

### （三）奧義書系之思想

以上主要是依據佛教史料略述當時思想界之一斑，除此之外，紀錄不明，但在闡明佛教思想之所依上，仍存在必要予以研究的問題。此即奧義書系的思想與佛教有何等關係？此因奧義書系的哲學思想，在印度思想史上，最為重要，更且早已占有地位，因此了解其與佛教的關係，在訂定佛教

24.《增一阿含》卷四二（大正二，頁七七八 b f）。
25《五分律》卷七（大正二二，頁四八 c f）。
26.《五分律》卷十五（大正二二，頁一〇三 c）。

的地位上，極為重要。

首先就奧義書觀之，就嚴格的文獻言之，不可思議的，奧義書與原始佛教的關係完全無法得知。古奧義書中沒有與佛教有關之記載，原始佛教的資料中，也沒有明白指出奧義書之名稱與思想的。嚴格說來，奧義書時代與佛教時代應是連續的，但佛陀是否知道奧義書，都值得懷疑。此乃企圖研究全體印度思想史的筆者最感困惑之處，實言之，是最困惱的問題。

雖是如此，但大體上，佛陀在種種方面，受過奧義書影響，更且據此而圓熟其思想。例如業說，在古奧義書中，此乃是不能公開之內秘教，[27]但到了佛教時代，宛如成為各派公認之思想；又關於物質觀，古奧義書中，是三要素說，[28]到了佛陀時代，四大說或五大說都是一般承認之說。尤其如漢譯《雜阿含》的「如是，彼我一切不二不異不滅」之說，[29]在奧義書中也有類此之論述。加之，就佛陀自覺之內容及其教理之根本的「法」（Dhamma）的背景等看來，若不言及奧義書之大思想，終究無法說明。[30]因此，不得不承認縱使不是直接，至少也是間接的，奧義書的思想與佛教之間有深厚關係。此因萌發自由思想的奧義書只是婆羅門的內秘教，主要流傳於以西部為中心的婆羅門之中，婆羅門感化薄弱的東方不甚流行，因此，與佛陀並無直接交涉，雖是如此，但至少仍以一般的空氣的方式，暗中影響思想界，進而成為佛教思想的背景。

其次受此奧義書所激發的主要學派，就筆者所見，應是數論（Sāṃkhya）、瑜伽（Yoga）、有神派等三股潮流（吠檀多派雖是奧義書之正系，然其成立較遲，故此處略過）。此中，關於有神派，在佛陀時代，如前所述，是以梵天為中心的時代，雖已有毘濕拏與濕婆（亦即自在天，Īśāna）之名目，但尚不明顯。但以梵天為中心之信仰，或以神話之形態或作為創造支配宇宙之主而與佛教有所交涉，此於前文已曾述之，故多少可知其關係。

其次關於瑜伽，當然巴丹闍利（Patañjali）的瑜伽派較遲於佛教，就筆者所見，彼等是受佛教影響，因此與原始佛教沒有關係。但就廣義的禪定派而言，在佛陀時代已以種種形態存在，因此佛陀也受其影響，應是無可懷疑的。具有組織性的四禪定或四無色定，當然是佛教的，然其要素是來自於阿邏羅或鬱陀迦，此乃佛陀自己之所明言。加之，佛教盛行使用的禪定術語的「三昧」（samādhi，三摩地、等持）一語，是奧義書終期開始使用之語，到了《薄迦梵歌》（Bhagavadgītā）等才見圓熟，因此，可以說佛陀的禪定法，終究也是來自廣義的瑜伽的潮流。

第三，關於數論派，此乃諸學者最盛行論究的問題。筆者在《六派哲學》中[31]已曾論之，故在此不多作論述，僅簡單揭出其結論如次。——佛陀時代尚無今日所見的以《僧佉耶頌》（Sāṃkhyakārikā）為依據的數論派。但若就奧義書乃至數論派的思想傾向言之，亦即從相較於本體，較重視現象的說明；相較於主知的原理，較重視主義的原理；觀察物心時，喜好使用分析的態度，更且將其關係與緣起的系列連結的學風看來，此乃當時最為有力的考察法。數論派是應用奧義書中的此一學風，更且朝向稍異於其正系的方面發展而成立的，而佛陀承自此一般學風的，也不少。筆者認為佛教與數

27. 參閱《印度哲學宗教史》（第三篇第四章第一節中）。
28 參閱《印度哲學宗教史》（第三篇第三章第二節中）。
29. 《雜阿含》卷七（大正二，頁四三c）。
30. Prof. Wilhelm Geiger : Dhamma und Brahman（Sonderdrucke : Der Zeitschrift für Buddhismus 1921 München, S. 73~83）對此作非常值得注意的觀察。
31. 參閱《印度六派哲學》（第三篇第二章第一節中）。

論思想有所類似，原因不外於此。若欲為此思想系統排序，論理的探究從奧義書至佛教的思想發展，數論思想應是早於佛教。就此而言，筆者同意奧登堡在"Die Lehre der Upanishaden und die Anfänge des Buddhismus"中所作的組織與觀點，依此順序，筆者曾撰述經由數論而以原始佛教作為終點的〈印度における主意論發達の經過〉一文。此文刊載於《哲學雜誌》三六四號至三六五號，有興趣者可以參考。

要言之，關於奧義書系之思想，若直接從佛典探察，無法獲得其與佛教之間的交涉。但從大體的氛圍看來，至少間接的，與佛教大有關係，此終究是不可懷疑的。今後有關此一方面的精細研究，也是最重要的一個問題，此當切記莫忘。

又，與此奧義書系思想齊肩，被視為梵書系哲學思想的彌曼差派、勝論派與尼夜耶派等，也有必要略述數言。但彼等其成立較遲於佛教，與尼夜耶派有間接關係的議論法除外，其先驅思想與佛陀不大有交涉，故此處略過。但若有必要需與佛教教理作比較時，將適度的論述之。

## 三、諸沙門團的主張

前節所述佛陀時代的諸教派中，關於婆羅門，筆者在《印度哲學宗教史》中已有述及，而奧義書系（梵書系）的思想也已在《印度六派哲學》中述之。從而此處無須述說彼等所論，但關於當時沙門團的主張，筆者尚未發表，故在此有必要稍作介紹。此因如前文所述，以及後文各章節之所指出，在種種方面，佛陀的主張或態度都與彼等有所交涉，因此有必要大致的理解。嚴格說來，此乃是一獨立的大問題，探其根本並不容易，因此，作為理解佛教之輔助，今主要是從佛教方面的介紹與批評略作論述。

首先就問題的所在而言，當時諸派所論，大體上，仍是世界的起源，或人生之歸趣。例如世界有邊或無邊，聖者死後是有是無，身與命是同是異等等，都是彼等喜好論述的題目，更且其所歸是闡明最終歸趣之道吾人如何實現？就此而言，可以說彼等的問題實與奧義書以來的問題，並無太大差異。不同的是，其解答完全是自由的，不受傳承拘束，乃至於傾向於詭言或懷疑的，也不少。

《長阿含》卷十四《梵動經》（＝D. 1 Brahmajāla-s.）以網羅當時所有學派的所有問題及其解答而聞名。據其所載觀之，當時諸派所論的題目與解答，大體上是如次八項。第一，常見論（sassata-vāda），主張無論世界或是自我，都是常恆的。第二，半常半無常論（ekacca sassatikā），主張世界與有情，一部分無常一部分常恆。第三，有邊無邊論（antānantikā），論述世界有限或無限。第四，詭辯論（amarāvikkhepikā：不死矯亂論，捕鰻論），對於任何事，不作決定性的解答，故難以掌握其確切意義，恰似鰻魚之難以捕捉。第五，無因論（adhiccasamuppāda），主張一切只是偶然現象，並無因果關係。第六，死後論（udhamāghatamikā），就死後的意識狀態作種種解釋。第七，斷見論（ucchedavāda），主張死後一切斷滅。第八，現法涅槃論（diṭṭha-dhamma nibbāna），論述何等狀態是現在最高的境界。此八項更可細分而成六十二見，恰如將魚收於網中，此六十二種見解含括一切主張，此即名為《梵網經》之所以。無庸贅論，此中所揭，必然含有基於佛教之立場的，雖然如此，但據此可以得知當時的問題所在及其大致之解答，故仍可說是珍貴的資料。亦即當時諸派是就種種方面，提出種種意見，沙門團成立之所以，主要在於此。更且彼等通常相互問難，故論辯術大為發達，[32]甚至有為辯論而辯論的學派出現。當時的詭辯派實孕育於此，佛陀雖禁止對於為辯論而辯論，但從某一方面而言，佛陀的辯論法所以相當銳利，也是養成於此氛圍中。

前揭八項六十二見，主要是一般的分類，因此，本應就各派一一述之，可惜的是，有關此一方面的材料並不豐富。六十二見中的哪些觀點是哪一派的主張等等的問題無法解決。尤其最為遺憾的是，佛陀最初師事的阿邏羅迦羅摩、欝陀迦羅摩子的主張並無詳細傳述。此二人所說雖不能令佛陀滿足，但至少在佛教所說的禪定的地位中，阿邏羅所說的無所有處定，以及欝陀迦所說的非想非非想處定是相當高位的，據此看來，其人生觀對佛陀必然也有相當影響。在後世的「佛傳」（《過去現在因果經》、《佛所行讚經》）中，阿邏羅為佛陀說明生死之次第，提出冥初—我慢—痴心—染愛—五微塵氣（五唯）—五大—煩惱—生老死之順序，若確實是如此，則彼應屬數論師之類。更且佛陀的十二因緣觀之淵源實在於此，因此，在種種方面，具有極為重要的意義，可惜的是，古阿含的紀錄中，看不到類此之記事。從而筆者認為縱使是真實的史料，但若沒有經過精細的批評研究，終究難以斷定是阿邏羅的人生觀。關於欝陀迦，後世的紀錄並沒有更詳細的記載，其主張更難以窺知。總之，阿邏羅與欝陀迦是以禪定的修鍊為主的沙門團統領，都有各自的主張，更且其系統於彼等死後仍然相續，此從彼等之弟子與佛陀的問答，即可知之。[33]

關於各個學派的意見，雖有不當之處，但其中仍值得一論的，此即是前文所說的六師。有名的《長阿含》卷十七《沙門果經》（= D. 2 Sāmañnaphala-s.）為首，隨處可見彼等所論。[34]從印度哲學宗教史的大潮流看來，此六師（耆那一派除外）雖不具有太大地位，但至少在佛陀當時，以摩訶陀為中心，仍相當發揮其顯著的特長，更且與佛教有相當多的接觸。今依《沙門果經》所載，簡單介紹其主張如次：

第一，富蘭那迦葉（Pūraṇa Kassapa）之說，主要是倫理的懷疑論。主張善惡主要是依習慣而定，故行惡或行善，並無與其對應之業報。

第二，摩訶梨瞿舍羅（Makkhali Gosāla）是所謂生命派（Ājīvaka or Āīvika，邪命外道）的始祖，依據佛教方面的資料看來，此人是極端的必然論（fatalism）者。亦即主張吾人的行為或運命都有自然運行所定之規律，非人力所能改變，若能置之不理，前後經數百劫，終能到達解脫之境地。可說是一種無為恬淡派。若依據耆那所傳，此乃其開祖大雄（Mahāvīra）的徒弟之分派，若依據佛教方面所傳，則是難陀跋嵯（Nanda Vaccha）之後繼者。總之，是與耆那派相近之學派，在佛陀時代擁有相當的勢力，耆那派除外，六師之中，其勢力最大。[35]

第三，阿夷多翅舍欽婆羅（Ajita Kesakambalin），徹底的唯物論者，認為人只是四大所合成，

---

32. 離支難、墮負等，與尼夜耶論理有關係之語，已見於佛典。例如 D. 1 Brahmajāla-s.（1, p.8 ——南傳大藏經卷六，長部一，頁一〇）；《雜阿含》卷四八（大正二，頁三五二 a）。

33 M. 26 Ariyapariyesana-s.（——南傳大藏經卷九，中部一，頁二九〇 f）；《中阿含》卷五六《羅摩經》；S. 35, 103, Uddaka（——南傳大藏經卷十五，相應部四，頁一三二 f）；《中阿含》卷二八《優陀羅》（大正一，頁七七五 c）等。

34. A .（3, p.383 ——南傳大藏經卷二〇，增支部四，頁一三八 f）；S.（1, p.65~67 ——南傳大藏經卷十二，相應部一，頁一〇九 f）；《雜阿含》卷四九（大正二，頁三五九 c）；S.（1, p.68f）；《雜阿含》卷四六（大正二，頁三三四 c f）等，詳見 Aṅguttara; Saṃyutta 等之索引。

35. 關於 Ājīvaka，請參閱 *Hasting's Encyclopaedia of Religion and Ethics* 中的 Hoernle 的論文（1, p.259~268）; B. M. Barna's The Ājīvaka（Calcutta 1920）; Sumaṅgalavilāsini（1, p.160~165）等。

死後一切皆無，從而人生的目的只是快樂，故排斥一切嚴肅的倫理。所謂的順世派（lokāyata），實是用以指稱持此人生觀者。此說也可見於耆那的"Sūtra Kṛtanga"（I. 1, 12~13）。

第四，浮陀迦旃延（**Pakudha Kaccāyana**），與阿夷多翅舍欽婆羅所說恰好相反，主張物心不滅，但所作的論證是極為機械的。認為人是由地、水、火、風、苦、樂、生命等七種要素所成立，依此等之集散離合而有生死之現象。此七要素永遠不滅壞，例如以刀殺人，但此刀刃只是通過七要素之分合點，生命本身並無變化。提倡此說的本意，恐是意欲藉此脫離對於生死之怖畏，但應予以注意的是，刀刃無法傷害生命的觀點，類似《薄迦梵歌》（*Bhagavadgītā*）一書中所說。[36]

第五，散惹耶毘羅梨子（**Sañjaya Belaṭṭhiputta**）的主張，可說是一種氣氛主義者。認為相應當時的氛圍而作的判斷，才是真理。例如對於有關未來之問，當時認為是「有」時，回答是「有」，即是真理，爾後，認為是「無」，回答是「無」，也是真理。此較希臘的普羅達瞿拉斯（**Protagoras**）的將人視為萬物尺度之說更進一步，是依不同情況的氛圍而決定萬物之尺度。

最後，第六的尼乾陀若提子（**Nigaṇṭha Nātaputta**），此即有名的耆那教之開祖或其大成者。本名是瓦達瑪那（**Vardhamāna**）。是稍早於佛陀的前輩，更且其教團勢力相當強盛，至少曾經有一段時間是與佛教處於伯仲之間。《沙門果經》所揭的尼乾陀若提子的主張是一種命運論，但若依據比拉（**Bühler**）所作的推定，[37]此應是基於某種理由所導致的誤解。其教理應是以命（**jīva**）與非命（**ajīva**）的二元論為基礎，設定種種範疇，用以說明一切，在實行方面，以重視極端的苦行與極端的履行不殺生為其特色。六師之中，與佛陀的接觸最多，更且教理上，共通的也不少。有助於闡明原始佛教的地位，因此有必要深入研究其關係，但目前無暇顧及於此，且留待他日再作論述。

要言之，前揭六師都是因應當時革新的潮流而起，都是為反抗傳統的婆羅門主義，而提出各自的主張，故與佛陀並無差異。只是其中或趨於極端，動輒危害世道人心，因此，佛陀提倡中正穩健之說，以破斥彼等作為任務之一，雖是如此，但至少彼等令當時的思想界充滿活氣，在印度思想史上，終究是不可泯沒的。加之，依據佛教方面的資料，此中雖有只是為破壞而破壞的，但當切記莫忘的是，此乃來自於佛教方面的抨擊。實則如前文所述，彼等的立場仍有甚深的含意。例如富蘭那迦葉的無善無惡，從而亦無善惡報應之說，乍見之下，似乎是非道德的主義。雖然如此，但若更深入探究，彼恐是認為行為本身並無絕對的善惡。戰場上殺敵，不是惡，而慈善協會的工作人員將施物給予貧者也不是特別的善事。善惡之判定，主要在於動機。又，散惹耶的詭辯論，表面上看來似乎是捕鰻論，難以掌握其意，但若仔細思考，其中含寓一種哲理，從熱切求道的舍利弗與目乾連此二人在歸依佛陀之前，是其教團中的一分子看來，彼絕非僅以無法捉摸為其主義。而尼乾子與生命派（佛教所說的邪命派）等，若從其勢力推測，絕非如佛教方面所說如此的低。若依當時局外者所述而作判斷，彼等實與佛陀具有同等地位，此徵於佛陀與六師同時安居摩訶陀與鴦伽（Aṅga）時，諸人欣羨此兩國民眾之傳說可以知之。[38] 總之，前揭六師雖遠在佛教之下，但絕非如佛教所說的低與危險，此乃必須切記莫忘的。否則作為六師之後輩，如後文所述，佛陀在種種方面承自於彼等之事，即無法理解。

36. *Bhagavadgītā*（2, p.19~20）。
37. Bühler : *The Indian Sect of the Jainas*（p.32 London 1908）。
38. M. 77 Mahāsakuludāyi-s.（2, p.2~3 ——南傳大藏經卷十一上，中部三，頁(三)）；《中阿含》卷五七《箭毛經》（大正一，頁七八三 c f）。

前揭六師之外，散見於種種經典的當時的新沙門團若予以匯集，其數不勝枚舉，然其特色與主張多不明朗，故略過不述。又，大體上雖將當時的新思想家稱為種種的沙門團，但不可忘記的是，以俗人身分而職志於精神運動而成為指導者的，也不少。可惜的是，彼等的名稱、工作、主張等不甚明朗，故不能知其詳，但大體上，俗人的精神運動也相當有力，此徵於唯物論的快樂主義，從其性質看來即是俗人的主張，即可知之。

## 四、原始佛教的地位及其特長

對於與原始佛教有關連的當時的主要思想運動及其主張，作過如此概觀之後，處於其中的佛教的地位即更得以確定。剋實而言，在各個部分，已都有言及，此處並無再作論述之必要，但為更加清楚明白，此下再稍作論述。

當時與佛教關係最深的思想潮流，大致上，可分為三種：

第一，婆羅門教中，尤其見於其法典中的廣義的出家規定乃至《摩訶婆羅多》等的倫理觀。大體上，婆羅門的法規將嚴守四姓階級當作根本規定，雖然如此，但此中富有人道精神的宗教的價值也不少。尤其在《摩訶婆羅多》中，至少就宗教的理論而言，四姓的區別已不甚重視，而其倫理觀則相當廣泛。更且佛教思想中，為與此等策應，或由彼等轉化的，實是不少。此徵於佛教最重視的五戒，大體上，即來自於婆羅門教的規定；[39] 羅漢與在家人所持守的齋戒（mah'uposatha），則是婆羅門制度中的學生期（brahmacārin，梵志期）的規定之轉化，[40] 即可知之。佛教的實行門與婆羅門的法規之間，有密切的關係，此乃不能否定的事實。佛陀稱其教為「法」（dhamma），至少是受婆羅門的《法經》（dharma sūtra）的「法」所暗示。

第二，從理論的方面作觀察，佛陀的人生觀與世界觀遠承自於奧義書系統，尤其與廣義的僧佉耶瑜伽思想（Sāṃkhyayoga）所分化的潮流有密切關係。後文在論述教理之際，將隨時就此論述之。

第三，如是，佛陀直接或間接與廣義婆羅門教的思想有因緣，但爾後以非婆羅門主義為其立場之所以，完全是因於與以摩訶陀為中心而興起的自由思想有連絡所致。至少其不受束縛的態度，來自於六師等的影響不少。就此而言，恰如蘇格拉底雖是反對詭辯論，然其本身仍帶有詭辯論者的色彩，佛陀雖與六師展開論戰，但至少從外觀而言，仍與六師同類。

如是，若將佛教的思想與態度對照當時的思想界，佛陀雖自言是無師獨悟，但無庸贅言，仍免不了是時代之子。

若是如此，何者是佛陀，亦即佛教獨創的特色？關於其教理內容，爾後將逐漸述說之，但至少就態度言之，主要是將當時最優秀的予以綜合。亦即無論是傳統的思想，或是新思想，都取其精華，能與時代精神策應，進而導之於正當。更且其所作的綜合，並非只是單純的聚集，而是含有止揚彼等的綜合。若予以誇張的表示，可說是黑格爾流的，若形式的婆羅門教為正，則六師諸派為反，而止揚綜合此正反的，即是佛陀的態度。加之，佛陀所採取的如此態度，不僅只是對於婆羅門與六師，

---

39. 參閱《印度哲學宗教史》（第五篇第二章中）。將不飲酒戒置於五戒之第五，是佛教的特色，但就個人的教條而言，此仍是婆羅門的法規之一。例如 **Āpastambīya dharma sūtra**（1. 5. 17. 21）與 **Āpastambīya dharma sūtra**（1. 10. 28. 10）。

40. Ibid.（1. 1. 2. 21~22）。

而是對於所有問題，對於當時的諸說所採取的態度，因此，可以說此即是佛教的特色。例如盛行於當時的修養法，一方是極端的快樂論者，另一方是極端的苦行主義，而佛陀是止揚兩者，提倡不苦不樂的精神的修養；關於靈魂問題，一方是極端的常住論者（常見論者），另一方是極端的唯物論的斷滅論者，而佛陀認為二者共非，止揚二者，提出因緣的流動的生命觀等等，對於其他所有問題，都採取如此態度。此即廣義的中道（majjha）的態度，至少在名目上，後世的大乘教將此視為佛教真理之標準或異名，大為重視。就此而言，當時與諸流相對的佛教的地位，一言以蔽之，就是中道。對於何謂中道此一問題，爾後與諸問題相關連時，將予以論述，此處僅就其在總體的歷史的地位略作述說而已。

# 第三章　教理的綱領（以法的觀念為主）

## 一、佛陀的說教法及其考察法

如前節所述，佛陀當時介於四方崛起的種種教派之中，四十五年之間，以無數的人為對象開展其教線。所謂的原始佛教之教理，實是此四十五年間的說教中所表現的佛陀的世界觀、人生觀、理想觀與實踐觀之總稱。今欲述說作為教理綱領的法的觀念時，擬先從其說教的形式而作論述。亦即將就其說相、其中所含的教理問題，以及對於該問題，佛陀特有的考察法等論述之。

**佛陀的說相與教理的問題**　相應佛陀所作的無數的說法，遂發展出種種的教理。但佛陀說法的目的，絕非在於理論性的解釋世界與人生，藉以滿足其科學的哲學的興趣。佛陀的目的完全是宗教的。如同自己獲得解脫，也希望他人能獲得解脫，此才是佛陀的用意，佛陀所以是佛陀，全在於此。從而若無益於實現解脫涅槃，縱使是當時最流行的學問的問題，佛陀通常對此是不多加注意的。例如世界有邊無邊，或身命同異的問題，如前文所述，是當時思想家最喜好論述的題目，但佛陀對於此等問題是不欲多加論究。佛弟子若以此等問題請教佛陀，基於此乃佛陀的本分之外，佛陀通常的回答是，恰如良醫（臨床醫生）了知疾病之因，提出其良法，治癒眾生之惑病。豈有眼見中箭者卻採取先研究其製箭法，然後才拔箭療其傷部的迂遠方法。佛的本分正如同面對中毒箭的患者的良醫，若與治療惑病無直接關係，則無須多加注意。[1] 此雖是佛陀為警戒其弟子切莫如同當時的辯論家（takkī），只專注論辯而怠忽實際而作的論述，但實可視為佛陀直接表述其任務之言。將佛陀稱為全智，認為佛陀任何事都知曉，了知一切，此舉不只是不理解佛陀是佛陀之所以，更是遠離佛陀之真意。實則佛陀的本分完全在於提示解脫道。但必須注意的是，不可將佛陀的說法視為只是單純的福音宣傳。哲學與宗教，理論與實際不分離，本是印度思想的一般特色。奧義書以降，是種種理論與思辨萌發的時代，而以彼等為對象而立的，即是佛陀。縱使避免為理論而理論，為思想而思想之論究，但終究是處於哲學的思辨圈內，是在不可避免的情勢之下。從一方面而言，佛陀完全是實際的宗教家，但在另一方面，佛陀則非常富有批評的精神，長於分析性的觀察，因此，其說相自然具有思辨之風。換言之，佛陀對於眾生之救濟，雖完全以實際的臨床醫生自居，但也認為作為實際醫學之基礎的生理、解剖、病理等，若無深切詳細的考察，終究無法達到完全治療的目的。更且佛陀為患者授予有關此等之智識，揭出疾病、病因以及預後療法之依存根據，提出令患者獲得健康的方法。亦即至少佛陀的說法之中，含有與人生（及其背景的宇宙）的組織活動有關的，換言之，與解剖、生理、病理等相當的問題，而此等即是佛教的理論問題。就此而言，若此等理論問題是哲學的，則原始佛教如同奧義書與數論，也是一種哲學的宗教。

從而在研究時，在許可的範圍作哲學的觀察，絕非違反佛陀本意之舉。反而若欲闡明潛藏於背後的佛陀精神時，也必須是哲學的。但切記莫忘的是，佛陀的本意是無論理論或哲學，都需實際化，如此才具有真正的意義。以下即基於此一見地，就其理論的考察的範圍與方法等，稍作論述。

**考察的對象**　佛陀所考察的對象，無庸贅言，廣義而言，即是宇宙。此因不論是意識的或無意識的，若無宇宙論的基礎，則無法作根本的解釋。但佛陀最著力的，如同其目的，很顯然的，完全是有關人生的成立與活動。其宇宙論終究是以人生問題為中心的宇宙觀，換言之，是就吾人的世界（die Welt-für-uns）所作的觀察，離開人生而作的宇宙考察，是佛陀所不為。佛陀避免作世界有邊無邊之論究，其因在此。更且稱佛陀為「世間解」（lokavidū），亦即世界之理解者之所以，出自於佛教所說的「世間」（loka），是指吾等所面對的世界。此乃在理解佛陀之教理時，首先必須瞭解的。若非如此，將會誤解連天文、地理的說明也是佛陀的本務。

若是如此，佛陀在考察以人生為中心的世界時，是採取何等態度？首先佛陀認為此乃自然法爾的事實，故應觀其實相，探究吾等最高之歸趣的方法。亦即並不是假定初始有所謂「梵」或「神」的形而上學的原理存在，完全是就此自然法爾的人生，提出探究其成立或活動之真相的方針。就此而言，佛陀的考察法，至少就其出發點而言，不是形而上學的，可以說是科學的；不是演繹的，而是歸納的。雖有可能是相應於當時相較於本體，較重視現象；相較於存在，較重視生成的學風而採取的態度，但從佛陀以治療世間疾病為其目的而言，此乃是當然的歸結。

但不能據此就認為佛陀的觀察法只是將事實視為事實，只是依此而提出對症之療法。佛陀觀察世間的目的，最終是意欲指出此間的常恆不變之「法」（dhamma or dhammatā），亦即在一切世間現象中的一貫法則。據佛陀所述，此自然法爾的人生宇宙絕非偶然，此中有其常恆的法則，同時，也有導引吾等至人生最高理想的常恆法則。徹見之，是人生唯一得以救濟的方法。佛陀所以自覺是

1. M. 63 Culla-Māluṅkya-s.（——南傳大藏經卷一〇，中部二一，頁二二一f）；《中阿含》卷六〇《箭喻經》。

佛陀，總地說來，在於徹見此法，此將於後文詳述之，總之，就此而言，佛陀的對象僅只一「法」。亦即觀察此自然法爾的人生現象其成立或活動的目的，終究是意欲據此窺出潛藏於其背後的普遍必然的法則，或可說是「道」或「理念」。此給予非以本體論為本意的原始佛教一種形而上學的色彩，乃是不爭之事實，爾後的大乘佛教的形而上學皆由此而開發。

**考察的方法**　透過自然法爾的世間而探究永恆法則的考察法中，首先佛陀最著重的是，以「如實相」見任何事物。亦即基於冀望而附加子虛烏有，或基於嫌惡而忽略實有，都是佛陀最為破斥的。迷的原因在於據此情執而左右認識。佛陀未成正覺，猶在修行時，曾經苦於暗夜森林之恐怖。對於如何脫離恐怖感下過工夫，佛陀發現其他修行者所採用的方法是，觀夜如同晝，晝如同夜，藉此脫離其恐怖感。但佛陀認為如此的觀法違背事實，故不予採納，唯有承認「夜是夜，晝是晝」此明顯的事實，更且若不能脫離對於暗夜的怖畏，即非真正的離怖法，佛陀依此方針繼續其修行，最後終於達其目的。爾後，佛陀曾告知其弟子此事。[2] 亦即佛陀觀察事物的方法，自初始即採取此一方針，至於以所謂的宗教的鴉片的方式求取一時慰藉，則如同酒醉時，聽聞索債人之聲，誤以為是鶯鳥啼叫聲，此乃是佛陀所不取的。對於基於事實的明確考察態度，佛陀常以「如是」（yathātathā）或「如實」（yathābhūtaṃ）稱之，尤其「如實」最常使用。亦即如實觀察事物，是契合真理的唯一方法。依此態度或方法所得的智慧，即是所謂的般若（paññā，慧）、明（vijjā）或如實智見（yathābhūtañāṇadassana），[3] 在佛教中，被視為是最高智慧。據此才能與真如（tathatā）、非不真性（avitathatā）、不變性（anaññathatā）相契，簡言之，才能與法性（dhammatā）相契，解脫之最高理想之實現，才是佛陀的根本方針。[4]

若是如此，如何獲得此如實智見或明智？依據佛陀所述，其最終根據是在禪定三昧，主要藉由禪定而修得的直觀智才能真正與法性相契。在臻此境地之前，佛陀所採取的考察方法，無非是就此法爾自然的世間作分析性的觀察。亦即採取解剖其成立要素，闡明其活動樣式，探究其中法則的方法。如五蘊說、十二處說、十八界說，都是基於此考察法而揭出的，尤其十二因緣觀將有情的活動方式分成十二段而作說明，凡此都是佛教教理之特質。當然如前文所述，將事物作分析性的觀察，是當時一般的學風，故佛陀所行承自此一般風潮的，也不少，然佛陀所作的分析性的觀察是巧妙而且精緻的。尤其佛陀的分析觀具有將標準置於心理活動與倫理活動之特質。可以說是從倫理的心理學的立場，將所謂的世間作分析性的觀察，藉此作出事實與價值兩方面的判斷，此實是佛陀的觀察法的特色。依據佛陀所述，如實的觀察世間，從內在予以觀察的，主要是心理活動的現象，作價值性觀察的，主要是廣義的倫理的存在，以此兩種標準為基礎，相互交錯，即形成所有觀察之根底，而此乃獲得法的真相之所以。在有數的印度諸派中，此乃佛教最為傑出之特色，爾後阿毘達磨所產生的詳細的心心所，之所以對於倫理的心理學大有貢獻，不外於是佛陀此一態度所開展出的。

更應予以注意的是，佛陀的「如實的考察」，並非只是分析事實，探究其間的動態的倫理的心理的法則而已。佛陀的「如實考察」中，其實含有「必然如此的考察」。換言之，將此事實的世界

---

2. M. 4 Bhayabherava-s.（——南傳大藏經卷九，中部一，頁二三f）；參閱漢譯《增一阿含》卷二三（大正二，頁六六五b）。
3. 如實智見之用例，載於S.（2, p.30 ——南傳大藏經卷十三，相應部二，頁四三）。
4. 真如、非不真性、不變性等之用例，載於S.（2, p.26 ——南傳大藏經卷十三，相應部二，頁三七）。爾後，此成為般若真如觀重要的術語，故有必要予以注意。

的價值對照最高理想，作出正確判定，據此而探究實現其理想的法則，實是此「考察」之要旨。佛陀所說的「如實智見」，終究是意指此最高之價值判斷，從而含有與此相伴的實際化的智識，絕非意指只是與存在有關之智識。此徵於佛陀常提出「明」（vijjā），悟證包含事實與價值等兩種判斷的四諦法則，即可知之。此如同對於臨床醫生而言，無論是生理學，或解剖學，或藥物學，都是其治療目的之輔助，佛陀所作的事實的解剖性的觀察，無非是為輔助作正當的價值判斷，藉以尋出其治療眾生病的法則。

在一切世間，如實觀察一切世間，離一切世間之執著，不著一切世間。5

即是如實觀察的目的。從而為令此「如實考察」更加明白，有必要對於價值判斷之標準的理想問題更加探索，但此一問題相當複雜，故留待後敘，總之，如實的考察之中，包含理想的認識，此須切記莫忘。

## 二、以正法為要

如實考察的對象是「法」（dhamma）。原始佛教的根本立腳地無非是為了悟此法，且實修之。就教團言之，佛教雖成立於佛陀與佛弟子的父子關係之上，但其間之連鎖，主要是「法」，佛陀所以是佛陀，在於法的悟證與實現；僧伽所以是僧伽，同樣也是在於法之悟證與實現。

佛陀初成正道，曾在尼連禪河（Nerañjarā）邊的優樓毘羅（Uruvelā）作如次靜思：此世若無可尊重歸依者，將有大患。然此當於何處求之？進而又思惟：若缺戒（sīla）、定（samādhi）、慧

（paññā）、解脫（vimutti）、解脫智見（vimuttiñāṇadassana），則有必要於他處尋求依怙，今天上天下，無有勝於我之沙門或婆羅門。豈另有可作為依怙者耶？遂謂：

> 今此法非由我所悟證耶？豈非我所應尊重、恭敬、依怙而為所住耶。[6]

據此可知，作為佛之依處與歸敬的，僅只是法，此即是佛教一切主義之出發點。如是，非仰賴神，非依靠天，而是以正法之體驗、履行與宣傳作為使命，是佛陀四十五年的教化。此乃是佛陀於入滅之際之所力說：

> 是故，阿難！（於我滅後）應以自己為燈明，以自己為依處而住，不以他者為依處。應以法為燈明，以法為依處而住，不以他者為依處。[7]

亦即自己若是法之體現者，即是自己之燈明，是絕對之安住所，是故，若尊重與體現法，則人格的佛陀在世或不在世，都無關緊要。此實是初期「法身常住說」產生之契機，總之，佛陀是法之體現者，從成道之初至涅槃之終，完全以法為中心，此依上來所引用的二則可以知之。

---

5. 參閱 A.（2, p.24 ——南傳大藏經卷十八，增支部二，頁四三）之譯。“Sabbaṃ lokaṃ abhiññāya sabbaloke yathātathā sabbalokavisaṃyutto sabbaloke anupāyo.”

6. 參閱 S.（1, p.139 ——南傳大藏經卷十二，相應部一，頁二三九）之譯。“Yaṃ nūnāhaṃ vyāyaṃ dhammo mayā abhisaṃbuddho, taṃ eva dhammaṃ sakkatvā garukatvā upanissāya vihareyyanti.”（參閱雜阿含卷四四——大正二，頁三二一a）。

7. 參閱 D. 16 Mahāparinibbāna-s.（2, p.100）——南傳大藏經（卷七，長部二，頁六八）之譯。“Tasmāt ih'Ānanda atta-dīp viharatha, atta-saraṇā anaññasaraṇā, dhammadīpā dhammasaraṇā anaññasaraṇā”（參閱長阿含卷二之遊行經——大正一，頁一五b）。

從而佛陀入滅後的教團，即承繼此精神，以正法為其中心生命，自是無庸贅言。此正如同喪父之諸子完全以其父所定家法為根據而處理一切。就此而言，佛入滅後不久，瞿默然乾連（Gopakamoggallāna）婆羅門以及大臣雨勢（Vassakāra）詢問阿難：「作為佛之後繼者的教團領導人是何人？」阿難所作回答：「並無所謂的佛之後繼者，亦即並無作為一般所依憑而如同世尊之人，但吾等並非無所依怙（appaṭisaraṇā）。吾等以法為依怙，故僧團有依憑，有統一。」[8] 得以代表一般佛弟子的態度。亦即彼等如佛陀所教，依法而行，確信佛陀仍存在於「法」之中，據此，教團得以維持與統一。

應予以注意的是，依據佛陀與佛弟子所述，此中所說的「法」，絕非只是釋迦佛及其弟子之間的教法，而是具有遍及三世十方的普遍性與必然性。換言之，佛陀所體現的，作為教團生命的「法」，並非只是佛教的一家之言，而是不變真理之代表。尊重法的意義，即在於此。如前所述，佛陀成道後不久，在進行尊重法的思惟時，梵天出現，曾如次讚嘆：

諸過去佛、諸未來佛、現在佛，
皆是滅眾生苦之人。
彼等作為法之尊重者，曾經住、今住、未來住，
此實是諸佛之法性（dhammatā）。
是故，欲求實義而成為大人（Mahattam）者，以諸佛之教為依所，
當尊重正法。[9]

梵天如此的稱讚，究竟是佛陀心理的事實，或只是一種寓言，姑且不論，總之，就偈頌的思想內容言之，顯然此中所表述的，正是佛陀的自覺。亦即三世諸佛以正法為中心，從而若意欲成為「真人」，必然的，應以法為據，換言之，此偈頌之偈意是，任何人若依據法，則無關其時處位，都可到達與三世諸佛同等之境界，此法具有普遍性、必然性以及附隨而來的應當性。佛教以法為中心之根據，即在於此，又，佛教主張其教法是具有普遍性、必然性的真理，其根據也在於此。

## 三、法的意義

首先就字義觀之，語根"dhṛ"（持），原有執持不變之意，爾後轉成具有秩序、法則，特質等義。就此而言，爾後阿毘達磨學者為法所作「任持自性」（svalakṣaṇadhārayatva）之定義，大抵說來，可說是適當的解釋。

將此語當作術語使用，絕非始自於佛教。在梨俱吠陀時代，此與種種諸神的作用已有所關連，經常以"dharman"之形（中性詞）使用的此語，具有秩序、順序、特性等義，此徵於種種讚歌所出現之用例即可知之。[10] 在梵書中，此語主要是與道德的意義有關，尤其與四姓之義務與秩序等有關，經由奧義書時代，到了經書時代，婆羅門教的社會的道德的法則之彙編，被稱為「法經」，「法」

---

8. M. 108 Gopakamoggallāna-s.（3, p.9）；《中阿含》卷三六《瞿默目犍連經》（大正一，頁六五四a）。
9. S.（參閱 I, p.140 ——南傳大藏經卷十二，相應部一，頁二三九~二四〇之譯）；《雜阿含》卷四四（大正二，頁三二一a）。
10. 參閱 Grassmann : Wörterbuch zum Rigveda（S. 659）。

被當作一般的規定。就此而言，佛教使用此語，如前所述，無非是以婆羅門為中心，採用當時一般所用的。此乃必須預先了解的。

但必須注意的是，此語在佛教中，具有比婆羅門教更為重要的意義。亦即不只是倫理的意義，可以說也具有世界觀的意義，正與中國人所說的「道」，洋人所說的「理性」相當。印度思想上，自古與「道」或「理性」相當的，是從梨俱吠陀至梵書時代所重用的「規律」（ṛta）的觀念，但佛教所謂的「法」的觀念，是兼具宇宙的規律與道德的規律兩者。亦即佛教所說的「法」一語，雖出自於婆羅門教，但在意義上，更大於規律的觀念。無論法或規律，婆羅門教認許有作為其本源的人格神存在，反之，佛教否定法有其持有者，或作為支配者的意志者，純粹強調法的獨立性，此乃其淵源縱使在婆羅門教，但最後仍具有佛教的特殊意義之所以。

若是如此，佛教中的「法」其用法如何？雖因各種情況而有種種，但就現今論述的目的而言，大體上，可分成二種。其一，前文所述的自然具備的理法或法則的「法」，其二，認識之，而應用於吾等之目的而施教的「法」。亦即可分成「法性」（dhammatā）的法與「教法」（pariyatti）的法。覺音（Buddhaghosa）指出「法」有四義：一、教法（pariyatti），二、因緣（hetu），三、德（guṇa），四、現象（nissatta, nijjīvatā）等，[11]可說是巧妙的分類，但就筆者所見，後三種是從自然備具的法的觀念所導出，因此，不如簡單的作理法與教法之分類，在研究上較為妥當。此因依據佛陀所述，一切所以如此，是因於所以如此的法性（理法）所致，其間毫無偶然，故無論是所謂的「因果」，或是予以道德化之德，亦即「善惡」，或由此而形成的「現象」，都包含在內。更進一步言之，若分類考察法性的動態方面，就佛陀的目的言之，相較於覺音所作的四種分類，二種分類法應是至當的。

亦即其一是與「如實的事實世界」有關之理法，另一是與「必然如此的理想世界」有關的理法。就佛教的術語而言，正是與「輪迴界」有關的理法，以及與「解脫界」有關的理法。佛陀教法的主要目的是闡明輪迴界之事相，同時，據此窺出與解脫界有關的常恆的理法，依此而實修之，因此，作為教法之對象的法性也可作二種分類。亦即依據覺音之分類而言，第一的教法（pariyatti）維持原狀，第二的因緣（hetu）、第三的德（guṇa）與第四的現象（nissatā, nijjīvatā）等三項都可攝於第二的與現象界有關的法性中，此外，又有作為第三的，與解脫界有關的法性。如是，可作成圖表如次。

教法（四諦）二、

一、法性
- (1) 與現象界有關——前二諦
- (2) 與理想界有關——後二諦

亦即依據如此考察，可知佛教根本教法之四諦觀及其根本立腳地的法性是一致的。而佛陀的本意即在於此。至少如此的分類與觀察，在簡單掌握佛教根本觀念上，極其便利，以下即據此一一略述其意。

## 四、關於法性

茲將前表所揭的，與現象有關的法性以及與理想有關的法性等二項，略述如次。

**與現象有關的法性**　如前所述，依據佛陀所說，一切現象皆依必然如此的理法而顯現。與此現

11. Atthasālinī（p.38）。

象有關之理法，佛教以「因緣」(hetu or paccaya) 一語名之。

> 諸法因緣生。佛說此因緣。（Ye dhammā hetuppabhavā, tesaṃ hetuṃ Tathāgato āha）（Vinaya 1, p. 40 ——南傳大藏經卷三，律部三，頁七三）；《五分律》卷十六（大正二二，頁一一〇b）。

此即阿說示（Assaji）為舍利弗及目連所說，舍利弗及目連二人歸依佛陀的動機即因於此偈頌，是頗為知名的偈頌。佛教將一切現象稱為「一切法」（sabbe dhammā），但一切現象實受此因緣之理法所支配，因此，可以說如此的命名是直接將「因」之名用於稱呼「果」。有關此因緣之詳細說明是後篇的一個題目，故此處暫且略過，但最應注意的是，佛陀將此因緣法則當作常恆之法性。尤其在述說因緣觀之代表，亦即述說所謂的緣起（paṭiccasamuppāda）之際，佛陀極力強調之。

> 見緣起者見法，見法者見緣起。此五取蘊皆依緣起而生故。[12]

亦即將緣起與法等同視之，進而揭示緣起之常恆性：

> 何謂緣起？比丘等！依生之緣，比丘！有老死。無關如來興起不興起，此為常住界。確法（dhammaṭṭhitatā）。定法（dhammaniyāmatā）。緣起性（idappaccayatā）。此乃如來所悟。所到達。說明，教示，說示，確立，廣說，分別，令明白所悟所到達，汝等應知。[13]

要言之，如來發見自然之法，且說示之，無始以來，法是法爾之存在。就此而言，爾後的部派，尤其是化地部（Mahīsāsaka），將緣起法則視為無為（不變常住），主張緣起支性無為說，[14] 可以說頗得佛陀真意。

要言之，依據佛陀所述，一切現象悉皆無常變遷，但在此變遷之中，有其一貫之理法。名此為「因緣」，更且此理法是萬古不變。千差萬別的現象無非是此理法種種作用之結果。就此而言，漢譯《阿含》所揭的「法建立世間」，其意義深遠。[15]

**與理想有關的法性** 所謂的理想的法性，是指相對於事實世界的法性其內在。換言之，藉由闡明事實的法性而發見的征服解脫事實世界的法則，「先有法住（因緣）之智慧，才有涅槃之智慧」，[16] 即是佛陀為須志摩（Susīma）所揭示之句，亦即依據佛陀所述，與事實有關的法則的智慧仍是認識與理想界有關的法則之前提。就此而言，佛陀揭示緣起法則之後，經常再揭示無明滅則行滅，行滅則識滅……乃至生老死滅等的逆向法則。更明確言之，佛陀傾其全力所注的，正是闡明此一方面之法則及其具體化之方法。

> 彼為（眾生）揭示最高安穩涅槃道（nibbānagāmi）之勝法（dhammavara）。[17]

---

12. M. 28 Mahāhatthipadopama-s.（1, p.190 ——南傳大藏經卷九，中部一，頁三三九）；《中阿含》卷七《象跡喻經》（大正一，頁四六七 a）。
13. S.（2, p.25 ——南傳大藏經卷十三，相應部二，頁三六）；《雜阿含》卷十二（大正二，頁八四 c）。
14. Kathāvatthu VI. 2（p.319）；《宗輪論》化地部之宗義。
15. 《雜阿含》卷三六（大正二，頁二六四 b），與此句相當的巴利文是 dukkhe loko patiṭṭhito（S. 1, p.40），亦即「苦建立世間」，然今暫將漢譯原典所載視為是 dhamme loko patiṭṭhito，並且引用之。
16. S.（2, p.124 ——南傳大藏經卷十三，相應部二，頁一八〇）。
17. Suttanipāta 233（p.41 ——南傳大藏經卷二四，小部二，頁八五）。

依據佛陀之大自覺，此勝法乃是法爾本具之法則，絕非佛陀出世才出現。對於此勝法，佛陀或說是八正道，說為是古仙道（purāṇa magga）之發見；[18]或說是四念處，說為是證得涅槃的一乘道（ekāyana-magga）；[19]或托於神話，謂此勝法是過去六佛之道行，受梵天讚嘆等等，以種種方法揭示。亦即佛陀自覺無論佛陀出不出世，此解脫道之不變性與必然性皆無有異，進而宣布其大法。

> 持戒滿持者無須於我起無憂（avippatisāra，不悔）之念。持戒滿戒者生起無憂，此即是法性。無憂者無須於我起喜悅（pāmujja）之念。無憂者生起喜悅，此即是法性……。如實智見者生起厭離心，此即是法性。厭者（nibbinda）、離者（virata）無須於我起欲實現解脫智見（vimuttiñāṇadassana）之念。厭者、離者實現解脫智見，此即是法性。[20]

亦即道之行進，是自然行進理想界，此間無須任何念願與作意，此即是法性。就此而言，爾後部派中，相對於前揭的緣起支性無為說，主張聖道支性無為說，將八正道與涅槃的關係視為不變的必然的法則，[21]乃至主張道非八，僅僅依止一道（ekena ariyamaggena）即可實現四果的，[22]同樣也是近於佛陀真意。《法華經》中，佛陀所作的「十方國土中，唯有一乘法，無二亦無三」之獅子吼，實出自於此。

**法性的一與多**　如是，佛陀發見在現實與理想界之間有其不變法則，且以此作為其立足點。但此中的問題是，對於此等法性之作用，佛陀是視為一法性的不同方面，或是獨立的，有種種法性？剋實言之，在原始佛教，此僅只是難以明瞭的問題，但在爾後卻成為大問題，因此，在此有必要略作論述。

首先就表面看來，佛陀雖無明言，但認為佛陀所主張的是，互有關連卻又各各獨立的種種法性。佛陀雖指出有種種不同情況的理法，但就筆者所知，佛陀並沒有就統一的原理，亦即就一大法性而作論述。亦即對於輪迴界，是以所謂的眾緣和合，指出此間有種種的法則之結合，對於解脫界，也是指出此間有種種道，以所謂多法界而作的解釋，至少較近於原始佛教表面的說明。爾後說一切有部等主張極端的多元論實基於此。

但反過來說，終究不能忽視此間潛藏著一法界之意。無論是與輪迴界有關的法則，或是與解脫界有關的法則，其最後歸著，主要還是在吾人的心，剋實言之，是吾人之意志。借用叔本華所言，表現於「意志肯定之世界」的法則或根據，是輪迴界的法性；而「意志否定之經過」的法則，即是解脫界的法性。後文對此將予以詳論，故此處暫且略過，總之，如此看來，兩界的法則，終究只是歸於一心。爾後對於真如之一法性作染淨兩界之規定的一類大乘哲學不外於出自於此。

## 五、教法

對於前述之法性，從種種方面予以說明，令悟其理的，即是作為教理的「法」。南北傳佛教或

18. S.（2, p.106 ——南傳大藏經卷十三，相應部二，頁一五五）；《雜阿含》卷十二（大正二，頁八○c）。
19. S.（5, p.167 ——南傳大藏經卷十六上，相應部五，頁三九三）；《雜阿含》卷四四（大正二，頁三二二b）；M. 10 Satipaṭṭhāna-s.（1, p.63 ——南傳大藏經卷九，中部一，頁一○一）；K. V.（I. 9, p.158）；《雜阿含》卷二○（大正二，頁一四二b）。
20. A.（5, p.4~5 ——南傳大藏經卷二二，增支部六，頁二○一 f）。
21. 《宗輪論》（大正四九）化地部與大眾部之部門。
22. K. V. XVIII, 5 北道派與案達羅派（p.563 ——南傳大藏經卷五八，論事二，頁三四四）。

大小乘佛教，通稱此為八萬法門，實際上，此僅只是大略之數，總之，佛陀就種種問題揭示法之義理，此依古來所傳的「八萬」之數，即可知之。但此中可稱為根幹的，無庸贅言，正是有名的苦（dukkha）、集（samudaya）、滅（nirodha）、道（magga）的四諦（cattāri ariyasaccāni）法門。亦即此世界是苦，苦之因在於渴愛欲望，若欲滅苦，需行八正道以去除渴愛，表面上，可說是極為簡單之教法。

但必須注意的是，認為四聖諦之意義僅只於此，或僅只其敷衍之意，則不可說是真正掌握四諦之根本義。佛陀因悟此四諦而證得佛陀之自覺，更且以此作為所有教法之根幹之所以，如前所述，佛陀意在依此四諦而揭示現實界與理想界之間的常恆法則。亦即苦集之系列是揭示輪迴界之因果，而滅道則與解脫界之因果有關，此兩系之結合，即是「存在」與「應當」都囊括在內的全體的範疇。就此而言，依據佛陀所述，四諦法門並非只是基於方便教化而提出，而是作為與常恆法則有關之認識，如同常恆法則之常恆，此法門作為常恆之真理，也具有普遍的妥當性，此即是佛陀之四諦觀。

比丘！此四諦是真如。是不虛妄。是不變異。[23]（Cattārimāni bhikkhave tathāni avitathāni anaññathāni.）

此正是佛陀之所宣說。此依佛陀常作「所謂無明，即是不知四諦理之義」之說，得以知之。若將四諦之說視為只是基於教化，此舉不僅將「所謂無明即是不知此四諦」的意味淺化，更且也無法了解何以在此四諦法門之中，佛陀沒有說明眾生之無明。更且對於無始之無明，佛陀給予前文所作的說明，完全是因於吾人無法體認實現無始以來，法爾如是，作為常恆法則之真理的四諦之理，亦即因於無明，故無始以來，吾人不得解脫且不斷的輪迴。就此而言，爾後東山部（Pubbaseliya）等將四諦之理視為無為之一，筆者也頗有同感。不作如此瞭解，對於與四諦觀連結的種種教法，將無法說明。

要言之，四諦法門就其述說形式見之，只是將種種教門簡單予以總攝之教條，但就真理的形式見之，則是有關事實界與理想界的法則之認識，更且就兩者連結於一處而言，在內含上，潛藏著一法界之思想。爾後天台等提出四種四諦說，將佛之教法由淺至深作解釋，實是據此而發展，更且是得以認許的說明。

## 六、法與人

上來所述主要是基於抽象見地的法觀。剋實言之，佛陀的法觀其目的絕非在於僅只認識與說明此理法。而是在於體驗此為活生生的人格，換言之，是在於完成鮮活的法身（dhammakāya），此如上來所述。而完全表現此法身的人格的，無庸贅言，正是佛陀。其法觀完全來自於鮮活的佛陀人格的經驗，佛弟子依其法觀而獲得深厚之自信，也完全在於存在於其中的法之現前。

> 見法即是見我。見我即是見法。此因見法故見我，見我故見法。[24]

佛陀對瓦卡利（Vakkali）如是宣說。

23. S.（參閱 5, p.430 ——南傳大藏經卷十六，相應部六，頁三五三）；《雜阿含》卷十六（大正二，頁一一〇bc）。
24. S.（參閱 2, p.120 ——南傳大藏經卷十四，相應部三，頁一九〇）。

就此而言，無論佛陀出世或不出世，法是常恆永存的，但從另一方面言之，因於佛陀，法才得以完成其意義，若無佛陀，縱使有法亦等於無。佛弟子一再如此表示：「吾等之法以世尊為本，以世尊為嚮導，以世尊為依處」（Bhagavaṃ mulakā no bhante dhammā Bhagavaṃ nettikā Bhagavaṃ paṭtisaraṇā）。[25] 對於彼等而言，沒有佛陀的「法」，可以說是無意義的，因而確信法與佛之一致。從而以如此的佛陀為師為父，依其法而解脫的佛弟子當然確信自己是法的實現者。

我是如來之嫡子。其口所生，依法所生，法所作。法之相續者。何以故？婆悉陀！如來之稱號是法身，是梵身，是法成，是梵成故。[26]

亦即相應於如來之法身，佛弟子是佛之嫡子，同樣也是法身之體現者，如同婆羅門自誇是梵天之口所生種族，佛弟子則是出生自超越梵天的如來之口，作為法身之相續者，具有更深高於婆羅門之確信而誇耀的理由。如此的法的人格的體現，是佛教的法的思想中，最為重要且最具特色之處。其與婆羅門教的規律觀、法觀的主要差異在此。婆羅門教將人格的神視為法或規律之具有者，因此，其法與規律免不了是他律的，反之，佛教排除此主體之說，如後文所述，而是將此歸趨於我心，而此法性亦得以依己之力而利用之。亦即反過來說，若不予以利用，至少就宗教的立場而言，如此的法則毫無用處。遠不如婆羅門徒將法或規律視為神之意志，以祈禱或祭祀得以滿足己之所求。此乃對於法的利用，佛陀傾其全力於人格的實現之所以，而佛教所以能擁有較神話性的婆羅門教更優越的地位，也在於此。亦即簡言之，婆羅門教將法則歸於神，冀望藉由尊崇祭祀而獲得安心，反之，佛陀是將此法則拉到人界，認為自己是法則的體現者，同時，也意欲使他人成為法則的體現者，此即是佛教的特色。佛教不承認神或梵等如此的形而上的實在，但超越奧義書所謂的「我是梵」（Ahaṃ Brahmāsmi），「彼是汝」（Tat tvam asi）的形而上學的自覺得以安立，其因在此。佛陀屢稱自己是「梵身」（brahmakāya），是「梵成」（brahmabhūta），一方面固然是為與婆羅門對抗而提出的比喻，但另一方面，也可以認為是以婆羅門教的表述方式揭示前揭的形而上學的佛陀之自覺。爾後法身思想所以逐漸具有形而上學的意義，此背景的思想所給予之力不容忽視。

依據前文所略述的法觀，可知佛教的問題可分成二部分。其一是有關事實世界的問題，亦即苦集的問題，另一是與理想界有關的問題，亦即滅道的問題。筆者依據前揭之法觀，提出粗略的基礎的觀念，以下擬依此分類，詳述佛教之人生觀、世界觀、修行觀與解脫觀等。

---

25. S.（2, p.199 ——南傳大藏經卷十三，相應部二，頁二九一 f）；《雜阿含》卷二七（大正二，頁一九六 c）。

26. D. 27 Aggañña-s.（南傳大藏經卷八，長部三，頁一〇三）曰：Bhagavato 'mhi putto oraso mukhato jāto dhammajo dhammanimmito dhammadāyādo ti Taṃ Kissa hetu? Tathāgatassa h'etaṃ Vāseṭṭha adhivacanaṃ: Dhammakāyo iti pi Brahmakāyo iti pi Dhammabhūto iti pi Brahmabhūto iti pīti. —— D.（3, p.84）；《長阿含》卷六《小緣經》（大正一，頁三七 b）。此可以與其次的婆羅門所說相比較：Brāhmaṇā Brahmuno puttā orasā mukhato jātā Brahmajā Brahmanimmitā Brahmadāyādā ti.（M. 84 Madhura-s.-2, p.84 ——南傳大藏經卷十一上，中部三，頁一一二）；cf.《雜阿含》卷二〇（大正二，頁一四二 b）；D. 27 Aggañña-s.（3, p.81）。

# 第一章　作為世界原理的因緣觀

## 一、當時的世界觀

此世界是何者所作？以何者為依存而得以存續？此實是人生以來的大問題。對於此一問題，佛陀時代的印度思想家所以提出無數解釋，亦不足為奇。《梵動經》所揭的六十二見，主要是在解決此等問題。依據佛陀所述，當時的世界觀最具特徵的，可分成三種。第一是宿命論（pubba-kata-hetu，宿作因論），第二是神意論（issara-nimmāṇa-hetu，尊祐論），第三是偶然論（ahetu-apaccaya，無因無緣論）。在論述苦樂之因時，佛陀所揭舉的，即是如此的三種外道論（titthāyatanāni）。[1]

第一種的宿命論，是就個人的命運而論，一切皆因前世所造之業而決定，與後天的行為完全無關，若將此擴展為世界觀而言，主要是指此世界是依其本身固有的永遠的規定而決定的途徑運行，亦即是所謂的決定論的世界觀。佛陀時代，持此論的代表者是摩訶梨瞿舍羅（Makkhali Gosāla）。依據《沙門果經》所載，彼認為一切的運行都是自然的規定，此間並無人力或物力之施為。又，阿闥婆吠陀時代以降，直至龍樹、提婆時代亦可見及的自然主義觀的時節論，也可納入於此中。[2]

第二種的神意論，主張一切都是依存於神之意志，無疑的，此乃是以婆羅門教為中心的當時的有神論者的主張。尤其如前所述，當時是處於將梵天視為最高絕對神格的時代，故此處所說的神意，主要是指梵天之意志。

第三種的偶然論，是指無因無緣，一切只是偶然的，因此，可以說是機械性的世界觀。先前所說的時節論，除了第一次的自然因之外，不承認第二次的種種原因，因此，被《沙門果經》視為是屬於無因無緣的主張，但此偶然論的無因無緣論是對於任何規定任何理法都不承認，故與第一說大為不同，是名副其實的「偶然論」。六師之中，富蘭那迦葉所持觀點，就其世界觀而言，可視為即是此偶然論，而阿夷多翅舍欽婆羅的唯物論觀正是此說之代表。

若是如此，佛陀對於此等抱持何等態度？佛陀認為此等都是非理，故予以破斥，此自然無庸贅言。依據佛陀所述，前揭三說都是極端之說，各有其特有的非理之所在，但就實踐的要求而言，彼等的立場雖然不同，然其結論都是無視於個人的努力，亦無個人應負責任，故可視為彼等實是同一的。簡言之，在探討吾人命運與行為規定之際，前揭三說的結論如何？若依據第一與第二說所述，一切都是超人的規定，禍福固然無庸贅言，道德範圍的善與惡同樣屬於既定的規定的行動，完全與個人的責任無關。至於第三說，表面上看來，似乎是前面兩說的相反，但在有關個人道德的責任方面，三者是同一的。一切都是偶然，善是偶然，惡也是偶然，禍福都是偶然，若是如此，吾人的行為的努力將無標準。亦即若是如此，縱使其論理整然，但至少在道德的基礎之確立，無益於人生，更且在理論上，此中含有種種的非理，是完全不能認許之說，此即是佛陀對此的批評態度。當然實際上，

---

1. 《中阿含》卷三《度經》（大正一，頁四三五af）；A.（1, p.173 ——南傳大藏經卷十七，增支部一，頁二八〇）。
2. 關於《阿闍婆吠陀》的時節論，請參閱《印度哲學宗教史》（第一篇第四章第三節中）。關於龍樹、提婆時代的各種異論，請參閱《智度論》卷一（大正二五，頁六五b）與《外道小乘涅槃論》卷十七的時節論（大正三二，頁一五八a）等。

就筆者所知，佛陀對此並沒有作理論性的駁斥，但就實踐的見地予以駁斥[3]的精神而言，佛陀所作的批評正如前文所述。佛陀所探求的人生觀之基礎的世界的原理，既可以毫無矛盾的解釋此世界之事象，同時，據此又可增進人生道德的宗教的價值。大體上，對於不含有吾人精神活動的世界觀，佛陀視為都是非理的，都予以駁斥。

## 二、因緣論

相對於此等，佛陀所提出的世界觀，即是前文屢屢言及的諸法因緣所成之說。亦即一切現象悉成立於相對的依存關係之上，若無此關係，任何事物皆不得成立。所說的「因緣」，是用以指稱如此關係的名稱，佛陀有時稱此為「因」（hetu），有時稱為「緣」（paccaya），乃至稱為「條件」（nidāna）或「集」（samudaya），此間並無嚴格區分。[4]要言之，廣義上，解釋為關係或條件大抵無妨。此因緣之作用即是「緣起」（paṭiccasamuppāda）之法則，佛陀作如次定義：

> 有此即有彼，此生故彼生，無此即無彼，此滅故彼滅。亦即……[5]（Imasmiṃ sati idaṃ hoti, imass’up-pādā idaṃ uppajjati; imasmiṃ asati idaṃ na hoti, imassa nirodhā idaṃ nirujj-hati.……）

「有此即有彼，無此即無彼」之說是在顯示同時的依存關係，「此生故彼生」之說，恐是在顯示異時的依存關係。無論同時或異時，一切法必然是依存他者而有，因此，並無絕對的存在。其依存關係，就「異時的」而言，前行的，被稱為因；後續的，被稱為果；就「同時的」而言，主觀念被稱為因，從觀念被稱為果。[6]如前所述，此間雖有一定法則，但終究是就其中的一方而言，若改換立場，則是被視為某者之因的，也可說是他者的果；被視為是某者之主的，對於他者則是從，此中並無絕對的因或絕對的果。簡言之，在時間上，此世界是由無數異時的因果關係所成；在空間上，是由無數的依存關係所成，一切事物相互依存而成，即是諸法因緣觀之精神。佛教所說的「有為法」（saṃkhatā dhammā），指的是此因緣生的世界，世界所以無常變遷不止，是因為成立於此關係之上，此間並無常恆不變的。佛教所以破斥人格的創造神，雖是因於有神的世界觀有種種不合理，但若依據因緣觀，此也是無法認許的。

## 三、因緣的分類

上來所述，可說是一般的因緣論，若作論理性的推究，如爾後華嚴宗所主張，全宇宙都是由無盡的緣起（亦即關係）而成立。但至少從觀察的便利性而言，從種種的立腳地亦得以闡明前述的複

---

3. 與註1.相同。
4. 關於「因緣」一語的用法，茲舉例如次。Tasmāt ih'Ānanda es'eva hetu, etaṃ nidānaṃ, esa samudayo'esa paccayo nāmarūpassa, yad idaṃ viññāṇaṃ.（D. 2, p.63）「阿難！是故此識實是名色之因，條件、集、緣……」（參閱南傳大藏經卷七，長部二，頁一四）。
5. A.（5, p.184——南傳大藏經卷二二下，增支部七，頁九六～九七）；M.（1, p.262~264）；《雜阿含》卷十二（大正二，頁八三c）等。對於此句的阿毘達磨的解釋，請參閱《俱舍論》卷十九（大正二九，頁二八五f）。
6. 爾後對於「同時因果」，產生異論，例如經部即不予以承認，但就原始佛教的精神而言，此仍被視為因果。

雜的因緣的性質。爾後的阿毘達磨學者主要是就此作種種的分類而予以觀察。7

若是如此，今將作如何的觀察？若依前文所揭同時因果與異時因果的關係，大致可從二種立場觀之。

其一，屬於同時關係的，其最根本的，是主觀與客觀的關係。依據佛陀所述，所說的此世界，終究是指認識的主觀與其對象的客觀之交涉，此外，並無所謂的世界。

比丘等！我今為汝等說「一切」（sabbaṃ）。諦聽之。

比丘等！何謂一切？眼與色、耳與聲、鼻與香、舌與味、身與觸、心與法，比丘等！名此為「一切」。

若有人如是說言：此為非。我將捨前揭「一切」（六根六境以外之一切）之說明，願聞其他「一切」之說明。如是僅以言說質問，已不適當。徒增惱亂。何以故？彼非吾等之境界。8

此處所說的「一切」，同於梨俱吠陀時代所說的 "idaṃ sarvaṃ" 或 "sarvaṃ idaṃ"（此一切，全宇宙），亦即前文所作的說明，顯然是意欲揭示何謂世界。亦即依據佛陀所述，宇宙也是成立於六根六境的認識關係之上，除此之外的境，至少對於吾等不具任何意義。從而依據佛陀所述，若無主觀，則無客觀，若無客觀，則無主觀，無主觀客觀之關係，則無世界。一切只是成立於關係之上，此恰如束蘆之相倚。

吾友！恰如二束蘆（dve naḷa katapiyo）相倚而立，如是，名色為緣有識，識為緣有名色，……

如二束蘆，若去其一，另一則仆；若去另一，其一亦仆，吾友！名色滅而識滅。識滅而名色滅。[9]

此中所說的名色，如後文所述，廣義上，是指有情之組織全體，但若相對於認識之主觀的識，主要是指客觀的，亦即前文所引經文是特就有情的主觀要素與客觀要素論述其成立因緣。應予以注意的是，無論主觀或客觀，並非先有主觀客觀的逢遇才有世間之出現，無論是主觀的組織或客觀的組織，都是在交涉時才成立，因此彼此若無關係，其自身亦不存在。亦即無論推究至任何處所，一切事物只有在關係依存之上才得以成立，此乃佛陀之主張，此當切記莫忘。

第二的異時的關係，大體上，是指有關成立的存續之規定。依據佛陀所述，一切存在皆悉無常變遷，但並非全然斷滅，只要還有因緣（亦即關係）存在，縱使有變化，但還是得以永遠持續，更且此間有其一定的變化法則。在此一方面，佛陀最為力說的，是有關生命持續的法則。亦即以意欲生存之意志（無明）或渴愛（欲）為根本動機，生命累積種種的經驗成為自己的性格，因應其性格而開拓後來的命運、境界與性格，此中有一定的規則。爾後，對此，倫理上的，有異熟因、異熟果（善

---

7. 南方阿毘曇的 **Paṭṭhāna**（**Mahārakaraṇa**，鉢叉論）揭出二四緣（二四緣之名稱請參見 **Tika-paṭṭhāna, part 1. p.1** ——渡邊楳雄《上代インド佛教思想史》，頁一三八），《舍利弗阿毘曇論》卷二五（大正二八，頁六七九ｂｆ）揭出十緣，有部與唯識派揭出四緣。此應是逐漸將複雜予以單純化的結果。尤其作為有部特有之教理，四緣之外，又有六因（五果）之說，雖然如此，筆者不認為此乃是原型。
8. **S.**（參閱 **4, p.15** ——南傳大藏經卷十五，相應部四，頁二六）；《雜阿含》卷十三（大正二，頁九一ａ）。
9. **S.**（參閱 **2, p.114** ——南傳大藏經卷十三，相應部二，頁一六六）；《雜阿含》卷十二（大正二，頁八一ｂ）。

因善果、惡因惡果）；心理上的，有同類因等流果（與因之性質或果之性質類似）等種種艱澀的表述，術語方面雖未及於此，但原始佛教已有如此的法則，應是無可懷疑。有關此等，將在後文的生命論中再予詳述，故此處不再多言，要言之，此生命持續之法則是世界持續之基石，從世界觀的見地而言，可說是分擔其成立因緣的重要原理。

前揭二項法則，在因緣觀中，是從最重要的立場所見，若予以連結於一處而成為教條，即是十二因緣論。亦即將生命之根本動機從出發而到達總合主觀客觀的認識論的經過，又從其主觀活動的條件，進而彼與一般世界有何等關係之經過，分成十二段作觀察。有關此等，爾後亦將另闢題目予以詳論，總之，對於同時的依存法則或異時的依存法則皆予以網羅，並建立秩序，因此，成為有關事實世界的因緣觀之代表。佛陀所以將此十二因緣觀說為是甚深微妙法，實因於此乃佛教特有的關係論的世界觀。

狹義言之，佛教的因緣觀是「因果律」（causality），但廣義言之，它不只是論理的因果關係，也含有道德上的前件與後件關係，更有橫向的同時的依存關係，可說是一切都包含在內的一種觀念。亦即對於某一存在的活動，將橫遍十方，縱貫三世，有直接間接關係的一切，以「因緣」名之。換言之，雖是一塵，也是如此，任何形態，皆與三世十方有關聯，雖是微塵，其關係若有變異，則無法維持其原態，此即是因緣觀之概論。更且其關係，剋實言之，是重重無盡，極其複雜，然其間的整然法則是一絲不紊。到了後世，對於其特重的，從種種立場給予特殊的因緣名稱。但若依據佛陀的精神而言，因緣雖如此複雜，然其根本，廣義而言，是生命，狹義而言，則是心的活動之法則。亦即能掌握如此無數關係的，在於「心」（citta），若無此心，因緣論不得成立。（後文將就此予以詳論）

## 四、與外道說的比較

佛教的世界觀中，前揭的因緣觀最具特色，相對於第一項所介紹的三種外道說，在種種方面，有其勝處。尤其在進行認識的考察而闡明世界時，相對於獨斷論的外道說，其學術的意義遠勝於彼等。對照近代的學風，其因緣觀，就哲學而言，相通於康德、叔本華，就科學的而言，也通於所謂的相對主義（relativism），此乃是素樸的外道三說之所不及，是無可懷疑的事實。

雖然如此，但不容忽視的是，此說之建立，同樣也是大量承繼自前三說。簡言之，因緣法則之嚴謹，頗為類似宿命論。但異於宿命論的一切決定之論，而是允許後天的作用，此又與偶然論有所相通。尤其將心（亦即意志）視為因緣之根本，可以說正是將「神意說」拉回到「人意說」。亦即如是觀察時，佛陀的因緣說與前揭三項雖有差異，但仍帶有三說中的某些色彩，此終究是不能否定的。但佛陀在建立此說時，並非只雜揉諸說而成為一種理論。而是止揚彼等，立於其上，構成異於彼等且勝於彼等的世界觀。如前文所述，所謂的中道，就世界觀而言，是指此種態度，此態度之結果，爾後成為因緣觀。

> 迦旃延！人多立於二邊。或有或無……迦旃延！說為一切是有，此實是第一邊見。說為一切是無，此為第二邊見。迦旃延！離此二邊，如來說法。所謂緣無明有行，緣行有識……。[10]

---

10. S.（2, p.17——南傳大藏經卷十三，相應部二，頁二四～二五）；《雜阿含》卷十二（大正二，頁八五c）。

此乃佛陀對長老迦旃延，作為世界問題之解決而說明的因緣論，此中可以清楚窺見對於實在的問題，佛陀所採取的中道的態度及其因緣說之依據。此外，前文所觸及的人生之苦樂是自作或他作的問題，或是死後存否的問題等等，佛陀都是採取如此態度，意欲以因緣說予以解決。據此，因緣說可以說是具有特殊地位之教理，更且可以推知因緣說是如何受當時的思想界激發而成。

# 第二章　有情論的概要

## 一、無我論

一切都是因緣的產物，其間並無絕對的存在。從而有情（satta），亦即生物的存在，亦不出於如此原則。當時一般所認定的固定的靈體自我（attā, ātman），也只是空想的產物而已。

問：此形（bimba，有情）是誰所作？此形之作者在何處？依何處而生此形？於何處此形滅？

答：此形非自作，此形非他作，是依因緣（hetuṃ paṭicca）而生。因緣滅則滅。恰如外播種子於田地，得其地味，得其濕潤，依此兩者而得以發生，此（五）蘊、（十八）界、六處皆依因緣而生，因緣滅則滅。[1]

此即是佛陀與佛弟子對於有情的本體的看法。亦即有情是在主觀要素、客觀要素等種種要素之間的關係，亦即是在因緣之上成立的，佛教徒最喜愛使用的譬喻，是如同由種種支節相緣而有車子形成。[2]此即佛教所說的「無我論」（anattā vāda），是其教理中最為顯著的主張。雖說是因緣觀之結論，

1. S.（1, p.134 ——南傳大藏經卷十二，相應部一，頁二二九～二三〇）；《雜阿含》卷四五（大正二，頁三二七c）。
2. 問：眾生誰所作？眾生滅於何處？

但剋實言之，所謂的因緣觀也是由以此無我論為基礎的生命觀而成立的。無神主義未必只是佛教所論，耆那教與數論派都有如此主張，但駁斥個人之定命論而尋求解脫之宗教，恐是除了佛教，別無其他，佛教實具有如此的特徵。從而關於佛陀無神論之根據，固然無須多言，而對於無我論傾盡全力予以論證，亦不足為奇。此無我論之真意，就筆者所見，稍異於通常的機械的解釋或論證，故今略過有關此等之論述，爾後在闡明有情組成時，自然得以見其本意。

## 二、有情的組成要素

若是如此，大體上，佛陀如何看待此有情之組成要素？大體而言，依據佛陀所述，有情成立之要素有二類。其一是非物質要素（arūpin），另一是物質的要素（rūpin）。容易理解的說法是精神的要素與肉體的要素，亦即依此二者的結合，遂有有情之成立。術語的說法是稱此為「名色」（nāmarūpa）。此語已是梵書時代的術語，常用於指稱現象或個體（individual），[3]佛陀採用此語，用以作為有情成立之單位。[4]依據佛教的解釋，所謂的「名」，是指精神的要素，就五蘊說而言，是指受、想、行、識等四蘊；所謂的「色」，是指物質性的要素，亦即四大與由四大所成的肉體的要素。[5]簡言之，所謂名色，主要是指身心所合成之存在，依據佛陀所述，生命（jīva）與身體可視為同一，也可視為是別異，[6]故不離名色才得以有有情之成立。就此而言，佛陀的觀點是二元論的，但實際上是一種「併行論」（parallelism）。

佛陀更就此名色給予種種分析，揭示有情成立之要素。所謂的六界、五蘊、四食、十二處、十八界等即是。此乃因於佛陀有時著重身體而作觀察，有時是就精神方面予以詳論，有時是將觀察的重點置於營養的活動，有時是在揭示認識的活動的狀況，是依種種不同立場與目的而揭示有情之成立。今就其主要分類，簡單說明如次：

首先就「六界說」觀之，此主要是為揭示物質的要素，亦即身體的組織所設的分類。以《中阿含》卷四二《分別六界經》（＝M. 140 Dhātuvibhaṅga-s.）為首，其他種種經文也可見之。據彼等所述，有情是由地水火風空識等六大成立，依前五界而有身體的機關及其作用——地是骨肉，水是血液，火是熱氣，風是呼吸，空是種種空隙——依最後的一界（識）而現出種種的精神活動。從而佛陀在論述此一方面時，對於身體的組織常作相當詳細的分解與說明。今恐煩瑣，故略去其說明，但要言之，六界說的重要性雖不如五蘊說，但在闡明有情之組織上，是一種重要的分類，是無疑的事實。爾後

---

答：汝有關眾生之問，是魔之所見。唯有諸行集合（suddha saṅkhāra puñjo）。此間並無有情（固定觀念）可得。恰如諸支相合而名為車，如是，僅依（五）蘊（暫）有眾生之名云云（S. 1, p.135；《雜阿含》卷四五——大正二，頁三二七b）。此乃跋地羅尼（Vajirā）所唱之有名偈頌，爾後龍軍（Nāgasena）為彌鄰陀王揭示無我論時，所揭出的車喻，實出自於此（參閱 Milinda pañha 9. 11.—1. 1~8）。漢譯《雜阿含》載為此乃尸羅尼（Selā）所唱，歷史事實如何，今尚未能確定。

3. 《印度哲學宗教史》（第二篇第四章第三節）。

4. 關於 Nāmarūpa 的詳細解釋，參閱 Max Walleser: Die philosophische Grundlage des älteren Buddhismus（Heidelberg 1904, S. p.42~46）。

5. 《中阿含》卷七《大拘稀羅經》（大正一，頁四六二a）；Cullaniddesa（p.18~21 ——南傳大藏經卷四四，小義釋，頁二八~三三）。

6. 《雜阿含》卷三四（大正二，頁二四四a）；M. 72 Aggivacchagotta-s.（1, p.484~486 ——南傳大藏經卷十，中部二，頁三一二~三一六）。

真言宗等，主張所謂的六大緣起，不外於即是沿襲此一分類。

其次的四食說，此係基於生命（亦即有情體）之維持上，不可欠缺之要素的立場，將有情之成立分成四種要素而作觀察。第一的段食（Kabaḷiṅkāra-āhāra），依食物而長養之說，此與奧義書所說的食味所成我（annarasamayātman）相當，是肉體的要素。第二、第三與第四是由粗至細的精神的要素，亦即第二是觸食（phassa-āhāra），第三是思食（manosañcetana-āhāra），第四是識食（viññāṇa-āhāra），眾生依此四食而成。此與奧義書的五藏說（pañcakośa）[7]極為近似，但並無奧義書所說的真性實我的歡喜我（ānanda-mayātman），此正是佛教有無我論之所以。經中[8]有一切眾生依食而住（sabbe sattā āhāraṭṭhitikā），一切眾生依行而住（sabbe sattā saṅkhāraṭṭhitikā）之說，雖言及於「食」，但並非以「味」為中心。佛陀顯然也注意及此，故不應過分拘泥於文字。

第三是五蘊（pañcakkhandhā）分類，此乃佛陀最經常使用，可說是最具代表性的要素觀。亦即將吾人的組織分成色（rūpa，物質）、受（vedanā，感情）、想（saññā，表象）、行（saṅkhāra，意志）、識（viññāṇa，意識、悟性）等五類作觀察。正與先前的六界說相反，是專就心理的要素而論述，第一的色，含攝一切物質的要素，而其他四蘊則是重要的心理的要素。有關此等之說明將在次章的心理論中予以論述，此處暫且略過不談。

此外，也有專以認識活動為標準，分成眼、耳、鼻、舌、身、意等六處（chāyatanā or saḷāyatana）而論述的，此六處加上與此相對的色、聲、香、味、觸、法等六境，成為十二處，或作六根、六境、六識之對配而成十八界等等，有如此種種的分類法。此等在次章心理論中論述相信較為便利，故此處僅介紹其名稱。

要言之，無論是何等分類法，若依據佛陀所述，眾生只是種種要素所組成之聚合體，並非一固定之獨立體。其中任一要素，都是念念生滅，尤其心理的現象，更是流動不止，此間並無常住之我體，此至少是基於此一觀察法的無我論的根據之一。此正如同今日心理學以筋肉神經之活動為首，將種種心理活動作分析的考察，終於排除稱為自我的固定的存在，兩者是同樣的觀察法。

前述的要素的觀察，無庸贅言，是以人類為中心。但從佛教的立場而言，前揭的觀察絕非僅限於人類，所有的生物都適宜。次於人類的動物，在精神力的明白上，不如人類，但在物質的要素上，有較強的作用，至於優於人類的天人，其物質生活方面較淡薄，但精神生活方面較強，故前述之分類法，其適用性不如人類。但原則上，前揭之分類對於任何階級的有情都適宜，至少從法相的立場必是如此（爾後對於無色界的有情有否色法（亦即物質）產生異論，但此處無須就此予以論究）。

## 三、有情成立的動力因

以上是就有情成立之要素暫以靜態的方式探究，可以說是機械性的分析觀察。其次將就令此等要素結合而成為有機體的原動力，機械性的言之，將就令此等要素相互黏著的膠料見之。佛陀所說的因緣，是指前述的材料因與原動力的關係。

---

7. 關於五藏說，請參閱《印度哲學宗教史》（第三篇第二章第一節中）。
8. **D. 33** Saṅgīti-s.（3, p.211 ——南傳大藏經卷八，長部三，頁二九〇）；《長阿含》卷八《眾聚經》（大正一，頁四九c）；cf. A.（5, p.50）。

佛陀對於此問題有種種表述。或稱為業（kamma），或稱無明（avijjā），或稱欲（taṇhā）。

比丘！此四食以何者為因？以何者為集？何者所生？依何者發生？此等四食以欲為因，以欲為集，依欲而生，依欲而發生。[9]

諸業、愛、無明為因，積他世之陰（蘊）。[10]

此乃經中隨處可見之論述。尤其以「執著」（upādāna）一語，作為五蘊積聚之因，是佛陀最為常用，通常將有情的組織稱為五取蘊（pañc'upādānakkhandhā），亦即依執著而結合的五要素。若予以總括，煩惱與業是其根本，令五蘊結合不相離，正是有情組織之膠料。所謂的無明、愛著或欲都是煩惱所屬，據此而活動的結果，就是業，業又成為根本，更令五蘊活動，而有種種流轉。

車從諸業起　心識轉於車
隨因而轉至　因壞車則亡[11]

對於跋者羅尼（Vajirā）將五蘊之結合以車作比喻，此偈所欲揭示的是，其所說的車是由業而作，而識是指示其活動的方向，前往其所應前進之命運。從而今若欲予以闡明，必須就煩惱與業之性質予以詳論，但關於煩惱將在次章，關於業，將在再次章論之，故今略去其詳論，僅揭其結論如次：

煩惱的根源，無庸贅言，就是無明。所謂的無明，就「知性的」而言，主要是指無始的「無知」，但將此與生命論作關連而考察時，反而具有「情意」的意義。亦即借用叔本華所說，是意欲生存的，更且是盲目的「原本的意志」。就此，筆者在他處已從全體印度哲學史的見地予以論述，[12]今從佛教之見地，也同樣得以證明。簡言之，相對於十二因緣將「行」（亦即意志）之根底說為「無明」，此四諦說是將與十二因緣之無明相當的原理說為「欲」（亦即渴愛，taṇhā；tṛṣṇā），據此可知「無明」與「欲」同義。徵於爾後阿毘達磨論師之意見，有部的法救（Dharmatrāta，四大論師之一）曰：「此無明乃是諸有情恃我之類性」，眾賢的《順正理論》採用此意見，[13] 因此，至少部分學者將無明理解為「情意的」，是不爭之事實。若是如此，所謂的因於無明而有五蘊之結合，不外於是在揭示「以意欲生存之意志為基本，遂有生命現象產生」。稱為欲，稱為執著，僅只是無明的另一種表現，歸根究底，不外於是同一作用的不同觀點。更且無明是所有因緣之根源，此徵於後文所述的十二因緣說，即可知之，故五蘊結合的第一條件，要言之，是意欲生存之意志。

如是，依此原本的意志，亦即無明之力，生起意識的活動，此活動形成有情本身之性格，規定其未來的，即是業。所謂的依業而有有情之相續迴轉，不外是指依四食、六界、五蘊而成立的有情

---

9. M. 38 Mahātaṇhāsaṅkhaya-s.（1, p.261 ——南傳大藏經卷九，中部一，頁四五一）；《中阿含》卷五四《茶啼（嗏帝）經》（大正一，頁七六七c）。

10. 《雜阿含》卷十三（大正二，頁八八b）；《俱舍論》卷二二（大正二九，頁一一六a）所引用。巴利文未詳。

11. 《雜阿含》卷四九（大正二，頁三五六c）；巴利文未詳，然次句與此稍稍類似：「世間依業而轉，有情依業而轉。有情受業所纏，如車軸之轉動」（Suttanipāta 654 ——南傳大藏經卷二四，小部三，頁二四四；Cf. S. 1, p.135；漢譯《雜阿含》卷十二——大正二，頁四五四c）。

12. 《哲學雜誌》三六四號～三六五號（大正六年六月～七月「原始佛教を歸著點としての印度に於ける主意論發達の經過一班」上下）。

13. 參閱《俱舍論》卷十（大正二九，頁五二a）。

的單位，具有個體化、特殊之性格，集聚其過去一切經驗，依其力而規定及創造未來。

簡言之，令五蘊結合的第一動力因，首先是無明。其意欲生存之欲求因於其目的，令彼等要素作各各之活動，此乃是有機體結合不離之根本力。如是，其活動之結果又令有機體特殊化，成為將來特殊活動之基礎，此即是第二的原動力。更且此無明業一時一刻皆不中止，不斷絕，從而諸蘊之結合亦不斷絕，不中止，不斷的變化而有生命之相續，此乃是有關此一方面的大致的解釋。

## 四、有情的本質

應予以注意的是，上來對於有情所作的解釋，主要是作機械性的探究。換言之，只是大體的解釋，並非佛教生命觀之全體。

第一，雖將無明與五蘊分別探討，但依據佛陀所述，五蘊之外，別無無明之外的其他原理。關於業，也是如此。說為無明，說為業，只是從不同立場看待有情活動的原理。第二，雖將有情成立要素作種種區分，但此僅只是基於方便觀察，實際上，不能如此區分。對於「身命一異」之論述，既已被佛陀視為錯誤，因此將心的要素作種種區分，除了方便觀察之外，並無其他根據。從而第三，雖將有情視為是諸要素之結合，但對於此結合之意義應有所限定，不能籠統視為如同車之結合。此因就車輛而言，是先有部分，然後才有全體，至於有情，則是有機的結合，是先有全體，然後才有部分，至少全體與部分不能超出於觀念之外。亦即其之結合，正如同現今的心理學將心理活動區分為智情意而作觀察，而心是彼等之結合之說也是如此。

從而據筆者所見，前揭的機械的說明，從佛陀的精神而言，無我論主要是為令眾生了知並無如同石子般的堅固的自我或靈魂，生命只是關係現象之一，只是如此的教化法而已。佛陀絕非機械的，如唯物論者那般地看待生命。

若是如此，對於有情的本質，佛陀的真意如何?後文在論述業與輪迴時，對此將予以論述，但作為生命論，在必要的範圍之內，簡單略述筆者所見如次：

就佛陀的真意而言，有情的活動受種種條件支配，至少其本質是無始以來的存在。此因其第一條件的無明，亦即意欲生存的意志是無始的，無法求其起源，佛陀對此已明白指出。從而此無明成為動力因，故有五蘊、四食之聚合，但對於此根本意志作種種活動時，作為機關而於自我之中開展的，只是暫且隨從其特徵而作要素性的區分與觀察，絕非認為於自我之外生起作用而令生命現象生起。亦即無明本身至少已具備可成為五蘊或四食之要素。也可以說是將未開展的原本狀態之位稱為無明，將開展的當體稱為五取蘊。此徵於爾後的阿毘達磨學者說明十二因緣時，將無明、行等各支之體說為五蘊，即可知之。從而有情之成立雖是因緣會遇所成，但絕非如「因部分的破壞，車的觀念就消失」如此單純，本質上，應視為是一種渾一體，是無始無終的相續。只是暫且將此視為五蘊的機械的結合，既然有因緣之根本的無明、業（此既然非解脫之生，亦絕非是滅），則生命是無始無終之相續，故絕非如車輛一般的容易解體或合成。就此而言，此有名的車喻只是大致之比喻，終究與有情的本質無關。爾後部派中的犢子部（Vajjiputtaka, Vātsīputrīya）主張非離蘊我，亦即有不離不即五蘊的一種我體，經量部（Sūtrāntika）主張細意識之恆存，化地部（Mahīśāsaka）主張窮生死蘊，亦即生死不滅的一種要素（無明），乃至大乘唯識家主張阿賴耶識（ālayavijñāna）恆存等，有如此種種的有我論產生，亦不足為奇。彼等都是以無明或欲（taṇhā）為基礎而考察生命，故得出如此結論，至少就筆者所了解，相較於過分拘泥於機械的觀察的上座部，彼等的主張反而貼近佛陀真意。至少就論理的闡明佛陀教法而言，可說是在上座部之上。

佛陀的生命觀若如前文所述，何以稱此為無我論，以此作為佛教之特色？就筆者所見，主要是外道認為自我是固定的，如同砲彈一般，但依據佛陀的觀察，此乃是流動的，亦即如後所言，是如同「瀑流」，故佛陀破斥此固定的觀念。更且此流動的生命的活動樣式或命運，是依種種事情，尤其是因於業而不斷的變化，並無外道所說的我體自身持續不變之狀態，此即主張生命也是「因緣生」之所以。

不只如此，佛陀強烈主張無我論的另一理由是，主張無我論，相較於主張有我論，在增進吾等人格的價值上，更為有效，可說是出自於實踐的理由。對於佛陀，相較於理論方面，此或許是更重要的根據。依據佛陀所說，吾人之種種罪主要是以我執我欲為根本，若用術語表述，可以說是在於執著我或我所。此我執我欲之所歸，是以我為中心，因此，若認定有我，即是認定我執、我欲，因此，若欲遏止罪惡，必須自初始即否定我，才有功效，此即佛陀強力主張無我說之主要根據。固然，如此的無我論（抑制小我），早已見於奧義書[14]及數論，[15]未必是佛陀特有之教法，但彼等只是以容易執著的我為目標，因此至少在理論上，對於打破我執並沒有效用，而佛陀具有進而從形式上打破我說的特色。如後文所述，消極方面，無我觀是脫離我執、我欲的禪觀修養的主要公案，但積極方面，是獎勵愛他的道德的主要基礎，依據如此的對照，就得以了解。

總之，佛教無我說的根據，除了心理的，也有其倫理的理由，此應是無可懷疑的。從而以生命事實為問題，予以理論的處理之際，基於倫理的根據的實際的主張，不能無條件地直接轉換成基於心理的根據的理論的主張，此固然無庸贅言。既然是理論的推進佛陀的生命觀，最後所到達的，必然是前文所述的有我論，此當切記莫忘。

## 五、當時的生命觀與佛教的生命觀

佛陀的因緣觀承自於當時的世界觀，而此具有特色的生命觀也與當時的思想界有密切關係。如前文已稍作觸及，佛陀的流動的生命觀，一方面是就認為有固定的我體的有我論者，另一方面是就唯物論者的主張，加以考察而成立。就當時的思想界見之，一方面是自奧義書以來，以「自我」為中心的哲學思想與通俗的靈魂觀二者結合的「有我說」盛行，但另一方面，不滿意此「有我說」，進而大膽提出「唯物論」的，也不在少數。就六師而言，尼乾陀若提子、摩訶梨瞿舍羅與浮陀迦旃延是有我論者，而富蘭那迦葉，尤其阿夷多翅舍欽婆羅則是純然的唯物論者。《梵網經》所揭六十二見中的常見論者（sassatavādī）即是有我論者，而斷見論（ucchedavādī）或無因無緣論（ahetu-apaccayo-vādī）者，即是唯物論者。就此而言，佛陀時代的生命觀正如歐洲十八世紀的生命觀。一方面，出自於基督教信仰的固定的靈魂觀，雖因近世的學術之光漸失其力，但還是有以某種形態

14. Maitrāyaṇa-up. 6, 21（《ウパニシシャツド全書》七，頁二六）；參閱《印度六派哲學》（第四篇第二章第二節中）。
15. Sāṃkhyakārika 64；參閱《印度六派哲學》（第三篇第五章）。

而執持不捨的人，另一方面，以德國為中心強烈的唯物主義，至少在新進的智識階級之間，給予莫大影響。故此間也曾出現併行論或其他種種形態的生命論，而佛陀的流動的生命觀，就某種意義而言，可以說是為調和當時兩種思潮而提出的。就佛陀所說而言，若只是機械性的，僅以「因緣會遇」之意表示，豈非類似以四大和合解釋生命現象的阿夷多翅舍欽婆羅及其他順世派（lokāyata）。但佛陀異於唯物論者的以物質解釋生命的起源，而是自始就承認心理的要素，此似乎又與有我論者有連結。亦即佛陀以破斥斷常二見，並提出略帶有併行論色彩的流動的生命觀為其特色，但至少作為止揚的材料，仍是承自兩方面所表現的當時的生命觀，此如同其因緣論，是不爭之事實。亦即就此而言，佛陀採取中道態度的結果，就是產生具有特色的生命論。

佛陀意在破斥有我論，因此通常研究者僅注意於唯物論其勢力之強大，從而忽視佛陀在構成其生命觀時，對於此一方面的諸多顧慮，故對此應特加注意。

# 第三章　心理論

## 一、生命與心理活動

以無明為基礎而有生命活動，若有生命活動，必然有心理活動。對照前述有情組成要素之性質，此乃是明顯的事實。此因心理的活動是無明的根本意志，為完成意欲生存的目的，作為照亮其方向之光，而於自我之中開發。從而依據佛陀所述，至少就其可能性而言，生命活動與心理活動雖是同一，然其表現方式未必相同。如前所述，下位的有情其心理活動較弱，但生命活動（亦即無意識的本能活動）較強，越上位者其心理活動越發顯著，終至得以發揮生命本身所具之全體心理作用。亦即依據佛陀所述，生命的本質雖是所謂的盲目的意志，但逐漸趨近於觀念的存在，即是向上，因此，盲目意志的支配性較強的，即成為下位的有情。從而佛教的心理論，至少其表現方式是隨從各種有情而有所不同。但剋實言之，此係相當嚴格的就廣泛的有情而論。依據佛陀所述，心理活動最為複雜且可以作為模範的，仍在於人類。更明確的說法是，佛教的心理論，不外於是就人類加以考察的結果。爾後的阿毘達磨的考察中，其心理的考察屢屢以三界有情作比較，從基於輪迴論的有情觀而言，如此的考察可說是妥當的，因此，以人類為中心的心理論，其背景也必然是一般的有情。

## 二、感覺器官

首先就感覺器官述之，將吾人的感官分成眼（cakkhu）、耳（sota）、鼻（ghāna）、舌（jivhā）、身（kāya or tacca—觸覺）等五根，已見於奧義書時代。爾後，所有學派皆承認之，佛教所說的外界認識之機關全在於此。如此的分類是基於明顯的事實，因此，無須提出特殊意見。諸派之間，意見稍異的是，彼等依何者而成立的問題。奧義書對此沒有明述，但大致上是視為成於梵的分泌的發展經過中，數論派一方面指出是由我慢（ahaṇkāra）所發展，同時，又說由地水火風空等五要素而成立，勝論派明白指出此係由五大所成立，更且認為是由地水火風空分別形成鼻、舌、眼、皮、耳。總地說來，五根被視為具有半是心理的，半是生理的意義，縱使彼等是由物質所成，也是由極微妙的部分（sūkṣma bhūta，細物質）所成立，非肉眼所見。彼等所說的「根」（indriya），並不是指顯現於外面的眼耳等的扶塵根，而是指潛藏於內部的作用，亦即所謂的勝義根（與今日所說的神經組織相當）。

若是如此，佛陀對此提出何等意見？大體上，與前述諸說並無太大差異。

> 云何眼為此內入所（根）。
> 眼是此內入所，四大所造淨色，不可見有對。耳鼻舌身之內入所亦復如是。[1]

亦即五根是由地水火風等四要素所成立，不可見，然又是不許他物侵入的障礙性的存在（有對，impenetrability）。大體上，類似諸派所說，尤其是勝論派，但異於勝論派認為是由各別的要素形成特殊的根，佛教認為各各的根都是由四要素所成。剋實言之，此四大如何組合而形成五根，以及五根之相狀如何或淨色是何等的問題，就筆者所見，古聖典對此並無解答，故不能知其詳。此乃爾後阿毘達磨諸論師對此作種種論究，並產生分歧意見之所以。總之，在原始佛教的範圍內，五根被視為是物質的存在，其作用無論如何微妙，還是屬於後天性的，可以破壞，但也可以有某種程度的生理的長養。從而五根是肉體的一部分，與一期的壽命相始終，不具備生命本質自身之能力，此固然無庸贅言。就此而言，舍利弗為大拘稀羅所作的說明「此五根依存壽命（āyu）而立」，[2]可說是至當之見解。

此五根雖是認識外界之機關，然無庸贅言，其對象各有限定，不能超越一定的範圍。亦即眼根只能對色境，不能對聲境。乃至鼻根只能對香境，不通於色境等。相對於此，統攝此五根全體，司掌藉由其門的一切認識的機關是意根（mana）。

> 吾友！此五根認識各各別別之境、別別之界，不能認識相互之境界。不能認識相互之境的五根，其依所（paṭisaraṇa）是意。意完全認識彼等之境界。[3]

關於意（mana or manas）之作用，奧義書以來，有種種解釋，[4]但大抵是與五官有關連而使用，佛教大體上也隨從彼等用法，使用此語。

---

1. 《雜阿含》卷十三（大正二，頁九一c）；Dhammasaṅgaṇi 597（p.134 ——南傳大藏經卷四五，法集論，頁一八八）。
2. M. 43 Mahāvedalla-s.（1, p.295）。
3. M. 43 Mahāvedalla-s.（1, p.295 ——南傳大藏經卷一〇，中部一，頁一六～一七）；《中阿含》卷五八《大拘稀羅經》（大正一，頁七九一b）。
4. 《印度六派哲學》（第三篇第四章第三節，第五篇第二章第二節）。

亦即將此與五官有關連而使用時，彼係作為認識外界之機關，且具有統攝五根全體之作用。就此而言，意也是根的一種，加上前五根，而成為六根之一，從認識外界的機關而言，也被稱為「門」（dvāra），加上五根，而稱為六根門。[5]但此意根，主要是就內心作用中，與認識外界之知覺有關的方面獨立出來的，因此並無五根那般的物質性。作為純然的一種精神作用，從內部而觀察時，是與心（citta）或識（viññāṇa）同體。勝論派將「意」視為極微大小如之存在，是半物質的，此乃與佛教最大的差異。[6]

## 三、認識的過程

對於六官之考察，值得採取的特色雖然不多，但基於此的認識觀，仍有他派所不能及的勝處。首先大體而言，六官是相對於六境。亦即眼根對色境（rūpa），耳根對聲境（sadda），鼻根對香境（gandha），舌根對味境（rasa），身根對觸境（phoṭṭabba），意根對法境（dhamma），各自有其發識取境之作用。此中，第六的意根與法境的關係之中的「法」，恐是指一切法，總括來自前五根的一切認識，同時，只要是與認識的主觀相對的，無論是心理現象或無為，意根都視之為是客觀的。如是，六根與六境的關係中，包含一切認識，離此，則無識之源。此即佛陀在言及「一切」時，揭舉六根六境的所謂的「十二處」，斷言此外更無「一切」之所以。[7]作為結果而產生的識的種類，亦即至少在形式上，是所謂的六識。

比丘！一切識依因緣（paccayaṃ paṭicca）而生，有各別之名。亦即眼根為緣，於色生識，是為眼識；耳根為緣，於聲生識，是為耳識；鼻根為緣，於香生識，是為鼻識；舌根為緣，於味生識，是為舌識；身根為緣，於觸生識，是為身識；意根為緣，於法生識，是為意識。恰如一切火之燃係依其所緣而得各別之名。緣木而生之火稱為木火，緣藁而生之火稱為藁火……。[8]

亦即前五根作為外界之關卡，分別將一定的刺激運往內部時，由於意根策應，於內部所產生的特有反應，是前五識，進而意根本身呈現認識主觀的一般的反應時，即是第六意識。但此中的「識」，究竟本質上只是一種，是依作用而發顯為六種？或是六識在本質上就有不同？爾後，解釋者對此的意見分歧，雖然如此，總之，在形式上，認為相對於六根六境而有六識生起，是原始佛教之所論。在十二處（六根、六境）之上，添加六識，形成所謂的十八界，窮盡的包含所謂的「一切」（sabbaṃ），即是爾後的阿毘達磨最為重視的分類。然其所基完全是認識論的，在佛教的分類上，最具特色。

上來所述，主要是形式上的完整的認識論，若是如此，此等是經由何等經過，而成為更複雜的心理現象？佛陀經常是如次述說：

---

5. S.（4, p.194 ——南傳大藏經卷十五，相應部四，頁三〇三）。
6.《印度六派哲學》（第五篇第二章第二節）。
7. S.（4, p.15 ——南傳大藏經卷九，中部一，頁四五〇）；《雜阿含》卷十三（大正二，頁九一 a）。
8. M. 38 Mahātaṇhāsaṅkhaya-s.（1, p.259 ——南傳大藏經卷九，中部一，頁四五〇）；《中阿含》卷五四《茶帝（嗏帝）經》（大正一，頁七六七 a）。

眼根與色為緣眼識生，依此和合有觸，與觸共生受想思。……乃至身根與觸為緣身識生，三者和合有觸……。（Cakkhuñca paṭicca rūpe ca uppajjati Cakkhuviññāṇaṃ, tiṇṇaṃ, saṃgati phasso……）

今舉例說明之——暫時以眼根對赤色而言。赤色刺激眼根時，此為第一次的經過。據此，吾等內部所具司掌視覺之心開始活動。此即是所謂的眼識，此屬第二次的經過。眼根與色境為緣而生起識，雖是與根相對，才有識之新生，但剋實言之，應是本來所具的心之作用發生作用。若非如此，佛教的心理論將帶有唯物的傾向，不能與其生命觀相應。如是，司掌此覺醒的視覺之心（亦即眼識）進而作能動的活動，直至令根專注於境時，才產生「赤色」的觸，亦即感覺，此即是第三次的經過。如是，對於此感覺性的，被認識的赤色生起快或不快之念的，即是受（vedanā，感情）；將此受構成知覺表象之形的，即是想（saññā）；進而欲取欲捨的，即是思（cetanā，意志）。如是，產生種種複雜的內部的心理活動。亦即內心的活動之發生，都是來自於觸（感覺），就此而言，巴利《中部》的 Mahāpuṇṇama-s.，明白的揭出受想行皆以觸（phassa）為因（hetu），以觸為緣（paccaya）。[9] 從而前揭十八界中的六識，至少就第一次的而言，雖說認識的產生是根境和合，但剋實言之，仍屬於未及於真正感覺的認識之前的經過之中，換言之，只是感覺的認識產生之前的心而已。根境識三者和合才有觸（感覺）之生起，因此，若不將其識視為屬於感覺的認識以前，則意義不通。更且此識與認識有關，一方面是被動的，但另一方面，藉由發揮其能動的意義，真正的具體的心理活動才得以發生，雖是極其曖昧的論述，但也可說是極其有趣味的觀察。

要言之，依據佛陀所述，吾人之認識是依主觀（六識）、客觀（六境）以及感覺機關（六根）

之結合而成立，若缺其中任一，認識則不能成立。

雖無內眼之破壞，然外色不至其範圍之內（āpātha，視野），無與此相應之和合（tajosamannāhāro），則無與此相應知識分表現。

無內眼之破壞，外色亦至其範圍之內，然若無與此相應之和合，亦無與此相應知識分表現。

既無內眼之破壞，外色亦至其範圍之內，又有與此相應之和合時，才有與此相應之識分生起。……

（乃至耳、鼻、舌、身、意皆是如此）。[10]

此乃佛陀之高徒舍利弗就此所作的說明。亦即第一，根完全；第二，有對根之境；第三，有根境間之和合，有此三個條件，才能生起與此相當之認識。所說的和合，就今日所言，是注意（attention）之意，但若依據十八界說而言，如前所述，是指第一次的識的能動作用。如是，就作為其結果而產生的感覺的認識（意識）言之，知覺表象即是此處所說的識分，以第二次的意識的六識為首，是指與此相隨的種種的心之作用。總之，前述三者若缺其一，認識不能成立，此即稱吾等之心是因緣生之所以，又，生命雖有呈現種種心之作用的可能性，但由於境遇或地位的差異，其實際的活動將有所不同。

---

9. M. 109 Mahāpuṇṇama-s.（3, p.17——南傳大藏經卷九，中部一，頁三三八～三三九）；《雜阿含》卷二（大正二，頁一四c）。

10. M. 28 Mahāhatthipadopama-s.（1, p.190——南傳大藏經卷九，中部一，頁三三八f）；《中阿含》卷七《象跡喻經》（大正一，頁四六七a）。

## 四、內心作用的概觀

前項主要是從外界認識的立場探察心的活動之經過，其次擬就內心的作用述之。

佛陀將內心的作用大體上分成二種。亦即心（citta）與心所（cetasika）。所說的「心」，是指心的主體，亦即今日所說的「統覺」；所謂的「心所」，是指心的種種作用。如此的分類，爾後的阿毘達磨論師盛加利用，尤其心所論，更成為阿毘達磨佛教的倫理的心理論的綱目。但剋實言之，此心與心所之分類，在原始佛教尚未如此明顯。不僅其用例頗為少見，[11] 關於心所幾乎可說並無特別說明。從而在研究原始佛教之心理觀時，如此的分類並不是適當的方法。但爾後分類之基礎大體上始於此時，故仍有必要言之。

原始佛教的內心作用的代表性分類，仍是五蘊說中的後四蘊。亦即將心的要素分成受（vedanā）、想（saññā）、行（saṅkhāra）、識（viññāṇa）等四種，從心與心所的分類而言，最後的識是所謂的心王，其他三者是心所。今主要依此分類，略明其特質如次：[12]

首先，第一的受（vedanā），就今日的心理學而言，可說是感覺與感情之合併。雖是如此，若視為近似感情，乃至直接視為是用以表現一般感情的名稱，或許更為妥當。此因梵文的vedanā（受），是來自於vid（知），但相較於知識的「知」，較近於「感覺」的知，更且其「感覺」含有快與不快之情，故名之為「受」。依據佛陀所述，受有三態。苦（dukkha）、樂（sukha）與不苦不樂（adukkhāsukha）。相當於今日之心理學所述的快、不快與中庸等三種感情，就筆者所知，在印度思想史中，將感情分成如此的三態，實始自於佛陀。依據佛陀所說，此三種感情，就心理的事實言之，一時一刻亦無法維持其當體。相互移轉，由苦至樂，由樂至苦，由不苦不樂成為苦樂，變轉不止。[13]感情之不可恃，其因在此，如後文所述，佛陀將受總觀為苦，注力於感情之抑制，實基於如此理由。

第二，所謂的想（saññā），是指對象浮現於心中的作用。例如知曉（sañjānāti）「此為青色，此為黃色，此為赤色，此為白色」，此即是想。[14]就此而言，想與「知覺」（perception）相當，但未必只是外界之知覺，記憶浮起或想起對象等，也是想的作用。筆者認為將此視為廣義的表象作用（Vorstellung），應是至當的。

第三，所謂的行（saṅkhāra），是極為曖昧的作用，從而其語義亦難以清楚了解。經典所作的說明是「形成有為，故名為行」，[15]更且又作「之所以五蘊是有為，亦即是無常變遷，都是因於此力」。此行具有結合吾等組織，令彼活動之作用，狹義而言，雖與意志（will）相當，但廣義言之，能令心活動的要素皆攝於此中。爾後阿毘達磨的所謂的心所論大為發展時，受想除外的其他的心之作用都攝於此行蘊之所以，一方面是利用其曖昧之語義，另一方面，是利用其能令心活動的作用。

第四，所謂的識（viññāṇa），也是相當曖昧之語，大體上，佛陀有廣狹二種使用法。就廣義的

---

11. 心、心所的用例，參見 D. 11 Kevaddha-s.（1, p.213 ——南傳大藏經卷六，長一，頁三〇四）；《長阿含》卷十六《堅固經》（大正一，頁一〇一 c）。
12. 關於五蘊的定義性的說明，參見 S.（3, p.86~90 ——南傳大藏經卷十四，相應部三，頁一三九～一四五）。
13. M. 44 Cullavedalla-s.（1, p.303 ——南傳大藏經卷一〇，中部二，頁二八）；《中阿含》卷五八《法樂比丘尼經》（大正一，頁七八九 b）。
14. S.（3, p.87 ——南傳大藏經卷十四，相應部三，頁一三九 f）。
15. Saṅkhataṃ abhisaṅkarontīti bhikkhave tasmā saṅkhārā ti vuccanti.（S. 3, p.87 ——南傳大藏經卷十四，相應部三，頁一四〇）。

用法而言，例如在六界觀中，相對於地水火風空等五大，將第六大稱之為識。此際的識，主要是指心之全體，亦即受想行等其他心所都包含在內。此因六界觀所作的分類是將身體的要素分成五種，而總括精神的要素為一。從而此際的用法同於籠統使用時的心（citta）與意（mana），例如佛陀經常說為「被稱為心或意或識的」[16]〔yañca kho idam vuccanti cittanti（PTS 本是 cittati）vā mano ti vā viññāṇan ti vā〕，心、意、識被當作同義使用，更且具有心之全體之意。若作嚴格的區分，說為「心」時，是專就情意而說的心；說為意時，如前所述，主要是就認識外界的機關而說的心；說為識時，是以判斷、推理為主而說的心，但籠統使用時，是指全體的內心的作用。

相對於此廣義的用法，所謂的狹義用法，即是目前所說五蘊說中的識的用例。亦即離受想行，更且是與彼等對立的。此時的識，主要是指作為統覺（apperception）或悟性（understanding）的作用，能意識性的統一心，而且司掌判斷與推理的心之作用。經典將此說為「知故稱為識」[17]（vijānatīti tasmā viññāṇan ti vuccati），所說的「知」，是區別而知（vi-jña，vi，有區別之意，jñā 是知），亦即「能判斷此為赤色，非白色；此為苦味，非甜味；此是苦，非樂」為「知」之意。就此而言，受想行也應是識的認識對象，佛陀所以將其他的三種作用說為依存於觸，唯獨此識依存於名色（nāmarūpa），[18]身心全體都予以包括的理由在此。

上來簡單說明受想行識等四種作用，若欲以智情意作對配，則想與識對配智，受對配情，行對配意。若是如此，此等四種作用中，何者具有統一心之全體的作用？若就意識性的而言，當然是「識」。此因識作為統覺，具有意識性的統率心之活動的任務。佛陀依據一般的立場，將五蘊全體名為名色，但又經常將名色與識別立，此如「依名色而有識，依識而有名色」之說，[19]但歸根究柢，無非是在揭示從主觀客觀的立場，只有識是主觀，其他四蘊是客觀，終究識是四蘊之統一者。

剋實言之，此僅只是大致的觀點。吾人心之本質，如前章所述，未必是意識性的。無意識的衝動才是其本質，意識只是為給予衝動光能而發展。此乃是以無明為生命本質而得出的結論。從而，依此見地而言，五蘊之中，代表心的活動方面的，亦即意志的方面的「行」（saṅkhāra），相較於識，是更為本質的，從而應是其統一之原理。佛陀將行視為較識更近於無明，此徵於十二緣起系列中的無明、行、識之順序，即可知之。經文對於行所下的定義，特說為「令五蘊成為有為之力」，賦予心之全體的特質，其因在此。就此而言，佛教的心理觀，用近代的語言表示，可說是立於意志本位說之上。

## 五、特殊的心理，特就煩惱而論

上來所介紹的佛陀心理觀，主要是有關心的活動的概論。但如前文所述，異於今日的心理學者，佛陀並非意在觀察心的活動。佛陀的心理觀，要言之，是藉由揭示心的活動而裏助吾人之修養，進

16. 參照 D. 1 Brahmajāla-s.（1, p.21 ——南傳大藏經卷六，長部一，頁二七）；D. 11 Kevaddha-s. or Kevaṭṭa-s.（1, p.213 ——南傳大藏經卷六，長部一，頁三〇四）；S.（2, p.94 ——南傳大藏經卷十三，相應部二，頁一三六）等。
17. S.（3, p.87 ——南傳大藏經卷十四，相應部三，頁一四〇）。
18. M. 109 Mahāpuṇṇama-s.（3, p.17 ——南傳大藏經卷十一上，中部三，頁二七三）。
19. D. 14 Mahāpadāna-s.（2, p.32 ——南傳大藏經卷六，長部一，頁三九九）；《長阿含》卷一《大本經》（大正一，頁七b）；識與名色的關係，請參照後章十二因緣中的論述。

而趨向於最高的解脫。依據佛陀所述，說為善，說為惡，說為迷，說為悟，就心理的而言，歸根究柢，不外於只是心的事實呈現，因此，為「淨其心」，首先必須了解心理活動的狀況，此即有其心理論之所以。從而如同前述的一般心理論，佛陀在特殊心理、應用心理方面多所注力，也是自然之數。所謂的特殊心理、應用心理，是從宗教的倫理的見地，亦即從善惡迷悟之見地，將心之作用作種種分類性的觀察，藉以揭出是應予以抑制或應予以助長等等。將種種所謂的煩惱心作分類性的說示，或是倫理的德目之列舉，或是禪定修行的階段，進而或是到達涅槃的最高智慧，都是具有此意味的一種特殊心理。依此見地而言，佛陀說法的大部分，可以說是特殊心理、應用心理之說明。此乃是爾後阿毘達磨作為心所論所處理的主要題目，種種論師將此分類為善、不善、大煩惱、小煩惱、不定等，更設智品、定品等項目，闡明其性質之所以。

今若以原始聖典為典據而作論述，將極為繁雜，很可能成為舊式阿毘達磨論的體裁，因此窮盡的說明，暫且留待他日論述阿毘達磨之內容時，再作論述。今僅就其中，或與修養有關的，或在生命論，或在世界觀上，占有最重要地位的煩惱心稍作論述，作為此項之代表。

吾人的生命既以無明為根基，則其心身活動皆不出於此無明之範圍。但應予以注意的是，以此無明為基礎而生起的識逐漸增上而成為所謂的「智慧」（paññā）時，卻與無明相背離，並產生意欲解脫或超越此無明支配的希求。對此，原始佛教已作出根本性的說明，可說是相當困難的問題（後文對此將稍作論述），總之，依據佛陀所述，吾人的本質是由無明的盲目意志所成立，但吾人最高之理想卻是依據叡智而得解脫。吾人修養之道程，無非是「以無明為基礎的本能意志」與「意欲解脫而進入純粹精神生活的智慧（知識）」之間的爭鬥。佛陀將支援本能的我執與我欲的心之作用稱為煩惱（kilesa）、使（anusaya）、纏（bandha）、漏（āsava）等，而稱支援解脫的心之作用為智（paññā）、慧（ñāṇa）、明（vijjā），簡言之，就是「菩提心」。此處所說的煩惱，是指以種種名稱所表現的作為無明之奴僕的心之作用。

在說明煩惱時，佛陀通常從種種立場，作種種分類。其分類的標準極多，就數目言之，無明之外，有三毒、四軛、五蓋、七使、十結、二十一穢……百八煩惱等等，幾乎是難以蒐集的眾多分類。此等成為《增一阿含》等的主要題目，爾後成為阿毘達磨的煩惱品（又稱使品或隨眠品）的資料。依據佛陀所述，吾人之修養，積極言之，有智行之增長，消極言之，主要是斷煩惱，從而從實際的修養而言，是依據種種立場揭出惡德之種類，予以制御，在實行上，將較為適切及親切。但列舉此等種種分類而作說明，相當煩瑣，因此，欲知其詳，首先請參考《俱舍論》隨眠品，此處僅就極為重要的二、三項論之。亦即以欲（taṇhā；skt. tṛṣṇā）為出發點，及於七使，乃至上下兩分結，即是有關輪迴的煩惱。

首先就「愛」，亦即欲（taṇhā）觀之，如前所述，此乃無明稍具意識性的作用，是最本能的。從而在諸煩惱中，最為基本，佛陀揭示輪迴之因時，通常是指此欲。

> 欲縛（taṇhāsaṃyojana）之外，我不見其他能縛眾生，令長夜輪迴。[20]

亦即其他的煩惱心僅能協助束縛眾生，唯獨「欲」，作為彼等之根本，具有獨力成為輪迴之因之力。

---

20. Itivuttaka（p.8 ——南傳大藏經卷二三，小部一，頁二五二）。

在四諦之教門中，述說集諦，亦即苦之因時，言及於此，實基於此一理由。[21]原始佛教所說的阿賴耶（ālaya，窟宅），即是此欲之略名，後世用「阿賴耶識」一語揭示生命之本質，不外於也是脫化於此。若是如此，何者是此處所說的「欲」？佛陀作如次定義：

伴隨滿足與貪欲，隨處追求滿足之心，是再生之因（ponobhavikā nandirāgasahagatā tatratatrābhinandinī）。[22]

亦即生起希求心，欲尋求滿足，無盡的不滿足且無窮追求之欲望，是令生命無窮相續之因。佛陀將此分成三種。第一是愛欲（kāmataṇhā），第二是有欲（bhavataṇhā），第三是繁榮欲（vibhavataṇhā）。第一的愛欲，廣義而言，一般是指對於肉體上的快樂的欲求，狹義言之，則是專指對於異性的欲求，要言之，生命具有意欲子孫持續擴展之本能。第二的有欲，是指意欲存在之欲望，此正與叔本華所說的「意欲生存的意志」（Wille zum Leben）相當，是專就個體之持續的欲求。第三的繁榮欲，是指對於權力與財力之欲望，故可視為意欲自由生存的欲求。[23]此等都是生命本身固有的欲求之表現，剋實言之，在維持生命的發展上，是不可欠缺的作用。佛陀將此視為煩惱本源之所以，從深入的立場而言，此乃是輪迴的根據，若從淺顯的立場而言，吾人之我執、我欲，或以此為依據的種種惡行，追根究柢，是在於此三欲之無盡的追求。[24]

為實現前揭三欲，或於其實現中，作為障礙而生起的種種煩惱中，最為重要的是七使（satta anusayā）之說。此即：貪欲使（kāmarāgānusaya）、瞋使（paṭigha anusaya）、無明使（avijjā anusaya）、慢使（māna anusaya）、疑使（vicikicchānusaya）、有愛使（bhavarāga anusaya）、見使

（diṭṭhyanusaya）[25]等。但將「使」（亦即隨眠）分成七種，未必自始即是如此，經典中，或作三分，或分成四種等等，最為整然的分類，是前揭的《增一阿含》所揭。有部宗等，略去其中第六種的「有愛使」，以此六使為基本，又將見使五分，成為所謂的十使的根本煩惱。第一的貪欲，無庸贅言，是指貪求之欲；第二的瞋使，是指求不得而發起瞋恚；第三的無明使，並不是指根本的無明，

---

21. Vinaya（1, p.10）; M. 141 Saccavibhaṅga-s.（3, p.250 ——南傳大藏經卷十一下，中部二，頁三五三）;《中阿含》卷七《分別聖諦經》（大正一，頁四六八 b）。
22. M. 141 Saccavibhaṅga-s.（3, p.250）;《中阿含》卷七《分別聖諦經》（大正一，頁四六八 b）。
23. 關於 Vibhava taṇhā，從來有種種解釋。將 vibhava 解為非有，是對於滅之欲求。漢譯《長阿含》將此語譯為「無有愛」（《長阿含》卷八《眾集經》——大正一，頁五〇 a），吉爾達斯依據《巴利辭典》所載，將此解為〔thirst of〕nonexistence。但若依佛教見地，以如此的解釋作為欲之解釋，頗不相符，因此近代的巴利語學者通常都作積極的解釋。高楠博士認為此具有「權力」「全盛」之意（《巴利語佛教文學講本》，頁二四五），諾伊曼譯成 Wohlseinsdurst，亦即對於好境遇之欲望（Die Reden Gotamo Buddhos aus der längeren Sammlung Dīghanikāya. 3, S. 207; 273），姉崎博士將此意譯為「更生欲」（《根本佛教》，頁二二五）。剋實言之，筆者對於何者是原始的意義，多年來一直存疑，及至來到英國，請教《巴利大辭典》編輯主任 Dr. W. Stede，彼依其多年考校，認為應是財欲之意。其用例如次所揭：

 Tato Okkārājā Maddarañño bahuṃ vibhavaṃ datvā taṇādāya pakkāmi.（Jātaka 5, p.285）：「爾時 Okkāka 王攜來眾多 vibhavaṃ，給予 Madda 王」（參照南傳大藏經卷三六，小部十四，頁二九四）。

 此中的 vibhavaṃ，並無滅亡之意，並且若非意為財產，則前後文無法銜接。此依現今的異本用 dhanaṃ（財）取代 vibhavaṃ 即可知之。今筆者將此譯為「繁榮欲」，視為對於權財之欲求的理由在此。
24. 關於此欲，也有將此對配三界，形成欲界欲（kāmataṇhā）、色界欲（rūpataṇhā）、無色界欲（arūpataṇhā）（D. 33 Saṅgīti-s. 3, p. 216 ——南傳大藏經卷八，長部三，頁二九五；《大集法門經》——大正一，頁二二七 c），或將此對配色、聲、香、味、觸、法等六境而成六欲（S. 2, p.3），有種種分類。要言之，不外於是就欲在種種方面的不同活動相狀而作解釋。
25. A.（4, p.9 ——南傳大藏經卷二〇，增支部四，頁二四二）。

而是指為欲所迷而不明義理。此三種煩惱，又依 rāga or lobha（貪）、dosa（瞋）、moha（痴）之名而稱為三毒，被視為最重要的是「迷」。第四種的慢，是指所求既遂，自誇蔑他之心；第五種的疑，是指為欲所迷，故常疑惑不信之心；第六的有愛，是指作為此等總代表的生存欲；第七的見，是專就智識上的迷而言，以欲為基礎判斷事物，故不能得當，通常又就此開出四、五種。第一是我見（sakkāyadiṭṭhi. 有身見），意指執著有固定的常我。第二是邊見（antadiṭṭhi），傾向於斷見或常見等兩種極端，不契合中道之理。第三是邪見（micchādiṭṭhi），廣義而言，是錯誤見解之總稱，但此處特指將因果理法視為無之見解。第四是戒禁取見（sīlabbata parāmāsa），異道者將自派錯誤之戒行執著為真道之迷。在此四見之上，加上作為第五的見取見（diṭṭhivisuddhidiṭṭhi），即形成五見，此見取見是指異道者妄信自派見解為清淨，不能理解真正的正見。此外，依據佛陀所述，又有種種所謂的見煩惱，廣義而言，《梵網》的六十二見（dvā saṭṭhi-diṭṭhiyo）可納入於此中，但說為「見使」時，是特指前揭四見或五見。要言之，前揭七使以欲為基本，故第一之貪欲與第六之有愛屬於欲之本位，第四的慢是欲完成時所生起，第二的瞋是不能如願而生起，剩下的無明、疑、見等，是基於與「欲」之完成有關的「智」而提出，據此可知，都是以欲為基礎而開展的煩惱。

如前所述，煩惱是輪迴再生之因。尤其在欲（taṇhā）的分類之中，若將此對配欲界、色界、無色界等所謂的三界，[26]則煩惱與世界觀之間有密切關係。基於此一見地，將前揭七使作種種組合，分成將吾人縛於欲界之要素以及縛於上二界之要素的，即是分結（bhāgiya）之說。以術語而言，是稱為下分結（orambhāgiya，欲界所縛）與上分結（uddhambhāgiya，上二界所縛），此二者又都有五種類。此如次表所顯示：

**下分結**

身見（sakkāyadiṭṭhi）
疑（vicikicchā）
戒禁取見（sīlabbata parāmāsa）
欲貪（kāmarāga）
瞋恚（paṭigha）

**上分結**

色貪（rūparāga，對色界之欲）
無色貪（arūparāga，對無色界之欲）
慢（māna）
掉舉（uddhacca）
無明（avijjā）

亦即由於五下分結，吾人結縛於欲界，不能超脫；由於上分結，不能超脫上二界，換言之，作此分類之精神，在於指出由於上下兩分結，故吾人於三界常流轉不止。從而此上下兩分結若斷，即得以解脫，故此一分類實與修行進程大有關係。有關何以如此，何故上結無疑卻有慢等等的論述，相當煩瑣，故今僅止揭出佛所說名目而已。

26. 參照註24。

# 第四章　業與輪迴

## 一、佛教教理上的輪迴觀之意義

前二章所述，主要是以現在為立場的有情其組織與心理活動的概論。但依據佛陀所述，吾人之生活絕非只是一期的存在，而是依據業力，無始無終相續不斷。更且因應業之性質而受生成為具有種種境遇與種種相狀之有情。此即所謂的業之輪迴（saṃsāra，流轉）。

當然，「業的輪迴說」絕非初出於佛教。在印度，此思想之生起是在梵書時代終期，到了奧義書時期，與常我論相輔而完成，對此，筆者既已述及。[1] 爾來，此教理逐漸一般化，到了佛陀時代，極端的唯物論者除外，已是以某種形式而為一般所認許的人世觀。[2]

就此而言，佛教的輪迴觀或業觀不外於也是基於此一般的教理。但佛教有別於其他教派，其他教派既採用業說、輪迴說，必然主張常住之我體，但如前所述，佛陀主張生命是因緣所生，主張所謂的「無我論」，但又承認與「常我」有關連的業論、輪迴論。亦即其他教派在說明靈魂死後之相續時，是以所謂「自我」的砲彈藉由「業」的火藥力發送至一定場所，又依據新的火藥而發送至其他處所的方式表現，彼等所述是基於靈魂不滅的輪迴，反之，佛教否定此砲彈之恆存，換言之，僅只承認火藥力以及據此火藥力而產生的輪迴。乍見之下，佛教的「無我論」與「輪迴說」似乎欠缺調和，究竟是佛陀沒注意到其所建立的教理並無輪迴論容身之處？或者以世俗人為對象的佛陀，暫且利用通俗的在來的傳說而已？現今歐美的佛教學者中，抱持如此意見的人不少。路易斯・戴維斯對此所說如次：

將當時流行的意見附加在佛教的根本教理之上。但此全然與根本的教理，至少在論理上，是無法融合的——。[3]

如此的論述，就筆者所見，當然不是正當的評論，但表面上，確實是可以作此解釋。不只如此，佛陀在作此說時，通常只是就實踐的方面，幾乎沒有從理論的方面論述，因此其論理的融合狀況不明，在各各佛教學者之中，此自古即是難題。但從其他方面而言，此輪迴說、業說在佛教人生觀上具有最為重要之意義，離此，則無法說明人生之種種相，進而亦無法揭示其理想之歸結，故終究不能視為無法與論理的融合的附加物。因此，如何調合無我說與業說，古來即成為佛教學重要的一大問題，以此為中心而開展出種種教理。若依筆者所見，其困難點在於將「無我」作過分機械的解釋，在於過分受限於其表述，故若能正當理解佛陀之生命觀，反而可以看出唯有在佛教中，業說與輪迴說才真正具有哲學的意義。因此，筆者依據前章所述的生命觀，在此章中，將就此一問題作比較自由的論究，藉以闡明輪迴說的論理依據。

---

1.《印度哲學宗教史》（第二篇第四章第四、五節；第三篇第四章第一節）。

2.《印度哲學宗教史》（第五篇第二章）。

3. Rhys Davids : Early Buddhism（p.77）。

## 二、與死後的相續有關

為了方便說明，首先擬從與輪迴有關的一般相狀開始述說。

首先，吾人在世必然獲得一定的身分。作為生命之必然性，從出生至死，種種的活動永不停止。此即是命（jīva）或壽（āyus）。外在的特徵，就肉體而言，有煖氣（usmā），有出入息，就心理的而言，有識。簡言之，此為壽煖識或壽命。[4]

如是到達一定時期，此壽煖識終究無法彼此協調，離身體而去，此即是死，亦即壽盡（āyusaṅkhaya）。此時可以見及四大所成肉體之解體。關於何以於一定時期必死，雖無特別詳細說明，但主要是基於不能蒙昧的事實，大體而言，仍是因於業的作用。

二法常相隨。謂業與壽。有業則有壽。無業則無壽。壽業未消亡，有情遂不死。壽業若盡滅，含識（有情）之死無疑。[5]

此中所說的業，是指僅只維持一期的業力，由於此力而有壽，此力滅時，其壽亦滅，亦即經文揭出業與壽盡的關係。[6] 總之，有生必滅，是法定的命運。但依據佛陀所述，吾人之生命並非隨同死亡而滅絕。意識的活動確實隨著五根之破壞而休止，但意欲生存的根本意志（亦即無明）則將生時的經驗（業）銘刻成為性格而持續下去。更且此性格若予以開發，則具有成為五蘊之可能性，因應性格，當然具有令自己成為所予的有情之力。但不能將生命之當體視為如同空間性的存在，以某種形狀彷徨於某處。此因所謂的空間性的存在，即含有物質之意，但生命的當體並非物質性的，因此不能空間性的看待。此依佛陀認為無色界的眾生應無處所，亦即不認許純粹精神生活的有情有其場所之說，得以證明。現實界的無色界的有情既然不是空間性的存在，如何將既已脫離色身，僅以根本意志攝取一切意識性活動的生命之位視之為物？此即佛教所說的「輪迴主體」異於通常半物質的靈魂觀之處，從佛陀真諦的見地而言，此當體之生命屬於現今所說的「第四階」（The fourth dimension）的範圍。此乃佛教之輪迴觀極其難解之所以，爾後所以提出「中有身」（antarā bhava）之說，[7] 仍然作空間性的解釋，藉以幫助常人了解，但剋實而言，此中有身之說，要言之，是真諦說通俗化之結果，故仍須了知此生命之當體絕對不能視為是空間性的存在。

若是如此，此當體之生命如何再次呈現？如後文所述，依據佛陀所言，其呈現的方式有胎生、卵生、濕生、化生等四種，但今僅就胎生之呈現述之——首先是男女和合。此乃是其呈現之第一步。此和合，就男女而言，主要是為滿足其本能的欲望而行之，但就意欲呈現的生命而言，此乃是

---

4. M. 43 Mahāvedalla-s.（1, p.296 ——南傳大藏經卷一〇，中部二，頁一八）；《中阿含》卷五八《大拘稀羅經》（大正一，頁七九一b）；D. 23 Pāyāsi-s.（2, p.335 ——南傳大藏經卷七，長部二，頁三八四f）；《長阿含》卷七《弊宿經》（大正一，頁四五a）。
5. 《本事經》卷五（大正一七，頁六八五c）。
6. 關於「死時」與「業力」的關係，爾後在部派之間產生異論。或說一切認「死時」皆依前業而定，並無所謂的「非時」之死；或說有依後天原因的「不時」之死。南方的上座部與北方的有部等任許有「不時」之死（參照 Compendium of Philosophy by Anuruddha, p.149；《大毘婆沙論》卷二〇——大正二七，頁一〇三b；Kathāvatthu VII —— p.353~355；《異部宗輪論》——大正四九，頁一六a）等。
7. Kathāvatthu VIII, 2,（p.361 ——南傳大藏經卷五八，論事二，頁六五）所述，東山部、正量部承認中有，上座部不許，依據《宗輪論》（大正四九，頁一六 b c 及其他）所述，大眾部不許，上座部，尤其是有部認許。

業之創造力為呈現自己而令相當的男女和合。如是，遂有托胎之現象。[8]經典說為有父母與乾闥婆（Gandhabba，香陰）等三事和合而有托胎，此處所說的乾闥婆此一名稱，只是借用自神話，[9]用以表現此意欲呈現的生命，他處[10]則明白的稱此為「識」。亦即被稱為乾闥婆或識的生命以父母的和合為緣，因而得以成為胎生之有情。此時，至少在身體方面，超空間的生命已受到空間性的規定，亦即獲得一定的身分。如是經過胎內五位，[11]最後是出生，經營相應其身分的現實活動。此即是再生。

從生前至死後再生的經過，大致是如此。從而死的現象，從外在而言，如同絕滅，但從生命的當體而言，可能性的五蘊依然持續，更且因應其性格而再度現實化，其間，並非經過一度的解體，之後，才再蓄積新的五蘊。換言之，更生之五蘊只是前生所引續的五蘊變化性的繼承。故曰：

有業報，無作者。此陰（五蘊）滅了，異陰（餘蘊）相續。[12]

《彌蘭陀問經》（Milinda pañha）與《智度論》[13]等，以如同一燈移至他燈之喻揭示此無間斷的繼續。如後文所述，此若視為如同蠶之幼蟲化為蛹，蛹化為蛾，想必更得以體會佛教之輪迴觀。

此中的疑問是，若吾人身心組織是前生五蘊之繼續，何故吾人不能記憶前生？[14]就佛教的方針而言，此一問題未必難以解答。此因如前所述，依據佛陀所言，生命的本質並不是知識，而是意志，因此隨同知識的記憶應與肉身更生共滅。《長阿含》的《大緣經》等以托胎表現識進入母體，但此時的識，只是無意識的意志，亦即只是生命之異名，並非意識。此依茶啼（嗏帝，Satī）比丘主張輪迴之主體是識（viññāṇa）而受佛陀斥責的事實，即可知之。[15]既已無「識」，前生之經驗的記憶不能保存，自是當然。此正如叔本華之所言，[16]基於意志本位說的立場，相對於人格之同一，記憶之價值只居於第二或第三。雖然如此，但依據佛陀所述，若到達聖者之位，不只是前生，對於後世也能了知，佛陀經常揭示某人前生，也揭示其死後之運命。[17]若成為聖者，生命之本質沉潛，則依其性格（業）之銘刻，得以了知其過去與未來（可以參考萊布尼茲的若是聖者，在Monad中，可以了知過去與將來之說）。此並非普通記憶作用之結果，亦非常人所能得，因此，依據常人普通的記憶之有

---

8. M. 38 Mahātaṇhāsaṅkhaya-s.（1, p.265~266 ——南傳大藏經卷九，中部一，頁四六二）；《中阿含》卷五四《茶啼（嗏帝）經》（大正一，頁七六九b）。
9. 從梨俱吠陀時代，乾闥婆（Gandharva）的神格就有種種變遷，在神話中，乾闥婆是好色之神，性喜偷窺新婚夫妻閨室，爾後民間更相傳乾闥婆是出生為其子，佛陀則用以作為意欲生存的生命之異名。
10. D. 15 Mahānidāna-s.（2, p.63 ——南傳大藏經卷七，長部二，頁一三f）；《長阿含》卷十《大緣方便經》（大正一，頁六一b）。
11. 關於胎內五位之名稱與頌文，請參閱S.（1, p.206）。
12. 《雜阿含》卷十三（大正二，頁九二c）。就筆者所知，巴利經典中並無與此句相當之文。類似之句，Visuddhimagga 第十九章是作為古傳而引用，更且有部與大眾部都引用此句，故可作為古説，可作為權證（Visuddhimagga 2, p.602 ——南傳大藏經卷六四，清淨道論三，頁三二三）。
13. Milindapañha（p.97 ——南傳大藏經卷五九，彌蘭王問經上，頁一四七）；《智度論》卷十二（大正二五，頁一四九c）。
14. 參照註10。
15. M. 38 Mahātaṇhāsaṅkhaya-s.（1, p.258 ——南傳大藏經卷九，中部一，頁四四八）；《中阿含》卷五四《茶啼（嗏帝）經》（大正一，頁七六六b）。
16. Schopenhauer: Welt als Wille und Vorstellungen, XI（Gesammte Werke 2, S. 91）。
17. 參照D. 18 Janavasabha-s.（2, p.200 ——南傳大藏經卷七，長部二，頁二〇五）；《長阿含》卷五《闍尼沙經》（大正一，頁三四bc）；《中阿含》卷五七《箭毛經》（大正一，頁七八四a~c）；M. 79 Cūḷasakuludāyi-s.（2, p.31~32 ——南傳大藏經卷十一，中部三，頁三九）；《中阿含》卷十八《娑鷄帝三族姓子經》（大正一，頁五四五b）；M. 68 Naḷakapāna-s.（1, p.464~465 ——南傳大藏經卷一〇，中部二，頁二八一）等。

無而議論輪迴有無，並不是佛教的立場。佛教所說的輪迴完全是就無意識的性格而論。

## 三、特就業的本質而論

有情以業為自體，成為業之相續者。以業為母胎，以業為眷屬，成為以業為所為者。此上下之區別皆依業而分配。[18]

世間依業而轉，有情依業而轉。有情之受業而纏縛，猶如車之依軸而行。[19]

若是如此，何者是業之本質？此一問題前文業已述及，但作為輪迴論之中心問題，此最為重要，故此處擬再作論述。雖有重複之嫌，但仍將以生命觀作為論述出發點。

如前文所述，不是機械性的將佛教的生命觀視為只是五蘊之積聚，即是正當理解佛陀業觀的第一步。換言之，脫離五蘊與業的探究，終究無法理解業之相續的真意。將五蘊視為材料因，業為動力因，以車喻述說有情之組織，如前所述，只是一種譬喻，剋實言之，只是方便從不同的方面觀察與說明同一生命。有我論者主張作為業之依附者的常住固定的靈魂是實有，將主體與附著物區分開來，但依據佛陀所述，有情之組織若脫離業，則不得存在。前文所引的「有情以業為自體，成為業之相續者……」的經意，正是揭示業不外於有情。依據佛陀之真意，業並不是依附生命的一種力，而是生命經營自我創造時的內在規定。

如前所述，統一吾人身心的原理，表面上，是識（viññāṇa），但從內在而言，是行（saṃkhāra），亦即狹義的思（cetanā，意志）。佛陀將此意志統一識的經過視為人格，亦即假我（puggala；pudgala，補特伽羅），此依「一切依行而立」「有行而有識」之教說即可知之。從而依此生命而經營的身口意之行為，亦即所謂表業之反動，廣義而言，能影響身心組織其全體，並賦予性格，但狹義而言，畢竟只是對於可稱為其主體的「行」（亦即意志）賦予性格而已。此被賦予性格之意志，縱使其自身無意識，但能因應其性格而統一意識，並經營今後的意志活動。佛陀所說的「業」，不外於是指此意志習慣之性格。爾後經部宗與唯識宗等，相對於將表業（現實的行為）之體說為「現行之思」（現實的意志），而將無表業（所謂的業）之體解為「思之種子」（亦即意志之性格），縱使此乃後世所作的解釋，但就此而言，筆者認為此說頗近於原始佛教之真意。業依其自力而創造未來之所以，並非因於其依體不得知之的神秘力，而是因於其本質潛藏著具有創造力的意志性的性格。

更從其他方面作觀察，可以說佛陀是某種意義的經驗者。亦即吾人之生命活動（以真理活動為主），都是過去經驗之積聚，除去經驗，並無任何存在。但普通的經驗論者其之所說，只是就出生至死的一代的經驗而論，而佛陀所談的，是可追溯至無始的過去經驗，總的說來，以經驗為主，在述說吾人之生命活動上，至少佛陀具有一種經驗論的態度，此應是無可懷疑的。此經驗之積聚雖是無意識的，但能成為吾人性格之根柢，能規定未來的行為，對此，係以「業」名之。從而所謂的「業相續」，就是經驗之連續，嚴格言之，不外於是指作為經驗之結果的性格之流續。亦即依據佛陀所述，

18. 參照 M. 135 Cūlakammavibhanga-s.（3, p.203 ——南傳大藏經卷十一下，中部四，頁二七五～二七六）；《中阿含》卷四四《鸚鵡經》（大正一，頁七〇六b）；《本事經》卷一（大正一七，頁六六三c）。

19. Suttanipāta 654（p.123 ——南傳大藏經卷二四，小部二，頁二四四）。

吾人之生命是從無限的過去累積種種經驗，依據相應其經驗之性格而經營自己，其經營的方式又成為新的經驗，變化其性格，如是無限相續的，就是所謂的輪迴。而其性格以及與此性格相應的自我創造之間的必然規定，被稱為「以業為依據的因果」。從而佛陀之所述是經驗論的，但並不是主張「經驗（業）之外，另有生命」，就將經驗視為無始無終，認為此經驗無其出發點而言，可以說佛陀是卓越的先天論者，認許有一種與業不離不即的生命。爾後的唯識派立阿賴耶識，且就其種子之先天（本有種子）與後天（新熏種子）加以論究，不外於即是以此作為論題。

雖嫌煩瑣，但對於業與生命的關係，若以喻說明，可以藉由墨汁說明之。黑色或赤色的液體，此即是墨汁，離其液體不能得其色，離其色不能得其液體（雖依據化學的分析可以作分離，此姑且不論）。所說的業，是就其色而命名，所說的生命，是就其液體而命名。二者非一非異。此墨汁新陳代謝流注不絕。此即佛教所說的流動的生命。但只是以墨汁本身比喻稍嫌不足，因此，稍加變動，墨汁流動的方向是依其色而決定，同時，隨著流動方向的不同，墨汁的色彩也相異。此處所說的色彩變化，是指由赤變化成黑或黃時，並不是指失去赤而成為黑或黃，而是仍具有成為赤色的可能性的成為黑或黃，同樣，從黑或黃轉成青時，其黑或黃不失，是仍保存其可能性的改變。如此，大致可以獲得相近業與生命輪迴的關係之概念。亦即生命的方向依業而規定，同時，隨從生命活動的內容，時時刻刻將新業銘刻於自體，更且也保存古的，進而業之全體或一部分規定此生命活動的內容或外形，雖無限的複雜，但其間仍有整然的規律而連續流動，此即是業的輪迴論之真髓。此即有我論者的輪迴說與佛陀的輪迴說最大之差異。如前文所述，有我論者所說的業，只是附著於固定的生命的外緣，是將固定的生命運搬於種種境的原動力，但佛教所說的是不斷的變化，且將從前的經驗予以收納，更是以此為原動力而前進的創造性的進化（嚴格說來，是創造的輪化）。筆者先前指出佛教的業說、輪迴說具有真正的哲學的意義，是就此而言。從而依據此一見地而言，將佛教之業說批評為是不能與論理融合的附加物，終究不能允許。

## 四、前生與後生之間的人格關係

如上來所述，依據佛陀所指出，生命是時時刻刻的變化，然其輪迴的相續只是無意識的性格，若是如此，前生與後生之間的人格關係又是如何？換言之，是同一或是相異？依據有我論之所述，一切皆有變化，唯獨我體同一常住，至少在論理上，前後生之間的我是同一的，佛陀既然認為其中心變化不居，自然有此難產生。尤其對於受果報之方面，有我論者經常如次質問佛陀：

> 瞿曇！是彼（甲）行，彼（甲）自受（其果）。……或（甲）行，他者（乙）受果。[20]

某一婆羅門曾經如此質問佛陀。剋實而言，如此的質問主要是對於生命流動的變化真相不理解，不外於是依準於固定的我而提出的質問。依據佛陀所述，生命之持續相的前後關係，既不能說同，也不能說異，是同異的中道。對於如此的質問，佛陀曰：

20. S.（2, p.75~76 ——南傳大藏經卷十三，相應部二，頁一一一~一一二）；《雜阿含》卷十四（大正二，頁八五c）。

甲行，甲受其果是第一極端，甲行乙受其果是第二極端。如來離此兩邊，依中道而說法。[21]並以緣起系列回答。依據路易斯戴維斯夫人（Mrs. Rhys Davids）所示，[22]可將佛陀對此的觀點作圖表如次：

$$A—A'—A''—A'''—A^n……a^nB—B'—B''—B'''—B^n……b^nC—C'—C''—C'''—C^n……c^nD……d^nE……$$

此處所揭的A、B、C、D、E……，可視為是五蘊所成的模型的生命，雖非實際，但可暫時假定切離業（亦即性格）之生命。以 $'$ $''$ $'''$ $n$ 表現的指數是經驗之反應（亦即業），是給予模型的生命成為實際的生命。

首先，姑且以A表示從現世出發的吾人之生命，以墨汁之喻，就是清水。此A其本來之性質一刻亦不休止，故其活動為其自體著色，並帶來一種性格。此即 $A'$。$A'$ 基於其具有色彩的性格而活動，進而具有 $A''$ 之性格。如是，逐漸將先前之經驗收納於現在，而現在的，又孕育未來，其終期是 $A^n$。在圖表上，雖有 $A'$ $A''$ $A'''$……之段落，但實際上，是不斷的連續。從而此間，已是經過無限的變化，但依據幼時之記憶、自己之名稱與周圍之境遇等，仍是模型的維持A的人格，因此通常都將嬰兒的太郎與老人的太郎視為同一人。此恰如正在播映的影片其實體只是連續數千百尺長的膠卷，但在影片上，呈現的卻是同一人物的種種活動。如是，其變化到達無法維持其通俗的同相時，所產生的最大改變，就是「死」。圖表中，以點線表示的，即此。結果是獲得B之形。表面上看來，似與A非常不同，但依據佛陀所述，此B究其根柢，作為無意識的性格，就其具有 $A^n$ 的經驗的積聚，亦即就其是$a^n$而言，不外於是$A^n$的持續的變化。依據佛陀所述，同樣生為人，無論能力、境遇，或其他種種方面所以有差別，其因在於此隱藏的$a^n$之力。如是，此B又有種種活動，隨從先前的規則，到了$B^n$，變成$b^nC$，變成$c^nD$，變成$d^nE$……，即是無限輪迴之相。從而從A、B、C、D、E……的表面看來，彼此並無任何關係，但若從內面的關係而言，令B成為如此的原動力中，含有$A'$—$A''$—$A'''$……，令C所以成為如此的原動力中，不只含有$B'$—$B''$—$B'''$……，進而也含有$A'$—$A''$—$A'''$……，就此而言，B是受A規定，進而C是受A、B規定，D是受A、B、C規定，因果關係於此成立。當然，與此有關的法相問題，A的規定是B，是其實現的條件？或是直至D才是？乃至吾人一生之中，所積累的無數之業，何者是決定未來大運命之主因，何者是副因等等的問題，爾後的阿毘達磨對此有種種論究，此處對此不擬多談，總之，大體上，佛教三世因果之法則是基於前述的變化而立。此即佛陀認為受果報者與作者的關係非同非異，並以變化法則，亦即以緣起系列解決之所以。此雖有相當多的譬喻，但佛教所說的輪迴，恰如蠶之變化。由幼蟲變成蛹，蛹化成蛾，從外在而言，全然不相同，但終究是同一隻蟲的變化，更且不能說幼蟲與蛾是同或異，只能說是變化。

> 無業之作者，亦無受其果者。唯諸蘊獨轉。此實是真諦之見地。如是，有業，有果。恰如木與其果實之循環，「業與果」作為各各之因而轉。任何人不能知其終始。[23]

21. 同註20。
22. Mrs. Rhys Davids : Buddhism（p.135）。
23. Visuddhimagga, chap. 19 ; Warren : Buddhism in Translations（p.24）。

亦即前述的變化是無始無終持續，此乃是無限的輪迴，更且規定其變化之經過只是因果，此即是佛教的真諦的見地。

不可忘的是，佛陀既然是在如此的變化之上建立輪迴，故佛教的輪迴論已非字面上的輪迴說。字面上的輪迴說是靈魂迴旋於空間，取得種種身分，但依據佛陀所述，變化之當體即是輪迴，並沒有迴旋於空間的靈魂。亦即不是幼蟲死而成為蛹，成為蛾，而是幼蟲變成蛹，蛹變成蛾，吾人之生命其當體變成為馬，變成為牛，是地獄或天堂，都是業自己變作的，此即所謂的輪迴。故曰：

> 邪見之報，故自然生八大地獄。[24]

亦即地獄或天堂並不是外來的，而是吾人之業自己所創造的境界，並非吾人之靈魂托於馬胎，而是吾人之業在變化的經過之中，以馬的五蘊取代人類的五蘊而已。

佛陀的輪迴論其真意在此，就此而言，對於輪迴，龍軍論師（Nāgasena）說是名色之繼續，並揭出一燈移至他燈之譬喻等等，極力破斥巡迴的輪迴觀，[25]可說是將佛陀的輪迴觀作論理性的歸結。將佛教看待為哲學的近代學者之中，以叔本華為首，[26]有不少人是採取前揭的解釋。[27]

## 五、業與果的性質及其倫理的妥當性

> 其人取與蒔種相同之果。善行者得善果，惡行者得惡果。汝蒔種，汝受果。[28]（Yad idaṃ vappate bījaṃ tādisaṃ harate phalaṃ. kalyāṇakārī kalyāṇaṃ, pāpakārī ca pāpakaṃ. Pavuttaṃ tāta te

bījaṃ phalaṃ paccanubhossasi.）

此即是業的因果規則。若是如此，大體上，業與果之間，性質上的關係如何?·善行者（kalyāṇakārī）受善果（kalyāṇphala），惡行者（pāpakārī）受惡果（pāpaphala）中的善惡，其意不明，故其妥當性亦不清楚。

首先就性質方面觀之，大體上，佛陀將因果之間的性質關係視為二重。第一是從同性質的方面，第二是從異性質方面。借用爾後所言的術語，即是同類因（sabhāgahetu）、等流果（niṣyandaphala）的關係，以及異熟因（vipākahetu）、異熟果（vipākaphala）的關係等二種見地（所謂同類因、等流果，是指因的性質與果的性質同樣，異熟因、異熟果是指因的性質與果的性質不同）。

第一種的關係主要是基於心理的立場，要言之，如同前業，但以更為進步的形態表現其結果。今生認真勤勉，來世能得賢明之素質；今生怠惰，來世則愚鈍。就此而言，對於持狗雞戒的二名外道，其持戒之結果，將來生於何處的問題，佛陀的回答是「修狗雞戒，修狗雞心者，身死之後，生於狗

---

24. 《增一阿含》卷四三（大正二，頁七八一 a）。
25. Milindapañha（p.65~68 ; p.97 ——南傳大藏經卷五九上，彌蘭王問經上，頁九三~九九）。
26. 參照 Schopenhauer : Die Welt als Wille und Vorstellung.（Bd. 2, S. 573 ; Gesammelte Werke Bd. 2, S. 591 ; 姉崎正治譯「意志と現識としての世界」下，頁二四二）。
27. Warren : Buddhism in Translations（p.234f）; Mrs. Rhys David's Buddhism（p.137）等。
28. S.（1, p. 227 ——南傳大藏經卷十二，相應部一，頁三九八）；別譯《雜阿含》卷三（大正二，頁三八八 c）。

雞」。[29]此正顯示輪迴之報非第三者所給予之賞罰，而是相應自己性格，自己造作，故長養雞心的，成為雞；抱持鬼心的，成為鬼；長養天心的，成為天。完全是自然的。就此言之，善行者受善果，惡行者受惡果的因果說，可以說其心理的根據是充分的。吾人之修養或教育，雖僅此一代，但此因果理法也可以適用之。

其次所謂的異類因果，是指性質不同的現象之間，有其因果關係，此主要是從倫理的立場而論。此即作善行受幸福，作惡行遭禍的規則。此際的善惡是專就倫理的而言，但所說的禍福，未必具有倫理的意義，而是就適意不適意而言，故不能視為與因果同一性質。如此的關係，在說明種種人生現象之際，佛陀始終說之。例如——今生壽命的短縮是由於前世殺生，反之，得長壽者是前世以慈心悲憐他命；今世多疾病，是由於前世惱苦眾生，反之，之所以無病是因為慈心愛撫；今世姿形醜陋，是由於前世多瞋，反之，得端正者，是因為柔和；乃至今世貧困是由於前世不慈善，反之，之所以富貴是由於前世慈善。[30]——此中，殺生與短命，愛撫與長壽，至少在論理上，屬於不同的概念，但以因果關係予以結合。此雖只是勸善懲惡之教，是為道德性的引導俗人而提出，但在解釋人生現象的種種相狀時，是極為重要的教理。

如是，佛陀將業的因果關係作二重說明之中，比較容易理解的，當然是同類因果。如前所述，此說具有基於意志之創造性的心理根據。最難了解的是異類因果。此因難以導出其直接意志之創造性。要言之，前生殺生，因其習慣，今世生為殺人鬼，其根據很清楚，但以短命取代生為殺人鬼的充分根據在何處？同此，前生苦惱眾生，故今世為病夫；前生慈心愛撫眾生，今世生為福神之說，固然曾經聽聞，但苦惱故病弱，愛撫故健康之說，如何證明其妥當性？在說明同類因果時所說的「基於自己性格而創造的」說法，無法適用於此。相對於此，行善者，依國法而受賞，行惡者受國法處罰，此乃現前可見的。善惡與禍福之結合是不爭之事實。使用「業」一語，只是用以表示是以己力實行之而已。雖然如此，但國法是後天的約束，因果是自然之理法，只要不是將此視為不思議力，即有必要追求其先天的理由。但從來將因果理法視為真理的諸多佛教學者都忽視此乃應予以辨明的一大題目。彼等大抵是將「善因惡因之道德性意義的善惡」與「善果惡果的運命上的優劣之善惡」相混淆，僅以如同同類因果之說明為滿足。但不可忘記的是，佛教因果觀的真正的難點實在於此。

若是如此，難道不能與前文所揭業論的原理調和，將此異類因果關係作理論性的說明？佛陀所以將此說為自然所備之理法，難道只是為滿足吾人善惡福禍一致的要求，而將僅適用於同類因果的，轉用於此？此一問題遂成為脫離道德的要求則不能論述的問題。但就筆者所見，從前文所論述的業的性質，此間至少可以予以調和乃至說明，茲嘗試論述如次：

吾人之意志活動（sañcetanika kamma），縱使表面上看來極為簡單，但事實上，卻是成立於極其複雜的根柢與經過之上。從而再歸於活動的所謂反影的印象，也絕不單純。從而以其印象為根柢的性格爾後又再活動，創作自己的世界時，其結果並不是單一的，而是具備種種方面。一生之間造作無數的業，相集前世之業為根柢而造作自己的命運，故其果報之複雜，實可想見。但就今日的立場而言，暫從二方面見之。此即能動的顯現與反動的顯現。換言之，業一方面積極的呈現與其自身

---

29. M. 57 Kukkuravatika-s.（1, p.387~388 ——南傳大藏經卷一〇，中部二，頁一六三）。
30. M. 135 Kammavibhanga-s.（3, p. 203~205 ——南傳大藏經卷十一下，中部四，頁二七六～二八〇）；《中阿含》卷四四《鸚鵡經》（大正一，頁七〇四 c f）。

類同之果，同時，另一方面，呈現與業相對應，亦即賞罰之果。雖說是同一業，但若將此視為心理的事實或賦予倫理的價值，便有不同意義。若兩者是同一業的不同方面，則其印象也有二樣意義，從而彼成為根柢，爾後營作創造活動時，顯現成兩方面自是理所當然。如是，從心理的事實方面是同類因果，從倫理的價值方面，是伴隨賞罰的異類因果。就先前所揭之例予以說明，是以慈善心行布施，其結果是自己的性格越發柔軟，終於成為慈善博愛的人，進一步言之，更成為絕對愛他心的權化菩薩，此即能動的方面的顯現，屬於所謂的同類因果。與此同時，其慈善縱使是出自純真動機，不預想任何報酬，但予人以物，令其充裕，其自身意欲實行之印象成為性格，在造作自己的世界，即現出富裕的世界，亦即自己是富人之境。前文對此已有觸及，又如後文亦將就此論述，吾人之世界終究是吾人性格所造，此乃佛陀的真諦見地。同此，前世惱人，於今世或後世更加的惱人，即成為凶暴心之要素，另一方面，作為自己之境界，困惱之世界現出，終至於病弱短命。此即是業的所謂的反動的顯現，雖是異類因果，實與同類因果相同，終究是自己的性格所作。同類因果探求的是，心理的事實的因果，而異類因果是探求包含心理的事實與價值的因果，二者的差別在此。業的此二方面必然相伴，其果或同時顯現或異時顯現，此乃是世界產生種種相之所以。正義人苦多，而凶惡人卻榮華的現象，可解為是因於兩方面的異時顯現。

上來的解釋若是佛陀真意，則善因善果惡因惡果之命題，縱使其表現方式稍微曖昧，但仍可視為包含是在表現「同一的業」的兩方面的作用。從而依據上來的分析與解釋，曾被視為因果論之難點的異類因果大致也有其整然的理論根據，此乃是明顯的事實。更且如此的解釋未必只是筆者之所見。爾後唯識派將熏種子（業的印象）分成名言種子（事實的）與業種子（價值的），因名言種子之現出而有事實世界，因業種子之現出而有命運世界，彼等所作的如此說明，不外於也是在揭示此一道理。

上述含括兩方面的因果中，理論上而言，相較於反動，能動的因果其實具有較多的確實性，但佛陀對此所提出的由於後天的努力，至少可以某種程度變更的論述，吾人不能忽視。例如依前世之業而具有愚人素質者，依其今世的努力養成的賢明性格，其愚人素質得以緩和；雖有賢人素質，但由於怠惰，長養出愚魯性格，其賢明素質亦將被蒙昧。此即佛陀雖承認前業堅強，但又極力獎勵後天修養之所以，此乃與摩訶梨瞿舍羅（Makkhali Gosāla）之宿命論大為不同之處。佛陀其作為佛陀的使命完全在於為令吾人轉變此一方面之宿業而獲得明智。此因業的能動的方面，原是意識性的長養，故依後天意識的活動得以緩和與轉換。反之，對於所謂的反動（亦即命運），佛陀認為其規律最為峻嚴，毫無改變餘地。

> 比丘！故意作業未受，其報得以消滅，吾不作此說。其報於現在或後世，必然受之。[31]
>
> 入空中或海中，或岩石間。惡業者終無可避免之處。[32]

此是佛陀一再揭示，更且是就異類因果而作的論述。此因此一方面的業，是由於無意識的種植，無法依據意識的努力而防止其果發生，基於此一理由，故佛陀作此說。從而關於心理的性癖，無論何

---

31. A. 57 Kukkuravatika-s.（5, p.297——南傳大藏經卷二二下，增支部七，頁二五六）；《中阿含》卷三《思經》（大正一，頁四三七b）。
32. Dhammapada 127（p.19——南傳大藏經卷二三，小部一，頁三六）。

等的惡性，佛陀表示戰勝彼並引導至於最高處為其任務，但關於幸不幸之命運，作為自然法則，縱使是佛陀，也是莫可奈何。33

一切生者皆死，壽命必歸終。
隨業受緣報。善惡各獲其果。
修福上昇天，造惡入地獄。
修道斷生死，永入涅槃。
非空，非海中，非入山石間。
無有脫離不受死之方所。
諸佛，緣覺，菩薩聲聞，
猶捨此無常身。何況諸凡夫。34

亦即死生與業報，任何人皆不能避免，因此作為佛陀的佛陀，其目的無非在於教導吾人知之，並得以絕對脫離之道。

## 六、有情的種類

原則上，相應業之種類無限，有情之種類亦應無限。更且若依據佛陀所述，此世有無限的眾生，且無一相同，都是由於業的相異。但以「無限」一語表示，不方便說明，因此佛陀隨從當時習慣，將神話的存在視為有情的一種，大體上作五或六種的分類。所謂的五趣（pañcagatiyo）或六趣（chagatiyo）即此。所說的五趣，是指地獄（niraya）、畜生（tiracchānayoni，傍生）、餓鬼（visaya）、人（manussa）、天（devaloka）等五種，是最原始的分類。若加上第四種的阿修羅（asura），即成六趣，此乃犢子部、北道派等所立。[35]中國與日本所說的六道輪迴實是依據此六趣說而提出。有關此等的詳細說明，見於漢巴兩傳所傳的增支部、漢譯《長阿含》第四分（世記經）等，但此一方面，且留待爾後論述阿毘達磨時述之，較為恰當，故此處暫且略過。要言之，除去人與畜生，都是神話性的存在，但若依據當時一般的信仰而言，都是活生生的存在，故佛陀亦認許之，視為輪迴界的現象之一。

前揭的五道或六道之分類中，就某種意義而言，最值得注意的是，關於天部的分類，佛陀將此對配三界而形成二十六種，一小部分除外，是婆羅門之信仰界相當難見之神。大體上，佛陀是依據何等材料將此等天部作如此配列？此雖非觸及佛教本質的問題，但在了解當時宗教界情事，進而在闡明佛教之淵源上，是極為必要的研究題目。但此處連天部的名稱，筆者尚且無暇提出，何況觸及此一問題，僅只能提醒有志於研究者注意及此而已。

此五道或六道說中，沒有將植物列入，就原則上而言，相較於數論派等，是佛教的弱點，但若就實踐之必要言之，此應是基於方便實行。如後文所述，佛陀將不殺生戒視為在家出家皆應守持之

33. 參照《中阿含》卷三《伽彌尼經》（大正一，頁四四〇b）（巴不明）。

34. 參照別譯《雜阿含》卷三（大正二，頁三九二b）；《五分律》卷二一（大正二二，頁一四一b）；Dhammapada 127（p.19——南傳大藏經卷二三，小部一，頁三六）等。

35. 《智度論》卷十（大正二五，頁一三五c）；Kathāvatthu VIII（1, p.360——南傳大藏經卷五八，論事二，頁六三）。

大戒，若將植物亦攝於其中，在論理上將無法生存。至少在生活上將相當窘迫。律典等載有對植物應有慈愛之念，不可輕率的蹂躪，據此看來，可以認為即使是低級，但佛陀也承認是一種生命。

此五道或六道之眾生依其出生方式可分類成四種。此即是四生（catasso yoniyo）。亦即胎生（jalābujā）、卵生（aṇḍajā）、濕生（saṃsedajā）、化生（opapātikā）。第一類的胎生，是指如同一般的人畜，是由母胎所生；第二類的卵生，是指如同鳥，是從卵出生；第三類的濕生，是指如同蚊、蚋，是從濕地出生；第四類的化生，是指如同天界或地獄，是前述三種生以外的自然化生。[36]此應是出自於「奧義書」中的胎生（jarāyujā）、卵生（aṇḍajā）、濕生（svedajā）、種生（bījajā）的觀念，[37]用化生取代種生，卻沒有將植物納入於輪迴界，恐是因於地獄思想等盛行，對於彼等的出生方式有必要說明所致。雖然種生沒有被列入於四生之中，但若從佛陀教示吾等應愛念植物，屢屢將傷害種生視為惡事[38]看來，顯然對於種生佛陀還是很重視的。

將此五道、四生對配「界」時，佛陀稱此為三界。此即欲界（kāmaloka）、色界（rūpaloka）、無色界（arūpaloka）。所謂欲界，是指欲求最盛之處，從地獄到一部分的天人，從而四生的任何一生皆包含在內。色界與無色界完全屬於天部，並且都是化生，此二者的禪定力殊勝，但色界還有物質的（身體的）活動，無色界則無活動之處所，各如其名。

應予以注意的是，有關此三界的論述與奧義書之間的關聯。將有情作粗我生（oḷārika attapaṭilābha）、意成我生（manomaya attapaṭilābha）、想所成我生（saññāmayāttapaṭilābha）的分類。《長部》的《布吒婆樓經》（D. 9 Poṭṭhapāda-s. ＝《長阿含》卷十七）等，種種經典都可見之。依據覺音（Buddhaghosa）所作解釋，第一類的「粗我生」是指肉體的要素較勝的欲界身，第二類的「意成我生」是指諸根完備的色界身，第三類的「想所成我生」是指唯屬識之活動的無色界身，[39]從經文看來，可知是至當之解釋。但據此可推想及於《泰提利亞奧義書》（*Taittirīya up.*）所揭的五藏說（pañcakośa vidyā）。亦即將有情的組織，以真我為中心，視為是由五重組織所成立，第一可說是外皮的食味所成我（annarasamayātman），進而是生氣所成我（prāṇamayātman）、意所成我（manomayātman）、識所成我（vijñānamayātman）、歡喜所成我（ānandamayātman），隨著逐漸趨於微細而近於真相之論述。[40]若與佛陀所揭示三我生說相比較，經典所說的粗我生，無庸贅言，相當於奧義書的「食味我」，而意成我生相當於奧義書的「意所成我」，想所成我生相當於奧義書的「識所成我」。從而此間應有某種歷史關係。不只如此，覺音將此對配三界而作說明，而有部則是將粗我生視為肉體，將意所成視為中有身（亦即細身），作為中有存在之經證。[41]如此的解釋若能獲得經意，則前揭三身說將與奧義書所說更接近。但持平而論，覺音的解釋較接近經意，故今依此作為種類之分類，更且提出可視為是出自奧義書的材料如上。

---

36. 參見 M. 12 Mahāsīhanāda-s.（1, p. 73 ——南傳大藏經卷九，中部一，頁一一九）中的舍利弗的說明。
37. 《印度哲學宗教史》（第三篇第四章第一節）。
38. D. 1 Brahmajāla-s.（1, p.5 ——南傳大藏經卷六，長部一，頁七）；D. 2 Sāmaññaphala-s.（1, p.64 ——南傳大藏經卷六，長部一，頁九七）等揭出四種。根種（mūlabīja）、幹種（khandabīja）、節種（phalubīja）與種種（bījabīja）。
39. 參見 Sumanghavilāsinī part I（p.110；120）等的 manomaya 的解釋。
40. 《印度哲學宗教史》（第三篇第二章第一節）。
41. 《大毘婆沙論》卷六九（大正二七，頁三五八a）；漢譯《雜阿含》卷三四（大正二，頁二四四b）的「乘意生身往生餘處」，也是將意成身解釋為中有身。

如是，佛陀從種種方面揭示有情的種類，但如前所述，從第一義的見地而言，不必拘泥於此分類之數目。要言之，將眾生作此區別，佛陀只是為顯示因於業所致，從本質而言，可以視為都是同樣，從而是依其道德的心而由高至低或由低至高。如此的分類項目，只是隨從當時一般的有情觀而便宜行事的。

## 附論　業說的價值

如筆者先前所作說明，上來是以相當自由且直接的方式，論述佛教業說的內在意義。最後作為附論，將稍就此業說之價值略作說明。此因一類的學者——佛教徒也有——認為業說極為古舊，早已不能維持，對於其真價值，欠缺理解的人不少。

首先從生物學的方面而言，業說極似遺傳說，對此，西洋學者業已指出。將天生的氣質與傾向歸於前代經驗，縱使此中有歸於祖先或歸於自己之差異，但有所類似應是無可懷疑的。作為業說之結果，一切之間有輪迴的關係的說法也相通於進化（也含退化）論，因此從生物學的見地而言，業說也是值得尋思的一種論述，此乃是不能否定的事實。當然也無須因此而認為佛陀已有進化論的思想，但相較於將人視為異於其他動物的完全不同的特殊存在，將天生氣質的差異視為是超自然力的專寵，此業力說具有與近代學術的解釋可以結合之意義，相信此乃是任何人都得承認的。

進而就心理學的見地而言，如前所述，佛教將業視為是經驗積聚而成的意志的無意識的性格，就今日的心理學也是可以承認的。更且佛教將此無意識的性格視為意識之根柢，也與無意識說

（Unbewusstseinstheorie）相通，如是，在種種方面，都能與心理學的考察吻合。現今西洋的佛教徒中，從對心理學的興趣而開始研究佛教的人實是不少，更且基於心理學的見地，彼等對於此業說抱持相當大的興趣，此乃筆者親自見聞之事實。若將此應用於教育，如前文已曾觸及，所有教育的目的，用佛教的術語表現，是所謂善業的累積。此因教育目的，要言之——道德的或技術的——在於以良好的訓練培養無意識的性格。更且依據佛教所述，不只是實行，意志本身就已是業，故若依據此說，內在的修養具有非常重大的意義。換言之，若能了知倘無內在的修養，則所有的教育不能成立，此即是業論的教育的效果。

如是，業說的價值可以從種種方面予以考察，但其中最為重要的，是倫理論。亦即有關善惡禍福之一致的理論或假設。因此，今將與此方面有關的從來的諸說予以比較，揭出業說之特長。

如康德所說：善惡與禍福的一致，縱使難以證明，卻是吾人不能放棄的要求。人類社會的賞罰秩序之制定不外於奠基於此。但實際卻與此要求相反，正義者受苦，不正者榮耀，此乃古往今來不絕之現象。故不得不令人作「天道何在」之嘆。職是之故，古來意欲會通此間之不調和，為滿足吾等要求而提出種種論說。筆者大致整理成如次數項：

**第一，期待改善社會組織。**社會本是滿足此要求之機關，其組織不完全，故不能完全實現。但若伴隨社會組織之改善，其一致逐漸得以實現，故除社會之進步與改善之外，並無滿足此要求的方法。就筆者所見，此說確實有其道理，而且社會以此為理想而推進，即得以完成其本來之任務。但實際而言，究竟應至何時才能了無遺憾的完成其職能，實令人有前途何其遼遠之感。加之，吾人對此的要求是期待將來，但作為當前直接的問題是，吾人面對不合理的事象時，所要求的是適切的解答與安心法，因此此一解答對於此問題並不適切。

**第二，依據自己良心的賞罰**。亦即行善行正義，縱使外表上是不幸的沉淪，但自己的良心滿足，反之，縱使外表上看似成功，但常受良心呵責。不能蒙昧的善惡禍福之一致，是此說之大要，主要是以良心為基礎而論述倫理的人之所主張。就筆者所見，此說確實有其重大價值。但良心的感受性未必眾人皆同。若依據此說，將形成良心遲鈍者幸福，敏銳者不幸。此因若唯一的賞罰在於良心，則良心遲鈍者，責罰的程度較輕。

**第三，從其子孫求其妥當性**。可說是「積善之家有餘慶，積惡之家有餘殃」的儒教思想。換言之，對自己而言，要求雖不能實現，但子孫得以實現。就筆者所見，此說確實也有其道理。子孫是自己的展延，而且從遺傳說而言，既然父祖之身心傳予子孫，則親之賞罰可以酬報於子。但此說的缺點是，不具有普遍的確實性，尤其對於無子孫者，此將是如何？又對於不顧慮子孫者，將是如何等等的問題，有無法適當解答之憾。

**第四，將前述觀點擴及於親屬或一般社會**。印度的吠檀多派主張某人證得解脫時，其善惡業將由親戚承擔，近代學者之中（例如美國的 Paul Carus），有人認為吾人善惡業無論大小，長久留存於社會，實現其果，主張業力不滅，同時，其妥當性的要求應從社會探求。但對於此說，可以用前揭的第一或第三說的相同理由指出其不完全。

從種種答案看來，雖都有理，但都不徹底。僅只從現世求其妥當，終究無法獲得解決。予以力說而走極端的，是偶然說，幸不幸，要言之，是偶然的事象，與善惡沒有任何關係。將善惡與幸不幸連結的，完全是謬見。今昔皆有持此論者，傾向左道而行的，是道德無視論，傾向右道而行的，是道德的權威高於功利，雖然如此，但對於應放棄善惡禍福之一致的要求，二者是同一的。然此仍無法獲得畢竟之滿足，因此，遂有未來依據有意者之判定而決定賞罰之論述，亦即第五種的依據神意的未來裁判說。依據此說，現在的禍福、善惡雖不能一致，但死後是由神明裁決，賞善罰惡，算計其妥當，此要求遂得充實。在印度，有神派的信仰中有此主張，極為通俗思想的閻魔王（Yamarāja）的裁判即屬此說。基督教的末日審判的思想亦完全來自於此，尤其如康德所指出，靈魂不滅或神的存在之說，完全是為滿足此要求而提出。但此說的第一個不妥是，神若是全智全能，何須等待到未來？個人自由意志之行使若有差錯，應當立即處罰，若所行正當，則立即嘉賞。第二，有神派尤其是基督教等，認為義人受虐是神明的測試，要言之，是到最後才給予真正的裁判，依據如此論法，不義之人的榮昌，同樣也是神明的測試？終究是神意不可測，進而對於未來的裁判是否能公平，也有所懷疑。對於如此的缺點不能滿意，近來基督教徒中，擯除末日審判說而主張印度思想，尤其類似佛教的未來觀，所謂的心靈主義（spiritualism）相當盛行。依據彼等所述，靈魂相應前業，立即（或曰三日休憩之後）前往相當之報土，下至地獄，上至神階，有種種階段，類似佛教所說的六道或十界觀，更且彼等在此完成其罪之酬報，逐漸登於上位。最令筆者注意的是，大正九年春，作為心靈主義者而聞名的英國牧師歐恩（Rev. Owen）在 "Weekly Despatch" 上發表其與死者通信之內容。據此文所述，有一亡者擔心神明裁判其所犯罪而心神不安，但有某一天使告曰：汝所犯罪，汝自受其果，非神所裁判（印象中是 Weekly Despatch, February 15th, 1920）。據此看來，末日審判說與神意裁判說，在牧師之中已逐漸動搖，更且近似佛教的業思想的觀念增強的徵候略現。尤其印度的有神派雖論及神之裁判，但也承認個人之業，神只是隨從業而裁判，定其正否，將責任歸於個人，如是，

# 第五章　特就十二緣起論而論

## 一、導言

上來筆者從一般的因緣論出發，對於有情的本質、其心理活動、依據業的流轉等略作論述。剋實言之，以上的題目只是佛陀就事實界，尤其是有關生命活動所作的大致觀察。若從佛陀所說的教條的組織而言，此等包含於其十二因緣論之中，只是十二因緣論的分段的觀察。如前文之所預告，筆者編述本書之方針，是以問題為主要，並不是著重在教條的注釋的解說，因此前文雖分類而作論述，但此間蘊含著十二因緣論之組織，此固無庸贅言。因此，作為彼等最後之總結，在此稍就十二因緣論作評釋性的論述。相傳此乃佛陀成道前後再三之所默思者，在佛教的教理上，極為重要且相當難解。加之，不只佛陀用此十二因緣的組織解決生死問題，爾後大乘的重要教理中，以此為出發點而開展的更是不少，因此，佛教之研究者皆有必要大致了解其真意。故雖與先前所述略有重複，但仍設此章論之。

首先揭出其系列之名目如次：

（一）依無明（avijjā）

（二）有行（saṃkhārā）。依行

（三）有識（viññāṇa）。依識
（四）有名色（nāmarūpa）。依名色
（五）有六入（saḷāyatana，六處）。依六入
（六）有觸（phassa）。依觸
（七）有受（vedanā）。依受
（八）有愛（taṇhā）。依愛
（九）有取（upādāna）。依取
（十）有有（bhava）。依有
（十一）有生（jāti）。依生
（十二）有老死（jarāmaraṇa）。

此即是十二緣起系列。如後文所述，此十二支究竟是佛陀初成道默思時，就具有如此系列？或是爾後才逐漸組成如此十二支？對此，雖猶有議論之餘地，但無論如何，完整的形態是此十二支，此依以律藏大品（Mahāvagga）為首，巴利文的相應部[1]支品（Nidāna Saṃyutta）等諸典所載都是如此，即可知之。此被稱為「緣起」（paṭiccasamuppāda；skt. pratītyasamutpāda），對於此語，爾後的阿毘達磨論師雖有種種異解，[2]但主要是解為「緣成而生」，亦即理解為是指依存他者而存在的關係法則，大抵無妨。亦即十二因緣觀所揭示的是，產生老死的循序的十一個條件（緣）及其依存關係，此乃是名為「緣起」之所以。

## 二、當時的緣起觀與十二因緣觀

此緣起觀，若就被說為是「佛陀的自覺」而言，應是任何人皆未曾發見之真理。但若作歷史性的觀察，如同其他思想，在此思想背後，至少間接的，有其思索之資料，此若對照當時的思想界，自是無可懷疑之事實。對此，瓦雷（Warren）也早已指出。[3] 縱使佛陀自己沒有意識到，但終究必須承認此緣起法則之發見是承自其先前的種種思想。今試將在佛陀前後，諸派之間所流行的類似的緣起觀，揭之如次。

遠在梨俱吠陀的末期，已有與創造有關的有名讚歌「無有歌」（Nāsadāsīya sūkta），在此讚歌中，揭出宇宙開展之次第。據彼所述，宇宙初始，混沌未分，唯有一種子（ābhu），此種子依熱（tapas）力而開展，成為欲（kāma），由欲更開展成為現識（manas），宇宙遂於此時成立。此係隨從心理性開展的順序觀察宇宙，其種子—欲—識之系列，多少類似無明—行—識之系列。縱使非直接，但佛教緣起觀的前三支與此略有關係，大致可以想見。[4]

到了奧義書時代，隨著主意論的思想發展，出現將「無明」（avidyā；pāli: avijjā）視為現實界之本源的思想，在心理的觀察上，將「意欲」視為一切活動之源泉的思想亦逐漸成熟，其所作的論述，

1. S.（2, p.1~133 ——南傳大藏經卷十三，相應部二，頁一～一九四）。
2. 《大毘婆沙論》卷二四（大正二七，頁一二四 c f）；Visuddhimagga, chap. XVII 等。
3. Buddhism in Translations（p. 113）。
4. 《印度哲學宗教史》（第一篇第四章第二節）。

實與佛教緣起觀頗多相近。最為顯著的是，在 Bṛhadāraṇyaka-up. 4. 4. 5. 中，有如次的論述：

人由欲（kāma）所成。隨從欲而有志向（kratu）。隨從志向而有業（karma）。隨從業而有果（phala）。

此可以與緣起觀相對照。佛教所說的無明相當於欲，行相當於志向，識與名色等的心理活動相當於此處所說的業，生老死相當於果。名目雖然不同，但至少在考察精神上有所相通，此乃是任何人都無法否定。

進而到了學派時代，此時對於人生問題作種種因果性的考察，與佛教緣起觀有關連的，首先應予以注意的是，數論派的二十四諦說。亦即自性（prakṛti）—覺（buddhi）—我慢（ahaṇkāra）—五唯（tanmātra）—〔十一根、五大〕的系列。此與佛教緣起觀有所類似，早已是諸多學者共所承認，筆者曾經在論述數論與佛教的關係時，作為例示，揭出凱倫（Kern）所作的嘗試性的對配。[5] 當然就筆者所見，數論派此一系列之完成稍遲於佛陀時代，因此對於希望由此一系列直接導出佛教緣起觀的企圖，筆者並不贊成，但間接性的，兩者之間有所關聯，應是無可懷疑。相較於前揭系列，更應注意的是，漢譯佛傳中的阿邏羅仙為修行時代的佛陀所說的「法」，是有關生老死的原因。前文對此雖已介紹過，但極為重要，故再揭之如次：

冥初—我慢—癡心—染愛—五微塵氣（五唯）—五大（肉體）—貪欲瞋恚—生老病死憂悲苦惱。[6]

此若是事實，則佛陀之緣起觀，追根究柢，不外於是此教之改造。亦即無明是冥初之別名，行是我慢之別名，識是痴心之一般化，愛取是染愛，有是五微塵氣與五大，觸是受貪欲瞋恚。可惜的是，如前所述，是否確實阿邏羅仙將此說授予修行時的佛陀，此從古紀錄上無法獲得證明，故此間的連絡不明，雖然如此，但至少顯示此說曾流行於佛陀時代的前後，因此是極為重要的材料。

就與佛同時代，與佛教交涉最多的耆那教見之，就筆者所知，其所述之整然雖不如佛教，但還是有類似之說。亦即 Ācāraṅga sūtra, 1. 3. 4. 曰：

> 知瞋者知慢，知慢者知欺，知欺者知貪，知貪者知欲，知欲者知憎，知憎者知惑，知惑者知識，知識者知生，知生者知死，知死者知地獄，知地獄者知獸，知獸者知苦……故賢者必須避瞋、慢、欺、貪、欲、憎、惑、識、生、死、地獄、獸與苦。

此雖然非常亂雜無秩序，且思想極為幼稚，但總是與佛教的緣起觀有某種程度的類似。

最後，與佛教緣起觀類似，也有一顧之必要的是，尼夜耶派的人世觀。Nyāya sūtra 1. 2. 曰：

> 現世充滿苦。此因於有生（janma）。生之原因在於作業（pravṛtti）。作業以煩惱（doṣa）為基礎，煩惱以無知（mithyājñāna）為根柢。故人若離苦，必須滅無知。

亦即有無知—煩惱—業—生—苦（老死）的次第，其數雖少，但與佛教最為相似。剋實言之，此尼

5. 《印度六派哲學》（第三篇第二章第一節中）。
6. 《過去現在因果經》卷三（大正三，頁六三八 a）。

夜耶之說其成立較遲於佛教，且有理由視為是受到佛教影響，[7] 故將此視為佛教之先驅思想之一是錯誤的。但在探討佛教緣起觀之背景上，若將此視為是此思想流傳於種種教派或被採用的證據，此乃是必要的材料。

此外，若再作探索，諸派之間仍可窺見與佛教類似的種種緣起思想，但今暫且置之不論。要言之，佛陀時代前後，類似之思想如何流行於諸派之間，僅只依此，即得以充分觀取。可惜的是，佛教緣起觀在此等之間，占有何等歷史地位？換言之，以何等系列作為材料，無法明確地探索，但無論如何，佛陀所高唱的先人未發的緣起觀，就歷史而言，在暗默之間，仍以如此的思想作為背景，應是不爭之事實。

若是如此，此等之中，佛陀的緣起觀有何特長？首先第一，就形式上，最為完整。種種的緣起觀中，如十二因緣觀之整然的，不得見之。相較於佛教所述，可以說都是片段的（數論二十四諦觀具有緣起觀之外的別種意義）。第二，在內容上，佛教緣起觀之特長是著重於心理的條件，尤其是認識論的條件。亦即揭示由於識、名色之關係，而六入、觸、受、愛、取等心理活動的生起順序，用以與世界（有）連結。此乃其他緣起論所不得見的特質，更且此乃是十二因緣的中心部分。無明—行—識之系列，自「無有歌」以來，經由奧義書，從主意論的立場容易導出，最後系列的生老死雖是任何人都能想到的明顯的事實，但就筆者所知，以認識之主體的「識」為出發點，及於其客體之名色，經由心理的認識論的條件，將個人與世界作連結而論究的，不外於此因緣觀。從而此乃佛陀最著力說明的部分，亦不足為奇。佛陀雖以種種因緣觀為其背景，但最終視此為無師獨悟，是人天未知之法，大作獅子吼，其因在此。如後文所述，種種聖典或略去無明與行，僅就識與名色的關係揭示緣起之根本，完全因於佛陀獨創的部分在此。

## 三、緣起支的數目

徵於聖典，如前所述，律藏《大品》與《相應部》之支品所說，大致都是十二支，但被視為極為重要且是原始的，不具有十二支的，卻是相當的多。例如《長部》之《大緣經》（D. 15 Mahānidāna-s.），恐是詳述緣起之代表，但依據巴利本所載，此中缺無明與行，六入攝於受、觸，總計表面上只有九支。又，《長部》之《大本經》（D. 14 Mahāpadāna-s. —— 2, p.31）揭示毘婆尸佛（Vipassī Buddha）悟證因緣，此中所揭的緣起支，依據巴利本，仍是欠缺無明與行，只有十支。當然，徵於漢譯，此二者所載都是十二支，但此恐是其成立較晚，此二支應是增補的，其所傳絕非原型。但問題是，十支與十二支之間的關係？對此，爾後作為教相問題，阿毘達磨論師有種種論述，[8]但當今的問題是，有關其成立的歷史經過。亦即十二支說自初始就已齊備，只是有時略說成十支或九支？或是初始未必是十二支，爾後經過整理，才成為十二支？若是如此，其經過是如何？

就此而言，《雜阿含》中最應予以注意的一經可以採用。此經漢巴一致的部分，就與此有關的史料而言，是相當重要，雖有煩瑣之虞，但依據巴利本譯出其必要部分如次。

---

7.《印度六派哲學》（第六篇第二章第二節中）。

8.《大毘婆沙論》卷二四（大正二七，頁一二四c）中揭出妙音、大德、脇等諸師對此之意見。

比丘！往昔我猶屬未成正覺之菩薩時，我起此念。此世間實由憂苦（kiccha）所束縛。生老滅而又再生。且不知此老死苦之離脫。云何得知此老死苦之離脫？爾時，我起此念。依何者而有老死，以何者為緣而有老死？

爾時，正思念故（yoniso manasikārā），我起智慧之正解（abhisamaya）。依有生而有老死，以生為緣而有老死。

爾時，我起此念。依何者有生、有有、有取、有愛、有受、有觸、有六入、有名色，乃至依何者為緣而有名色？

爾時，正思念故，我生智慧之正解。實依有識而有名色，以識為緣而有名色。

爾時，我起此念。依何者而有識，以何者為緣而有識？

爾時，正思念故，我生智慧之正解。實依有名色而有識。以名色為緣而有識。

爾時，我起此念。此識應自此還歸，不再超越名色而進。唯依此（眾生）得以老、生、死而再生。亦即以名色為緣而有識，以識為緣而有名色，以名色為緣而有六入，以六入為緣而有觸等……。如是，此即純苦蘊之集。

此是集，此是集。如是，於我未曾聞之法眼生、智生、慧生、明生、光生。

爾時，我生此念。依何者無而無老死，以何者滅而老死滅？

爾時，正思念故，我起智慧正解。無生故無老死，生滅故老死滅。

爾時，我起此念。依何者無而無生、無有、無取、無愛、無受、無觸、無六入、無名色，乃至依何者滅而名色滅？

爾時，正思念故，我生智慧正解。依識無而無名色，識滅而名色滅。

爾時，我生此念。以何者無而無識，以何者滅而識滅？

爾時，正思念故，我起智慧正解。依名色無而無識，名色滅而識滅。

爾時，我生此念。今我所悟之道得以達之。亦即依名色滅而識滅。依識滅而名色滅。依名色滅而六入滅。依六入滅而觸滅，乃至——

如是，此即純苦蘊之滅。

此是滅，此是滅。如是，於我未曾聞之法眼生、智生、慧生、明生、光生。

此恰如人彷徨於曠野，見前人所行古道、古徑，彼循行其道，見前人邑洛、前人王城，園庭、森林、蓮池、墻壁等齊備之前人住所。[9]

無可懷疑的，揭出最初發見緣起的心理過程，據此而得以發見生死之原因及其超脫之法，隨從先佛之法而成正覺。在了解佛陀之自覺，以及緣起觀成立之經過上，此實是最珍貴的資料。但此處最應注意的問題是，十二因緣中，僅只以識與名色的相互關係作為終結，並沒有繼續推進。亦即對於「此識應自此還歸，不再超越名色」（paccudāvattati kho idaṃ viññāṇaṃ nāmarūpamhā nāparaṃ gacchati）之論述，應如何理解？是可以繼續推進，但到此為止？或是無須繼續推進，僅只到此為止？若從說為依此（etāvatā）而有生死看來，至少在當時，應是後者之意，亦即雖不將無明與行此二支納入於考察之中，但對於生死的問題已得以充分解決。從而若作如此理解，則《大緣經》與《大本經》的十

9. S.（2, p.104~106 ——南傳大藏經卷十三，相應部二，頁一五一～一五四）；《雜阿含》卷十二（大正二，頁八〇ｂｃ）。

支說，終究是真正揭出佛陀最初之考察，並不是十二支之略說。

但若只是據此即直接將「無明」與「行」斷定是後世之所附加，則未免過於草率。與《大本經》同樣揭示毘婆尸佛緣起觀的《相應部》[10]的《毘婆尸經》（*Vipassī sutta*），以及先前所引用的有關釋迦菩薩緣起觀的其他[11]一經，其巴利本已是完整的十二支，此暫且不論，若從其他方面的說法看來，佛陀將無明視為一切有情之根源的記載，可見於最古老的教說中。同樣，將「行」視為有情根源的活動要素，如前所述，都是立於第一義的立場，是佛陀本身的主張，應是無可懷疑的。從而縱使此二支是爾後才加入於原始的緣起系列，也得以符合佛陀精神，況且從種種聖典看來，佛陀揭示的緣起觀從無明出發的實是不少，因此，不容易斷定即是後世附加。例如巴利《中部》三八（*Mahātaṇhāsaṅkhaya-s.* ＝《中阿含》卷五四茶啼（宋元明三本嗏帝）經）中，茶啼（嗏帝）比丘將識視為輪迴主體，佛陀為顯示並非如此，故揭示識也是「因緣生」。此中，佛陀對於有情之組織，是以四食說作說明，更且為揭示四食是因緣生的理由，遂以無明—行—識—名色—六入—觸—受—愛—四食（有）之順序作說明。亦即應予以注意的是，此經不是以阿毘達磨的方式整理或說明緣起，其所列出的緣起支，不如通例之齊備，除去「取」，並將原先稱為「有」的，改稱為四食，不只如此，更是將無明與行列於緣起系列之中。亦即就以緣起觀為立場而言，論述雖不是很嚴謹，但將無明與行納入，即得以證明無明與行未必是經過後世阿毘達磨的整理才被附加。總之，縱使無明與行在原始的緣起觀中欠缺，但將此視為後世附加的理由極為薄弱。

若是如此，大體上，應是如何？

緣起觀是佛陀的根本世界觀（人生觀），但並非自初始就有各支之區分，並探索其間的關係。

亦即其中心，無可懷疑的，應是識與名色的關係，以此為基礎，從心理活動之種種相推進至「有」，但佛陀未必最初就將此等的數目設定為十支或十二支。各種經典中，有或長或短的種種因緣觀，其因在此。此依《大毘婆沙論》對於緣起觀，揭出一緣起說（一切有為法）、二緣起說（因果）、三緣起說（惑、業、事）、四緣起說（無明、行、生、老死），乃至十二緣起等等，有種種的形式，即得以說明。[12] 若最初並無其數目不可更動之設定，則應是採取隨從觀察上的方便，若已到達某種立場，即以此為基本而總括其全體之方法。先前所引經文中的「沒有超越識、色之關係」的佛陀所說，除了是佛陀的創見之外，也有可能是當時佛陀是就現實的身心活動而作觀察，只是為揭示依現實活動而成立的形式的根本條件，因此，在形式上，暫且到此作出終結。此因識與名色的關係是主觀客觀的關係，有主觀，故有客觀，有客觀，故有主觀，因兩者的結合而有世間，因此，在認識論上，此已暫且完成。此即是康德的立場。但如前所述，佛陀的立場可以說是叔本華式的，在識之根柢，有無明與業之意志，故剋實言之，絕非只是「認識之主體」的識能解決一切。簡言之，就滅觀而言，若是依識滅而名色滅，何故吾人不能滅其識？故此識之根柢必然是無始的煩惱與業。此乃是在緣起觀中，無明與業必然成為根柢之所以。從而佛陀於其最初之觀察中，所作的「至此，識還歸於」的考察，可以說是立於平面的立場，若是作立體的觀察，則此時作為識之根柢，應有無明與業的存在。況且如前文所述，無明─行─識此一系列是《梨俱吠陀》創造讚歌以來的緣起觀的形式，從背景思

---

10. S.（2, p.5~7 ——南傳大藏經卷十三，相應部二，頁六～九）。
11. S.（2, p.10~11 ——南傳大藏經卷十三，相應部二，頁一三～一五）。
12.《大毘婆沙論》卷二四（大正二七，頁一二二a）。

想的關係而言，也不能忽視此一系列。

就筆者所見，認為緣起支自初始就是十二支的看法是錯誤的，但將無明與行視為是爾後附加的，也是錯誤的。真理恐是在中間。亦即佛陀將其在菩提樹下所觀得的緣起觀作種種論述時，逐漸將其中內含的，逐一立為支分，到了晚年，其教條逐漸固定時，才確定為十二支。此從佛陀對於律之制定與改變的態度，可以推知，對於教條，佛陀也是次第予以整理與增補。更且此時佛弟子中，尤其具有阿毘達磨的傾向的舍利弗、目乾連、大拘稀羅等在組織的鑽研，已能給予助力。

大德說曰：彼舍利子隨觀緣起有十二支差別性成阿羅漢。

此即《大毘婆沙論》所傳，[13]大德（法救？）是依據何等而作此斷言，筆者無法得知，但從舍利弗的學風看來，確實應是如此。若是如此，十二支之確定應是舍利弗，且是經由佛陀認可的。暫且作為參考而介紹之。

## 四、十二緣起的一般解釋法

有此即有彼，此生故彼生，此無故彼無，此滅故彼滅。

此即是緣起的定義。十二因緣觀實是就老死的問題而作前文所揭的觀察，意欲揭示其成立之條件。今若欲一一了解其意，吾人首先必須注意的是，追究其確定意義將是極為難解且曖昧。此因佛陀在述說時，大抵只是從大局之見地，並沒有及於細論。從而雖同樣是十二因緣觀，依其立場，產生種種看法自是當然。或將此視為含括三世的連續的現象之規定，或將此視為吾人身心活動的一剎那而作觀察，但此間已有十二因緣法則之運行等等，故難以有一定的解釋。就此而言，爾後的有部宗等，認為緣起觀有四種立場，將緣起觀分成剎那（同一剎那已有十二因緣之關係）、連續（前後連續之關係）、分位（含括三世的法則）、遠續（及於無限的規定），[14]可說是公平的觀察。筆者在此當然不是隨從如此的解釋，但筆者同意至少從二、三種立場而作解釋，應是必要。

當前首先探討的是，此緣起觀依往觀與還觀的差別，多少在解釋上也有差異。所說的往觀，是從何故有老死出發而及於生，從生而及於有，逐漸及於無明的觀察。所說的還觀是從無明出發，而歸結於何故有老死的觀察。從而原則上，往觀與還觀雖是一致，但從另一方面而言，依往或還，其立場還是多少有所差異，其解釋也有差別。就往觀而言，是從所予的事實出發，探出其所以如此的依存條件，其關係遼闊；若從還觀而言，其關係轉換成發生的論理的順序，因此不能以往觀的規定作說明。當然就原始佛教的精神而言，所著重的，仍是往觀，還觀只是論理的歸結，此徵於與緣起有關的經文的論述，應是無可懷疑。但佛陀既然作順逆之觀察，認為從任何方面而言，都是妥當的，並且據此為吾人宣說，因此就研究者而言，無論從任何方面都應探求其真意。尤其此還觀至少爾後被當作是發生的（亦即分位的）看待，是佛教因果律之代表，故闡明其真意大有必要。

13.《大毘婆沙論》卷九九（大正二七，頁五一〇b）。
14.《俱舍論》卷九（大正二九，頁四八c）。

今筆者對此作解釋時，基於方便，將從三種立場見之。第一是被視為最原始的往觀的立場，第二是具有此往觀的立場的還觀的解釋，第三是及於三世的分位的觀察的立場。

## 五、往觀立場的解釋

從往觀的立場作解釋時，其依憑是《長部》之《大緣經》（D. 15 Mahānidāna-s. = cf.《中阿含》卷二四之《大因經》等）。佛陀為阿難揭示無我論，進而揭示緣起之次第。如前所述，巴利本所載缺無明與行等二支，並將六入攝於觸，漢譯本則十二支具足，其說明甚詳，今依此說明十二支的相互關係及其一一之特性。

（一）老死（jarāmaraṇa），老死憂悲苦惱是人生不能免的命運。但何以如此？此即觀察之出發點。

（二）生（jāti），吾等所以有老死等苦惱，追根究柢是由於有生。無生，則無苦惱憂悲，亦即作為老死之條件而提出「生」。

若是如此，何故吾人有生？自此真正開始緣起的觀察。吾人出生的條件有種種，但依據佛陀所述，其最重要的條件是「有」。

（三）有（bhava）。抽象的而言，是因為有「存在」。若無存在，則無出生。進而具體的而言，依據佛陀所述，為了出生，必須有三界。亦即有欲有（kāmabhava）、色有（rūpabhava）、無色有（arūpabhava）的依報（器界）、正報（有情界），此即吾等有出生之所以，將「有」置於第三之所以。

若是如此，此三界依何等而成為吾等之境界，是因於執著。

（四）因於有取（upādāna）。所謂的取，是追求或執著之意，經典中列出欲取、見取、戒取、我取等四種，但主要是指基於對於自我之執著，意欲完成其欲望之意志。亦即由於有此執著，吾等遂墮於三有之境界，若無執著，縱使三界是物理的存在，也不能成為吾等之世界（die Welt-für-uns），此即有與取之關係。然此執著之起有其根本，此即是「愛」。

（五）愛（taṇhā，欲）。佛陀在揭示四諦法門時所說的集諦正是此欲愛，亦即此乃現實界之本源。如前所述，以生存欲（bhavataṇhā，有欲）為中心，此可分成性欲（kāmataṇhā）、繁榮欲（vibhavataṇhā）等方向，正是生命活動之本源力。

立於主意論見地的佛陀之緣起觀體系在此暫且完結。此因欲的本源是欲自身，因此，不能超越意欲生存的生命欲。亦即由於吾等有意欲生存的「欲望」而有「取著」，依有取著而有「生存」（有），依有生存而有「生」，依有生而有「老死」，此即四諦法門前二諦之精神。更且緣起觀，主要是在細論前二諦之關係，而前揭五支已揭示出苦集之關係。

進而現象的探討此欲，若是心理活動中的一種現象，亦即意識的活動之一，則此欲之發，必然有令其成為可能的其他心理的條件。此即：

（六）（七）（八）受（vedanā）、觸（phassa）、六入（saḷāyatana）。

大體上，若深入探討，愛欲應是生命活動中，最為根本的，但若將此視為心理活動之一種，則不外於仍是特殊感情之一種。從而其成立之背後應有一般的感情。亦即愛之成立，必須有感情，此乃受（亦即感情）成為一支之所以。但依據佛陀所述，此感情（亦即受）並不是自然生起。而是作為對刺激之好惡的反應而生起，故為成立感情，必須有感覺。亦即感情依存於感覺，此乃立第七之觸之所以。進而此感覺是依感覺機關而生，此乃有第八的六入（亦即六官）之所以。

以上三支，主要是探求第五支的欲所以活動的心理的條件而到達的感覺的認識機關。從而就經驗論而言，至少作為欲的條件，緣起體系至此可以告一段落。此因從感覺機關開始而到達欲心的活動的心理的經過，前揭條件已夠充分。

但此六官依存何者的問題，必須更進一步考察。此即有其次的名色之所以。

（九）名色（nāmarūpa）。所謂的名色，如先前筆者在有情論中所述，其籠統的意義是身（色）與心（名）之總括，是指心身合成之組織。故六入與名色的關係，在於六官之成立是依存於身心全體之組織，離此則不能成立。進而名色依存何者？名色雖是生命組織之全體，但主要是五蘊的有機的複合體，故必須有令此成為組織體之原理。佛陀立於認識論之立場，將名色中的認識的主觀獨立出來，立為一支的，即是「識」。

（十）識（viññāṇa）。識原是名色中的一部分，但既然將名色當作認識之體，則識即是其中心，從而名色全體之成立必依存於此。此恰如家族雖由夫妻子女等共同成立，但其中心在於主人。從而反面言之，識成立的條件是由於有客觀的名色，故若離此名色，識絕對不能單獨存在。此即荼啼（嗏帝）比丘主張輪迴的主體是識，備受佛陀咎責之所以，如前文所引用，佛陀將識與名色的關係是以束蘆相倚作說明，其因在此。本章第三項所引用的「相應部」的一經中，佛陀所述，沒有越過識與名色的相互關係，此完全是基於認識論的立場，可說是佛陀富於卓見之說明。

如前文業已觸及，既以觀察吾等現實活動之條件為目的，則以上十支也已完成緣起觀之大要。此因既以特定的老死為題目，是追隨其所以如此的條件而推進，故到達最根本的認識論。此乃以《大緣經》為首，諸經只立十支之所以。

從而反面思之，此僅只是現實的說明。不只沒有闡明何故生死無窮，更且亦不能表現相較於生命本質之認識，佛陀的根本精神是在於意志。因此，予以更根本的揭示的是「行」與「無明」。

（十一）（十二）行（saṇkhāra）與無明（avijjā）。亦即依存何者，識得以營其認識之活動？主要是在於其根柢有意志。將識說為是完成意志目的之機關，正是在表現「識」與「行」的關係。此處所說的「行」，若從其表現的立場，是指令身口意生起活動的原動力，若從潛在的立場而言，不外於是指意志性格的「業」。如是，探尋此意志之根本，最後所到達的，即是無明。亦即吾等所以有生命活動，應歸結於其根柢有無始以來的盲目意志，故無明成為緣起之終點（關於無明之意義，請參照筆者在生命論中的論述）。

以上是筆者以經說為依據，並探尋其意而作的解釋，但此處第一應予以注意的是，探索此十二支次第關聯之關係的，可細分成四、五系。茲依據先前之說明，試製表如次：

1 老死←生←有

2 有←取←愛

3 愛←受←觸←六入←名色

4 名色⇄識

5 識←行←無明

第一系是專就所予的事實與命運作觀察。亦即關係性的述說獲得一定之身分（有）而依序老死之事實。第二系是從主意論的立場探討獲得其一定身分之經過。第三系是闡明其根本欲之發動的心理的經過。第四系是從認識論的立場，闡明身心之組織與活動之根源。第五系是闡明到達認識之發動的生命之根柢。亦即簡言之，此十二因緣，可以說主要是以無明之根本意欲為基礎，闡明從識與名色的認識關係直至愛之生起的心理的經過，用以與「欲」所創造的「有」結合的一種考察法。從而十二緣起未必是依循時間之順序作考察，此乃應予以注意的第二點。其大部分都是在顯示同時的依存關係。換言之，從種種立場觀察有情的組織與活動之關係，因主要素與從屬要素的次第性關聯而形成此十二支。真正系統性解釋十二因緣觀的難點在此，雖然如此，但從將佛陀哲學的考察全部納入看來，此中含寓著種種暗示。

## 六、基於前述還觀的解釋

雖說緣起的題目在於老死，但剋實言之，主要是在於「有」（存在）。所說的「老死」，即是將此「有」（亦即存在）剎那剎那自我變化的經過，分派於一生之中，更且從命運的立場而予以命名。從而緣起觀的目的，不外於是在揭示此「有」不斷地自我變化的經過及其原動力。

此下擬依此見地而見無明、行等的特性——

若欲闡明存在之最終根源的意欲生存的意志，首先應從無明著手。此因彼雖是盲目的，但若發之，即有成為五蘊之可能性。但作為生命活動之原理的此第一支的無明，暫時是從靜態的觀察，因此更有必要作動態的觀察。此即有第二支的行之所以。無明是動態的，故行不能與無明分離，因而暫且置之於第二位。「有」（亦即存在）所以不斷地活動，永無休止，其根源在此，亦即因於有之根柢是活動不止的無明與行。但只依無明與行而導出的「有」的活動，未免只是盲目的。缺乏指引其活動之光明。故作為其引導之機關，亦即作為照破暗黑之光明而起的，是位列第三的識。至此，生物的活動成為心理的活動，「有」依此而到達完成其目的之地位。但此際，作為其根柢的前二支仍經常活動，此應切記莫忘。如是，認識（亦即主觀）之光生起，同時，作為當然之規定，作為對象的客觀必然生起。此即是名色。但此不外於是作為認識的約束，「有」自己所作的內外區分，故若從「有」而言，識是自己，名色也是自己，此間並無自他之別。嚴格說來，佛陀不作世界與人之區別，同樣以世間（loka）稱之，其因即在於將此識與名色（亦即主觀與客觀）合而為一，並將此視為「有」。

如是，始於無明，終於名色的生命活動，就發生的而言，暫告完成。至此成為知性與意志性，主觀與客觀具備的具體的「有」。更且如前文一再提起，就歷史的而言，此與《梨俱吠陀》的無有歌以來的所謂的「發展說」（pariṇāmavāda）氣脈相通，是印度緣起觀的典型思想。

以上對於無明等的四支之所述，主要是揭出根本無明經由如何經過而成為具體的「有」的形式論。但為闡明「有」的種種活動，規定其將來的經過，更需予以詳細論述。以六入、觸、受、愛、取闡明其心理活動之狀況。雖是如此，然其活動不外於是由前四支所成立的「有」的種種相，此乃必須預先了解的。亦即六入、觸、受是闡明識與名色之間的感覺的認識的關係，愛與取是基於其認識的意志之反應，換言之，是無明與行的意識的活動。但將最後的「取」特別規定為是「有」之所以，是因為就意識的而言，「取」是欲之執著，但若視為是無意識的活動，則不外於是生命的性格之業。此徵於依據業而結合之意而將五蘊名為五取蘊，即可知之。亦即依據此取而「有」本身與此相應而產生變化，故仍是以「取」為緣而有「有」之意。特將其變化對配吾人之一生而說的，即是生與老死，此如先前所述。

要言之，無明、行、識、名色等四支若就動態的而言，是在揭示生命活動趨向於心理活動的經過，但若就靜態的而言，主要是在揭示「有」的成立要素。相對於此，六入、觸、受、愛、取等五支，是在揭示其成立要素的心理的活動狀況，依此活動，「有」才成為真正的具體的「有」。如是，將依此活動而「有」自己作種種的變作稱為「生」與「老死」的，即是因應前述之業論。從而作如此觀察，緣起觀的主要目的，如爾後大力高唱的二世一重或三世兩重，與其視為是在揭示分段生死之規定，不如視為是在揭示剎那生滅之法則。分段生死的問題依此剎那生滅之規定得以解決，此乃佛陀對此所持的第一義的見地。

## 七、分段的解釋之萌芽

緣起觀的主旨大抵如上來所述，但無論南傳或北傳，後世都當作以揭示分段生死的緣起關係為主。更且無論南方上座部或北方的有部，都同樣視為是在揭示三世兩重的因果關係。如此的解釋雖未能獲得佛陀的主要精神，但仍有其根據。就筆者所知，古聖典雖無將緣起支全部對配三世或二世之說，但必然有其萌芽之處。此即前文一再引用的《中阿含》卷五四《茶啼（嗏帝）經》（M. 38 Mahātaṇhāsaṅkhaya-s.）中的一節。此經揭出可視為緣起觀之例示，同時，亦可作為爾後闡明阿毘達磨佛教時之伏線，故揭之如次（依據巴利本）：

比丘！三事和合而有托胎。雖有父母和合，若母無精水（utunī），香陰（gandhabba，乾闥婆）不現前，則無托胎。父母和合，母有精水，香陰不現在前，亦無托胎。雖然如此，比丘！父母和合，母有精水，香陰現在前，亦即三事和合，則有托胎。

如是，母懷其胎兒，九個月或十個月之間，以大疑懼抱持於其胎內。比丘！母經九個月或十個月，以大疑懼生產其胎兒。以自己血液養其所產。——比丘！聖律稱此血液為母乳——

如是，比丘！其子——作為童子——生長，諸根發育，作童子所為種種遊戲。例如釣、棒、跳、風車、擲石、乘車、弓射等。

如是，其童子逐漸生長，諸根發育，受五欲之境所縛。亦即就依眼而知之境言之，受可憐可愛，與欲相應之色境；就依耳而知之境言之，受可憐可愛，與欲相應之聲境；乃至就依鼻、舌、身而知之境言之，受可憐可愛之香、味、觸而縛。

如是，眼見色時，於可愛色執著，於不可愛色發憎惡之念，不住身念住，依受縛之心而行動。從而不能如實知惡法悉滅之心解脫、慧解脫。

如是，受滿足不滿足支配而感受的種種受。或樂，或苦或不苦不樂。喜迎其受故被征服之。因喜迎其受而被征服，起歡喜之情。於此受所起之歡喜，即是取。以此取為緣而有有。以有為緣而有生。以生為緣而生老死憂悲苦惱。[15]

15. M. 38 Mahātaṇhāsaṅkhaya-s.（1, p.265~266 ——南傳大藏經卷九，中部一，頁四六二~四六三）；《中阿含》卷五四《茶啼（嗏帝）經》（大正一，頁七六九ｂｃ）。

應予以注意的是，此說從緣起的見地，言及從前世乃至未來之生。但將「受」視為是青年時期追求五欲之境時所起的心的作用，其結果是有「取」，依取而有「有」，進而與「生老死」相連結。亦即十二支全體雖沒有完全述及，但從受、取以下之說而觀其全體精神，可以認為從前世出發，及至於後世的生老死之間，含有十二支的全體。換言之，以托胎為出發點，故可將此視為是無明，進而在成為青年之前，配行、識、名色、六入、觸等五支。如是，基於此一見地，將無明與行對配過去，將識視為托胎時之意識，名色與六入是胎內身心發育之經過，觸是遊戲鼎盛的童子期之位，受、愛、取是現世新的煩惱與業積聚之位，將有視為是決定死時與未來運命之位，生與老死是未來的一生，如此的解釋，即是有部等的三世兩重之因果說，亦即成為三世兩重之因果。但從佛陀的立場而言，如此的解釋極為通俗，絕非第一義的主張，此應切記莫忘。

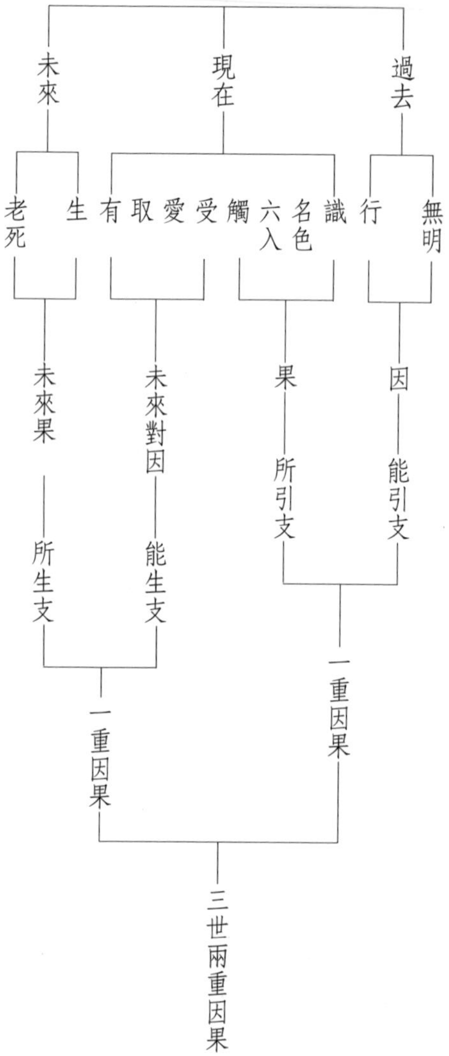

# 第六章　存在的本質

本篇上來所述，是以此生命為中心，主要是有關存在的活動現象。最後有必要在此稍就其存在之本質（亦即實在）的問題，略述佛陀之所思。嚴格說來，原始佛教中，並沒有形而上學的世界觀的部分，而是僅就以生命為中心的現象而考察，剋實言之，此一問題含於先前所述。雖然如此，但因應不同的觀察立場，自成不同的題目，故在此再大略論之。

若是如此，大體上，佛陀對於此一問題持何等態度？如同其他教理，此仍有淺深等種種差別。或專依常識的立場而論，或依高哲學之見地，故未必一致。不只如此，相較於彼等是世界觀的問題，此則是以修養的問題為背景，故若將此視為純粹理論的問題而考察，自可分為有種種立場。今嘗試將此分成二、三種立場而論之。此一問題與爾後大小乘哲學之起源大有關係，故特從此一見地觀之。

## 一、常識的傾向

與此問題有關，經中最常見的說法，是可解為「實在論」的傾向。亦即物是所予的，心也是所予的，更且都是無始無終的。簡言之，先前所介紹的六界說（地水火風空識）或五蘊說，依據佛陀所述，此等既然是要素，即是各自獨立之存在，並不是由何者導出。彼等是具體的存在，故需所謂的眾緣和合，但就個個的要素而言，都是所予的，故未嘗尋其起源。尤其對於物質觀，佛陀將地水火風的四大視為本質，認為一切物質現象皆由此導出。亦即將此分為內（ajjhattika）、外（bāhira），形成所謂的肉體的要素（內）與外界的要素（外），又將此分為感官及其對境，形成眼耳鼻舌身的五根與色聲香味觸的五境，此等皆是四大所造的物質現象，[1]對於四大也視為是所予的，故未嘗論及其起源。同樣的，從精神的要素方面言之，此等若欲作為具體的現象而發見，則需種種條件，雖然如此，但就要素本身而言，無論是識，或行，或想，或受，乃至作意（manaskāra）、觸（sparśa）、思（cetanā）等，都被視為是各具獨立性的心之作用。加之，對於此等物質要素、精神要素，佛陀常作遍及三世之考察，作含及過現未的說明。

> 某色——或過去，或未來，或現在，或內，或外，或粗，或細，或劣，或勝，或遠，或近——如是的一群，總攝名之為色蘊。[2]

此即是佛陀對色蘊所作的定義性的說明之一，對於受想行識等四蘊，也有同樣說明。亦即就此而言，佛陀可以說是承認空間的諸要素並存，同時，也承認時間的繼續性的存在。

如是，從此等之所述——且最普通的表現——看來，佛陀的立場完全是實在論的，從物心的二元進而立於多元論的世界觀。爾後諸部派之中，力說「三世實有法體恆有」的說一切有部對於物與心作種種分析，認為無論物的要素或心的要素，乃至跨越物心關係的狀態（不相應法）等，都是三世實有，彼等所以有此說，不外於也是朝佛陀的此一傾向推進。

## 二、觀念論的傾向

從所謂的科學的立場而言，無論物或心都是所予的。若更進一步言之，是以何者作為主要素而成立世界？依據佛陀的精神，無庸贅言，必然是心的要素。至少作為價值的世界全是吾等之心所作，此即佛陀的哲學的立場。

佛陀從種種方面對此作說明，首先從認識論的方面，依據佛陀所述，一切世界是在六根六境的認識之上成立，其中最直接的，並不是客觀的方面，而是主觀的。換言之，由於有主觀的要素，客觀的要素才得以客觀，此乃佛陀之所見。

> 有手故知有取捨，有足故知有往來，有關節故知有屈伸，有腹故知有飢渴。如是，比丘！有眼故，由眼觸知因緣而生內受。亦即或苦，或樂，或不苦不樂。乃至耳鼻舌身意亦復如是。[3]

此因吾人經驗的世界需有感覺機關才得以生起，反過來說，若無感覺機關，則無經驗的世界。依此認識論的立場，最能明白顯示客觀得以成立的是，四大與名色（客觀）滅於何位的論述。相傳梵天

---

1. 例證之一，《中阿含》卷七《象跡喻經》（大正一，頁四六四c、四六六a）；M. 28 Mahāhatthipadopama-s.（1, p.185~191 ——南傳大藏經卷九，中部一，頁三二九f）。
2. 《雜阿含》卷一（大正二，頁四c，五b，六b~七b）；S.（3, p.49, p.136, p.169~170 ——南傳大藏經卷十四，相應部三，頁七八、二一三、二六五、二六六）等類句甚多。
3. 《雜阿含》卷四三（大正二，頁三一一bc）；S.（4, p.171）。

亦不能知之，唯獨佛陀得以解決。

問曰：

何處不立地水火風？何處不立長短粗細淨穢？何處名色滅盡無餘？

答曰：

彼識不可見，是對於無限的一切之光（讀為 sabbato pabhaṃ）。此處不立地水火風。不立長短粗細淨穢。識滅彼等亦滅。[4]

亦即依認識之光所照，地水火風之物質或粗細美醜等現象，簡言之，作為名色的客觀得以成立，識滅時，一切皆滅去。對此，《經集》（Suttanipāta）中的一節所述更為簡單：

一切依識而立。[5]（viññāṇaṭṭhitiyo sabbā）

亦即應知若不觸及認識的問題，佛陀的世界觀可說是屬於二元論的實在論，但若及於認識的問題，最後必然成為觀念論的。此即有部等立場終致不能獲得佛陀真意之所以。

但更應予以注意的是，謹以此認識論的世界觀，無法代表佛陀的觀念論的傾向。依據佛陀所述，在認識之背後有意志，此如先前筆者在「有情論」中之所論述，故若將此視為是世界觀，則是主意論的世界觀。

心持世間去　心拘引世間，

其心為一法　能制御世間。[6]

cittena nīyati loko, cittena parikissati,
cittassa ekadhammassa sabbeva vasaṃanvagū.[7]

此處所說的「心」（citta），相對於先前的「識」（viññāṇa）是認識的，此則屬有關情意的方面，亦即一切世間是受「欲望」或「意志」而造作而支配。明白揭示此意的，是：

世間依欲而導，依欲而拘束。依欲之一法，一切受其制御。[8]

亦即將先前的心（citta）改為欲（taṇhā），明白地揭出主意論的世界觀。但聖典中，從此一方面所揭示的世界之成立，較多是從認識論的方面，此當切記莫忘。

如是，從此一方面，推進佛陀的世界觀，縱使作為要素的物或心是所予的，但作為吾等的世界而表現的，完全是以意志作為第一次的原理，以認識為第二次的原理，是吾等之心令彼所以如此。

---

4. D. 11 Kevadha-s.（I, p.223 ─南傳大藏經卷六，長部一，頁三一四～三一五）；《長阿含》卷十六《堅固經》（大正一，頁一〇二c）；參照 Suttanipāta 1036~1037。
5. Suttanipāta 1114（p.216 ──南傳大藏經卷二四，小部二，頁四二三）。
6. 參照《雜阿含》卷三六（大正二，頁二六四 a）；S.（1, p.39 ──南傳大藏經卷十一，相應部一，頁五六）；《中阿含》卷四五《心經》（大正一，頁七〇九 a）。
7. S.（1, p.39）; cf. A.（2, p.177）。
8. 同上（南傳大藏經卷十二，相應部一，頁五六）。

從而若進一步言之，萬有成立之條件的因緣法則，不外於是吾等的意志與認識的法則。萬法唯一的心的世界觀於此成立。嚴格說來，先前所引用的諸句，未必是基於理論的立場，佛陀以提出其觀念論的主張為目的而宣說，因此基於此等片段的紀錄，就認為佛陀表面的世界觀是觀念論的，顯然太過分。此等諸句其背後的思想若予以理論性的整理，則在佛陀所說之中，具有強烈唯心論的世界觀之傾向，更且在佛陀的說法中，相較於實在論的方面，此一傾向屬於更深的考察。爾後大乘教觀念論的哲學即專注於此，可以說從認識論的立場出發的是，般若系佛教；以主意論的方面為主的，是唯識論系佛教。

## 三、無宇宙論的傾向

如是，佛陀的世界觀，表面上，是實在論的，然其內在卻是觀念論的，雖然如此，但有關諸法的成立，依據佛陀所述，都是相待的關係。若是如此，若再進一步追溯，佛陀對於無條件的存在是如何看待？從道理上而言，是稱此為「空」（suññatā）。此因作為原始佛教之方針，不應離因緣而求諸法，至少此非認識之所能及。

云何第一義空經。諸比丘！眼生時，無有來處，滅時，無有去處。如是，眼不實而生，生已悉滅。有業報無作者。此陰滅已，異陰相續。除俗法數。耳鼻舌身意亦復如是。除俗法數。俗法數者，謂有此故有彼，此起故彼起。如無明緣行，行緣識。9

亦即因緣法則雖然存在，但緣已生的一切皆空。

問：世間空，世間空。世尊！云何稱世間空。
答：我我所空故，稱世間空。我我所空者，眼於我我所空。眼識於我我所空。眼觸於我我所空。一切苦樂捨之感受以此眼觸為緣而起，故此受於我我所空。是故，阿難！於我我所空故，稱世間空。[10]

此即是以前述理由，尤其以我（attā）、我所（attaniya）闡明空，而更為詳細的說明是，

如是，釋提桓因！一切所有皆歸於空。無我、無人、無壽、無命、無士、無夫、無形、無像、無男、無女。如釋提桓因之風壞大樹。[11]

亦即離因緣，一切現象悉空，更無名相可求。依所謂的內空、外空、內外空，最後成為畢竟空。[12]更且此空說在佛陀的說法之中，被認為屬於最為深奧，「彼佛所說深妙，具有深義，超越世間空義之經」，是聖典中一再出現的文句。

---

9.《雜阿含》卷十三（大正二，頁九二c）。此文不見於巴利本（參照 Anesaki's Catalogue, p.89），但漢譯佛教隨處可見引用，屬於正傳的古老經文，應無可懷疑。

10. S.（4, p.54 ——南傳大藏經卷十五，相應部四，頁八七f）；《雜阿含》卷九（大正二，頁五六b）。

11. 參照《增一阿含》卷六（大正二，頁五七五c）；姉崎《根本佛教》（頁三〇八）。

12. M. 121~122 Cūḷasuññata-s.; Mahāsuññata-s.（3, p.104~118 ——南傳大藏經卷十一下，中部四，頁一一九~一三九），亦即《中阿含》卷四九的《小空經》與《大空經》（大正一，頁七三六c～七四〇c）揭出內空、外空、內外空等之修法。

據此看來，佛陀第一義的世界觀終究應歸於無宇宙論。當然，剋實言之，佛陀主張「空」的目的，主要在於無執著的修行，[13]但若將此改為世界觀而論，終將成為「一切空」之說。爾後小乘諸派中，之所以出現一切假名無實體之主張，完全由此思想推進所致，至於最為恢弘，成就最大的，實是以般若為中心的中觀派。「因緣所生法，我說即是空」[14]之名句，可以說只是原始佛教前述思想之彙整而已。

## 四、形而上學之實在論的傾向

如是，佛陀的世界觀，若據上來所述，可說是「空論」，但是否只是「空」而已？理論上，佛陀雖說「因緣所生法，離因緣是空」，但如前文所引用的《第一義空經》的「因緣法則不空」，則是法性常住（dhammaṭṭhitatā）、法性自爾（dhammaniyāmatā），力說不變不動，此如筆者在本書第一篇的「法觀」之中所述。當然，所說的「法性」是指在動中不動的一定法則，從形而上的原理而言，主要是指作為活動現象的其根柢，且其本身是不動的理念的存在。亦即如同若欲空去一切物質現象，需要絕對的空間，同此，若欲空去一切活動現象，也需要承認法性之恆存。佛陀對此雖無明言，但至少從其法觀內在的意義而言，是容易到達於此境地的。從而佛陀所說的「空」，正是此法性本身，可以說是指沒有活動的當體，若作如此積極性的思考，未必是過分的。亦即法性之動，作為相對關係的現象，進入吾人的認識圈內，但在法性本身絕對之位，一切現象泯絕，就吾人的認識而說為一切皆空，但此未必是一切虛無之意。爾後般若所說的「空空」乃至「真如法性」之說，亦即將此轉換成積極的原理之契機，全在於此，[15]此雖只是原始佛教的世界觀，但具有充分到達於此的傾向，此乃完全不容忽視的。

進而從實際的方面觀之，佛陀的「空」的主張，是專注於精神的修鍊。從此一方面而見「空」之意義，其目的主要是令吾人捨離一切個別相與變化相，令吾人住於無差別的平等之念。[16]更且在此境界，概念的而言，是安住於虛無境，但從體驗者本身言之，是脫離一切個別的束縛的最自由充實之當體，此徵於空觀修行者的力用最大，即可知之。從而今基於此一境界的精神生活，用以構成其世界觀，概念的而言，雖稱此為「畢竟空」，然其意義並非只是「虛無」，此中有言詮不及的形而上的實在，有可以說是形而上力的特有的實在。更且若思及佛及佛弟子之世界觀是以此精神的境界為基礎而構成，此方面之推定有其不容忽視之根據。

如是，從理論與實際兩方面作考察時，佛陀的「空」的世界觀，不能只是止於空，而是充分包含突破自我，傾向於形而上的實在論的方面的要素，此終究是不爭之事實。爾後作為大乘教世界觀的種種形而上的原理，不外於是基於此一思想而開展。此依第一篇所述的法觀，以及後文所將述及的第三篇的涅槃觀之對照，將更為清楚。

---

13. 前揭二經都是從修養的見地揭示空義，若特就禪定的思惟而言，是稱為空三昧（suññatā samādhi）。此乃須菩提最為擅長。若再加上無相、無願，稱為「三種三昧」；若加上無常、苦、非我，則稱為「四念住」，據此可見空的修養其義非常廣。
14. 《中觀論》卷四：因緣所生法，我說即是空，亦名為假名，亦是中道義（大正三〇，頁三三b）。
15. 拙稿〈般若の真如觀〉（參照大正八年度雜誌《新修養》——本全集《大乘佛教思想論》中）。
16. 《中阿含》卷四九《小空經》、《大空經》（大正一，頁七三六c～七四〇c）＝M. 121~122 Cūlasuññata-s.; Mahāsuññatā-s.（3, p.104~118——南傳大藏經卷十一下，中部四，頁一一九～一三九）。

# 第七章　對於存在的價值判斷及其根據

上來——從因緣論至世界本質——所述的是，對於所予的事實之人生觀與世界觀作客觀性的論述。亦即在此間，嘗試作不觸及彼等對於吾人的要求具有何等價值之觀察。剋實言之，此完全是基於方便說明而已，並不是依據佛陀的說明。在佛陀的說明中，脫離價值判斷而純粹闡明事實的，完全不可見。此因佛陀不是科學者，完全是宗教家，將一切事象作價值的判斷，實現人生至高之理想才是其目的。因此，作為事實觀之最後，此下將論述對於此等的價值判斷，用以顯示其宗教意義。更且此乃佛教具有宗教的倫理的使命之所以，因此，從實際的方面而言，是具有最為重要意義之教理，此當切記莫忘。

## 一、一切苦

此所予的世界對於吾人之要求有何等意義與價值？佛陀的價值的世界觀，一言以蔽之，主要是苦（dukkha）。亦即此存在是窮迫的，有限制的，不足倚賴的，此乃是諸經一貫的價值判斷。當然，就歷史而言，如此的人生觀未必始於佛陀，最遲，在奧義書中期，有感於理想與現實之對比，遂萌生認為應厭離現實的思想，漸次，此思想浸潤於印度的思想中，此如筆者曾在他處所述。[1] 亦即佛陀所以作如此的考察，就歷史而言，不外於承自於此一系統，但佛陀特別有內在的痛感，並予以力說。其出家動機主要在於意欲脫離老病死之苦，其所得的解脫之自覺也在於脫離生老病死憂悲苦惱，完全是以人世之苦為中心而成立其佛教。[2]如是，在組織教理時，在四諦的法門中，將此所予的世界名為「苦諦」，在十二因緣中，探求老病死憂悲苦惱成立之條件，是其緣起觀之出發點。就此而言，原始佛教之起源如同數論派與耆那教等，無疑的，是為解決人生苦的大問題。

## 二、苦觀之根據的無常無我

若是如此，大體上，佛陀依據何等而說世界是苦？其最深之根據，即如次項所述，主要是包含前述的事實判斷。而最主要的，是無常（anicca）與無我（anattā）。

依據佛陀所述，一切都是變動不居。佛陀一再揭示「此法無常（aniccatā），是變異法（vipariṇāma-dhammatā），是破壞法（khayadhammatā）」。[3]「世界」（loka，世間）此一語詞，即有破壞法之意，故以此名之。

---

1.《印度哲學宗教史》（第五篇第二章中）。

2.《中阿含》卷五六《羅摩經》（大正一，頁七七六 a f）；M. 26 Ariyapariyesana-s.（1, p.160~175 ——南傳大藏經卷九，中部一，頁二九〇~三二四）。

3. 另一例是 M. 28 Mahāhatthipadopama-s.（1, p.185 ——南傳大藏經卷十五，相應部四，頁八三 f）；《中阿含》卷七《象跡喻經》（大正一，頁四六四 c）。

世間，世間。依何者而名為世間。比丘！可破壞故，名為世間。[4]（lujjatīti kho tasmā lokoti）破壞之法故，聖律名此為世間。[5]（yaṃ kho, Ānanda, palokadhamman, ayaṃ vuccati ariyassa vinaye loko）

如此宣說之後，必定連結一切破壞變異故「一切苦」之說，此乃佛陀說法之常態。此破壞變遷不絕的經過當然也是不斷流轉，因此，吾等得以期待向上的進步，故無常變遷未必全然是苦，雖然如此，但至少此所予的人生，由於無常變遷而有違吾人期待，因此，總體上，不得不說為苦。簡言之，幼者移為青年是喜，但紅顏美少年忽然成為白髮老人將是如何？貧者成為富人雖有暫喜，但榮華不永續將是如何？縱使生於天上，猶不免有五衰之悲。何況在此世間，無一得以依怙或具有價值。一切免不了是無常變遷，更且帶來與吾等期待希望相反之結果。何況於片刻之間，有剎那剎那之生滅，僅只一刻的真正安定，終不可得。此豈是欣喜常恆尋求安定的吾人得以滿足？當然從一一片段而言，不能否定此中有快樂存在，但既以常恆作為理想，則一切不得不說是不安不定。得出世間的一切是苦之結論，至少對於達者，是自然之數。此實是佛陀對世間下苦之價值判斷的理由之一，從而就此而言，佛教的「諸行無常」（sabbe saṇkhārā aniccā）之說，一方面是事實判斷，另一方面則是價值判斷。

此一切無常，從事實判斷而言，是否定常恆我的根據之一，進而所說的無我，如同諸行無常，是成為下「一切苦」之價值判斷的特殊理由。依據佛陀所述，所謂的「我」，不外於是指得以自主，但所謂「人生在世，不如意之事，十之八九」，在此世間，並無真正的自主，從而是「無我」，就不自由而言，此即是苦。

爾時，世尊告五比丘曰：「色無我。若此色非無我，此色非不如意轉。則可說有如是色，可說無如是色，可達其所念。（然非如是）故，色必然是無我。乃至受想行識亦無我。若受想行識非無我，彼等非不如意轉。則可說有如是受想行識，可說無如是受想行識。故受想行識無我。」「汝等比丘！汝意云何？色常或無常。」「世尊！是無常。」「此無常是苦或樂。」「世尊！是苦。」「此苦於變異法可說『此是我所』『此是我』『此是自我』否。」「世尊！否。」[6]

此即與無常論有關連，一方面，揭出無我論之根據，另一方面，藉此導出人世苦的價值判斷的根據。亦即「無常即是無自主，無自主故無我我所，我我所不自由故苦」的論法，主要是以我的絕對的自由作為標準而作判斷的。當然，如前文所述，依據佛陀的哲學，吾等的命運終究是由吾等的意欲所開拓，因此，是自主的，但此主要還是依循因緣法則，絕非是無條件的。從另一方面而言，含括三世的自業自得的法則是束縛吾等之所以，因此，可以說吾等的不能自主，全然是因於此法則。世上所說的絕對的自主，至少就此所予的世間而言，是絕對不可求。但吾等對此的要求卻是永不歇止，因此，將如此的存在判為苦，甚為至當，此即從無我論所得的結論。

將存在判為苦的理由，雖有種種，但主要的，上來所揭互有關連的無常與無我等二種根據最為根本，散見於經中的種種理由，都可歸結於此二者。《法句經》對此作如次論述：[7]

---

4. S.（4, p.52 ——南傳大藏經卷十五，相應部四，頁八七）。
5. ibid.（p.53）。
6. Vinaya（I, p.13 ——南傳大藏經卷三，律部三，頁二三～二五）；《雜阿含》卷二（大正二，頁七c）。
7. Dh. pada 277~279（p.40 ——南傳大藏經卷二三，小部一，頁六〇）。

依智慧而見諸行無常時，此即於苦厭離。是清淨道。依智慧而見諸行是苦時，此即於苦厭離。是清淨道。依智慧而見一切法無我時，此即厭諸苦。是清淨道。

Sabbe saṅkhārā aniccā'ti yadā paññāya passati, atha nibbindati dukkhe, esa maggo visuddhiyā.
Sabbe saṅkhārā dukkhā'ti yadā paññāya passati, atha nibbindati dukkhe, esa maggo visuddhiyā.
Sabbe dhammā anattā'ti yadā paññāya passati, atha nibbindati dukkhe, esa maggo visuddhiyā.

如是，諸行無常、諸法無我、諸行苦（一切苦）此三者是佛陀對世間所作觀察之總結。相對於此三者，更加上作為第四的「一切法空」，即形成所謂的「四念住」（satipaṭṭhāna），如同被稱為「諸佛一乘之道」，此成為重要的教條，因此漢譯《法句經》，加上此項而形成四項。[8]此時所說的空，從一方面而言，如前章所述，是與「實有」之真相有關的事實判斷，但從另一方面而言，作為價值判斷，一切法——依準最高理想而言——含有其價值「雖有卻等於無」之意。從而，若總結佛陀對一切法的價值判斷，可彙整成是「是苦是空」，亦即「充滿苦痛，雖有卻等於無」二句。

但應特加注意的是，此等價值判斷，如前文所觸及，主要是依準最高理想，並不是以日常生活為標準。爾後的阿毘達磨明白的指出「一切苦」之說是依據聖者之見地。從而就此而言，佛陀之見地，無疑的，顯然是厭世的，但在另一方面，是含有崇高理想的厭世，絕非是失望的厭世，此當切記莫忘。若遺忘此義，而將佛教視為如同英語中的"pessimism"，視為是依淺薄的厭世觀而成立，則大遠於佛陀真意。佛教所說的厭世觀，是有高深理想的哲學宗教必然達到的結論。如後篇所述，從某一方面而言，佛陀較任何印度聖者優秀，此徵於佛陀深切肯定現實界，尤其是道德的生活此一事實，應是無可懷疑的。總地說來，佛陀將世間視為苦空之所以，且用以教導世人，是為警示吾人勿忽略高深之理想，惑於眼前之欲而忘記求真。此恰如在窟中僅有唯一豆之光，隨時將燈滅火盡，故述其悲慘相，令吾人了知窟外有太陽無盡之光。

## 三、苦觀之根據的常樂我淨

佛陀依據無常、無我之理而揭示一切皆苦。換言之，一切都是變遷，且其變遷是不自主的，故以此為苦痛之第一條件。從而反過來說，佛陀的理想不外於是常恆之實有，是自主的真我之實現。依據佛陀之見地，此現實界若非無常變遷，吾等之我體若是絕對的自主，佛陀則不說此現實界是「苦」「空」。換言之，佛陀的心中有常樂我淨之理想，故將此無常無我之現實作「苦」「空」之判定。就此而言，從歷史上看來，佛陀的理想仍出自於奧義書以來所養成的 saccidānandaṃ（sat 是實有之意，cid 是心我之意，ānandaṃ 是妙樂之意）的梵我思想。[9] 更且佛陀雖以此理想作為價值判斷之公準，但仍否定作為所予的 Saccidānandaṃ 的神或我之存在，對於此無法抗拒的現實，佛陀依據其銳敏的智見作出判斷，給予吾人此一可悲之結論。亦即依據佛陀所述——當然佛陀沒有明言——雖冀望此所予的神、梵或常我是實在的，但並無其存在之證據，此所予的現實之相卻是相反，故不能僅只依存

---

8. 南北對照英漢日譯《法句經》（大正三年，東京，博文館發行本，頁一五八）。
9. 關於 Saccidānandaṃ，請參見《印度哲學宗教史》（第三篇第二章第二節）；《印度六派哲學》（第七篇第六章）。

冀望而相信其之存在。若輕易相信，正如貧人冀望自己是百萬富翁，其冀望過於殷切，最後甚至妄想自己就是百萬富翁，雖然當下覺得是幸福，但覺醒時，將了悟只是一場悲喜劇。吾等不應將理想建立於此不確實之基礎上。必須將理想置於完全契合事實真相之立場，此即佛陀破斥作為所予之物的常樂我淨之原理，而揭示無常、苦、空、無我之所以，此恰如近代人不滿意古式的宗教，對於佛陀而言，其成道之前，最為苦悶的，即在於此。雖然如此，佛陀對於永遠、不變與自主之理想，仍完全抱持不捨。而其最後所到達的，並不是所予之物，而是吾等皆得以自我開拓之境，亦即「涅槃」，在種種宗教中，此乃佛教最具特色之處。爾後的大乘佛教，雖肯定此涅槃之境具備常樂我淨等四種屬性，但不能忽視至少在境界上，最初是與佛陀心中的理想不相悖離。對此，將於後文述之。

## 四、常樂我淨的心理之根據

更進一步探討，佛陀是依據何者而有此常樂我淨之理想？當然就歷史而言，應是承繼自奧義書，但佛陀既然否定此所予的梵我，故理論上，必須另求其根據。更且此與爾後的大乘思想有關，因此，作為原始佛教的問題，此雖稍嫌過分，但至少有予以討究之必要。

依據佛陀所述，一切是以「欲」為基礎。從而佛陀雖無明言，但此理想的心理的根據，必須從「欲」（亦即無明）探求。在進行無明性質之考察時，從表面的活動看來，不外於是意欲生存的欲求之基礎，欲令其欲滿足的盲目衝動，但若探尋其內在的意義，此中含藏無窮生命的暗示。如前文所述，佛陀指出吾等的諸欲之中，作為中心的有欲（bhavataṇhā）之外，又有愛欲（kāmataṇhā）、繁榮欲（vibhavataṇhā）等。此等欲動，從表面觀之，不外於是本能的要求個體與種族之保存、持續與擴大，但若更延深其意，必然是到達生命無限，亦即具備常恆、普遍、自主的，所謂的絕對的生命理想。更且若仔細點檢，縱使是無意識的行動，但一切生物，尤其是人類，直接間接的，是以此絕對的生命為其最後目標而施設一切，此終究是不能否定之事實。[10] 以此絕對的生命之理想為中心而生起的，正是常樂我淨的理想之淵源，若將此對配前文所述三欲，則「常」是從「有欲」而來，「樂」是來自「愛欲」，「我」則來自「自主欲」（亦即繁榮欲），而「淨」則可視為來自於以此等之欲的絕對淨化為理想。通常在我人生命之內面都抱持有此理想，但吾人沒能意識到，反而受其表面活動拘束，而佛陀則是受其內部強烈的吶喊喚醒，且直觀之，以此為人生至高之理想，據此而判斷一切。亦即可以說常人是受縛於目前小欲，而佛陀則是直驅前往無限之大欲（亦即絕對欲）。爾後大乘佛教指出人人悉有佛性，乃至煩惱即菩提之說，實是道破此理之言。若僅只停止於欲望之表面，彼是煩惱，但若深入其內在意義，彼則是追求不死無限之菩提心，更且此乃生物本具之可能性，故說為一切眾生悉有佛性。

若是如此，何故原始佛教不是肯定欲望，並且徹頭徹尾地予以否定？此因絕對的生命（亦即常樂我淨）之理想是從欲望所導出，但以此為標準的現實的欲望生活則完全相反，此間有懸隔與對比。理想是整體的，而欲望的生活則是斷斷續續；理想境是常恆的，現實生活則是無常；理想境是純淨的，欲望生活則是混雜不純；理想是絕對滿足之境的，現實的欲望常以不滿、不足為其特質。簡言之，

10. 關於欲望活動之種種相，參照雜誌《改造》第一～二號所載，拙稿〈欲望を基礎としての人生問題の解決〉。

現實的欲望與理想境作對比，相較於其關係是向上的連絡，卻是完全相反的，彼此之間不許妥協。此即佛陀斷然主張若欲追求真正的理想，必須從現實解脫之所以。

但若反過來思考，理想境固然是從現實的欲望導出，現實的欲望的內在若含有理想境，則只藉由捨離現實的欲望生活未必是得以實現理想之道。反而是令現實生活淨化與向上，才是逐漸接近理想境的方法。說得更明確些，基於一般的人情，將民眾次第引入理想之境的方法，才是有效之道。作為實現理想的方法，佛陀所以一方面，鼓吹出家主義，另一方面，盡力於世俗生活的宗教的道德的淨化，即是基於前文所述見地。更進一步而言，依煩惱即菩提之原則，肯定現世生活，意欲即此而實現其理想境的，即是大乘之即身成佛說。

簡言之，此乃是佛陀隨從「欲」的內在的意義而樹立其理想公準，依此而觀察評價現實的欲望，立於欲望是違反自己的立場，而將現實視為無常、苦、空、非我。佛陀將此現實之起源稱之為無明，視為是知性的，而欲望不知自己應趨赴真正的理想，僅只依其表面的活動而形成此世界。佛陀所以特為強調智慧（paññā，般若），實有其緣故，欲望內在所含的大理想，須依叡智才得以見之，缺此叡智，任何時刻都將彷徨於不安不定的輪迴界。提示此一理想，開示其實現方法的，即就四諦法門而言，是後二諦，就十二因緣而言，是所謂依據滅觀的緣起觀。

# 第一章　修道論總說

## 一、修道的根本方針

佛陀認為無限生命之理想，簡言之，首先是依超越現實而得。換言之，相較於強調並力說無限的生命，反而依此有限生命而解放吾等，吾等之理想方得以確實實現。依據佛陀所述，無限生命的要求，縱使是理想之根據，但也只是隱藏於深處的喃喃私語，現實的壓迫是所予的事實，因此若能離脫此現實之壓迫，即使是深處之喃喃私語也能單手打開不死妙境。佛陀所說的解脫（mokkha）、涅槃（nibbāna）即此。

> 如是，余於生法，見生法中之悲痛，求無生無上安穩涅槃，到達無生無上安穩涅槃。自於老法，知老法中之悲痛，求無老無上安穩涅槃而得之，……（乃至病死憂悲苦惱亦然）。[1]

此即佛陀成道時之述懷，勘破生老病死之現實，即是不生不滅絕對的生命之實現。

若是如此，佛陀所述的現實之超越其大意如何？此不外於是前篇所述的從現實成立之根源脫離。亦即脫離依無明、欲愛、我執、我欲等名稱所表現的個體的意志之束縛。依據佛陀所述，現今的不自由、不滿足的一切，都來自於此個體的生活意志之肯定，若脫離之，即成為自主的生活之肯定。

簡言之，依據佛陀所述，吾等意欲永遠的生存，其條件至少必須小我大死一番，此乃佛陀實現其理想之根本方針。當然，就歷史而言，此未必只是佛教的思想，而是奧義書中期即已萌起的解脫觀。

> 離脫住於彼胸之一切愛欲，爾時，應死者不死而體現梵。胸中之一切繫縛破壞，爾時，應死者不死。——此實（奧義書之）教旨。[2]

此即是奧義書中之一句，若將文中的「彼體現梵」用「體現涅槃」取代，就是佛教的觀點。亦即佛教之解脫觀也是承繼自此，但相對於他派將其理想置於以某種形式表現的所予之物，佛陀否定此物之存在，更且肯定依據解脫的自主的普遍的生活，此乃佛陀最大之特質。總之，佛陀所主張的實現理想之方針，是由前述的立場而提出的。簡言之，若執著我執、我欲，越是執著，離理想越遠；若脫離執著，越是脫離，越近於理想，是其修道觀大方針。此大方針如何實現？此實是佛陀傾其全力予以揭示，狹義而言，佛教的特徵可以說全在於此。

## 二、當時的修道法與佛陀的修道法

如本書第一篇所述，佛陀的修道觀，若一一分析之，實與前代以及當時修行者社會的修道觀大

---

1. M. 26 Ariyapariyesana-s.（1, p.167 ——南傳大藏經卷九，中部一，頁三〇〇）；《中阿含》卷五六《羅摩經》（大正一，頁七七七a）；姉崎正治《現身佛と法身佛》（頁二二）。
2. Kāthaka-up., 6. 14~15（ウパニシャッド全書四，頁三〇）。

有共通之處。簡言之，其禪定法中，無論是四禪定，或四無色定，都來自於阿羅邏仙或鬱陀迦仙，五戒則與婆羅門教最初一般所採用的，大體相同，雨安居法也是當時沙門團共通之行法，進而八正道也是脫化自婆羅門之八德，如是等等，其數不遑枚舉。通常被視為是佛教獨特的修行法，若廣泛予以研究，可以發現與他派共通或稍作變形的實是不少。亦即不只是解脫方針，其實現法，佛陀同樣也是取自於當時的時代，此終究是不能否定之事實。更且此亦佛陀於諸處所之所明言。「婆羅門如是所說，我亦然」，乃是聖典經常可見之語。

若是如此，在此一方面，佛陀的特色在何處？相較於外形的德目，應是在於予以實際化時的精神。佛陀所教示之道行，都是佛陀自己親身實行體驗的，毫無來自於傳承，此即佛陀之一大特色。曾有一梵志對佛如是說道：「婆羅門有五法，足以得大果」，並揭出真實、苦行、梵行（貞潔）、學習與離欲等五項。對此，佛陀曰：「若是如此，婆羅門中，可有現在自知自覺實現此五法之人？」[3] 亦即佛陀最所重視的是，我現在「自知自覺，自作證」（**abhiññā sacchikatvā vipākaṃ pavedami**），名目之羅列若無實際化，完全不具任何意義。就此而言，佛弟子懷念佛陀之法時，常作如次形容：

> 法由佛巧說。其法，現實的，無時之限制（任何實處皆能適用），是即效的，是能導引的。
> （Svākkhāto Bhagavatā dhammo sandiṭṭhiko akāliko ehipassiko opanayiko……）[4]

此經句中，特應注意的是，**ehipassiko** 一語，筆者暫將此譯為「即效的」，若直譯應是「行之，則得以見之」，亦即佛陀之教法是眼前即可實驗，可得其效果，此乃是佛陀教法之特色。

佛陀絕非無批判性的採用古法。從另一方面言之，佛陀對於古法的批判絕對不少。更且在實際的方面，較多於其所採用，此乃原始佛教的一大特色。亦即完全排除當時盛行的種種虛禮與無意義之儀式，至少就今日看來，是可笑的迷信的行為。大體上，如同今日，當時的印度宗教，從一方面看來，寓含有非常卓越的思想，但另一方面也有極為愚劣的宗教行為，更且此兩方面交錯難以分離。從而樹立革新的標幟而發起的宗教運動，是長養於此雰圍之中，就今日所見，通常不脫於無意義之行持與迷信等，其中繼承相當多不純的分子。但唯只一人，亦即只有佛陀，處於此間，依其卓越之批判力，採用其中必要之要素，用以作為內面化的材料，但又予以清洗，防止其中附隨無意義的有害之物。原始佛教的修道中，沒有禁厭。沒有誦咒。既無星宿之崇拜，也無幽鬼之崇拜。既無火祭，亦無水淨。既無無意義之儀禮，亦無奇態之行法。佛陀視如此的行法是有害且無效的，故予以排除。所謂的戒禁取見，即是指將如是之行法執為真道之謬見，依據佛陀所述，執著如是謬見，終究是將吾等與欲之世界連結之因（佛陀將戒禁取見說為五下分結之一）。佛陀行法之特色，完全以精神的道德為中心，若契合此方針，無論任何人之教法，皆予以採用，若不能契此方針，縱使天下人如何讚嘆，亦斷乎予以排除。[5] 此乃是原始佛教在天下所有宗教中，迷信要素最少，更且精神生活最清新且豐富之所以，從當時的情事看來，實令人驚嘆不已。反之，開展此原始佛教大精神的大乘佛教，尤其是今日的日本佛教，卻附加諸多迷信的要素，實令人慨嘆不已。

---

3. M. 99 Subha-s.（2, p.199 ——南傳大藏經卷十一上，中部三，頁二六〇）；《中阿含》卷三八《鸚鵡經》（大正一，頁六六七c）。
4. 例如 A.（1, p.207 ——南傳大藏經卷十七，增支部一，頁三三七）。
5. 破斥婆羅門無意義之行法的例子無數，但此處所揭，請參閱《沙門果經》、《梵網經》等卷首之部分。

## 三、不苦不樂的中道

如是，佛陀採用當時行法之一部分，並排除其他部分。大體上，此即是佛陀對此一方面的中道的態度。在此一方面，佛陀所提出的「中道」，是相對於苦樂的中道。亦即極端的苦行是錯誤的，同時，快樂主義亦非真道，而是應得其中庸的主張。鹿野苑的最初說法中，最盡力述說的，即在於此。

在此諸欲中，耽於欲樂者，是下劣凡夫，非聖，是無意義之業。反之，以苦自苦，非聖，毫無意義。離此二邊之中道，正是如來所悟證。此即開眼、開知，至寂靜、悟證、正覺涅槃之道。比丘！何者名為如來所悟之中道（majjhima paṭipadā）？……此即八支聖道。曰正見、正思惟、正語、正業、正命、正精進、正念、正定。[6]

就當時實踐方針見之，一方面，提倡無意義的徒然自苦之法，將此視為解脫道之風頗為盛行，此外也盛行順世派式的快樂主義，此二者皆失其平衡。六師之中，耆那屬於自苦派，反之，富蘭那、阿夷多等屬快樂派，故佛陀止揚此兩種極端，主張中道。不只如此，此乃佛陀親身經驗所得之結論，特具有珍貴意義，故不能忽視之。佛陀在太子時代，如同當時的印度貴公子，恐是有過強烈的欲樂經驗，出家後又有六年自苦的修行經驗，進而又有兩方皆非真而捨棄的經驗。此乃是在修道方面，作為其特殊態度，佛陀特別著重於排斥苦樂兩極之所以，但若擴大其精神，應解為不只是苦樂，對於當時種種的極端修道方法，佛陀皆以「中正穩健」為其宗旨。更且其中正穩健，對於凡事不走極端不能完成的印度思想界，實是一大清涼劑，至少其時代的意義，相較於亞里斯多德之中庸、儒教之中庸，具有更深之意義。

## 四、修道者之資格的四姓平等

依據佛陀所述，一切有情都是業的結果。[7] 從而遣去此差別的原理的業，而逐漸實現其無差別的絕對生命的修道，對於一切有情都是一樣有可能。此間應沒有任何根本性的區別。此實是佛教修道觀之根本原則，而其結果仍是人格平等論。在印度歷史，此乃是最重大事件，是令佛教成為世界性宗教的原因之一。

無庸贅言，婆羅門教之根本法則在於嚴守四姓區別。更且並非只是社會上如此，此亦及於宗教的修道論。所謂的選民只有婆羅門種此一階級，只有婆羅門才得以真正完全參預宗教，其他三姓則不然。尤其第四階級的首陀羅，甚至教法之聽聞都不被允許。[8] 當然在理論上，在婆羅門教中，自奧義書時代以來，此一思想已面臨被擯棄之命運。奧義書不僅以各人之我體平等作為根本教理，甚至主張其宣教者，剎帝利固然無庸贅言，即使萊克瓦（Raikva）之賤民亦能述說梵我之大義。[9] 雖然如

---

6. S.（5, p.421 ——南傳大藏經卷十六下，相應部六，頁三三九 f）；《佛轉法輪經》（大正二，頁五〇三 b）；姉崎《根本佛教》（頁四五）。
7. Suttanipāta 651~653（p.122 ——南傳大藏經卷二四，小部二，頁二四三）；M. 98 Vāseṭṭha-s.（2, p.196 ——南傳大藏經卷十一上，中部三，頁二五六）。
8. 《印度哲學宗教史》（第四篇第二章第二節）。
9. 《印度哲學宗教史》（參照第三篇第一章；ウパニシッド全書三，頁八八～九一）。

此，但實際上，完全保留四姓階級，更且將奧義書組織化的《吠檀多經》，仍規定修道者之資格只限於前三姓，首陀羅無此資格。[10]《法經》等所見的制度最為嚴格，認為維持宗教的官僚主義，才是婆羅門教得以成為神聖之所以。[11]當此之時，佛陀——縱使相當多是時勢之所促進——斷然承認人人之平等，反對如此人為的區別，其教法開放給予一切，可說是一大特色。

為此，佛陀及其佛弟子不得不以種種方法與婆羅門爭辯。依據漢譯《中阿含》之編輯法，以《梵志品》等十經為首，婆羅門與佛陀或佛弟子之間的交涉，[12]大抵是以此問題而展開對話。從而與此有關的論法雖有種種，但從理論的立場而言，佛教方面的主張常是「四姓的區別主要是來自於職業，並不是本質上的」。佛弟子迦旃延（Kaccāyana）為摩偷羅王（Madhurarāja）所說頗值得注意，故試揭之如次：

只有婆羅門是貴姓，其他是劣姓，此終究只是名目（ghosa），並非事實。試就經濟方面言之，四姓之任一，凡有金銀財寶者，即得以命令其他三姓。更從道德言之，四姓之任一若行十惡業道，則墮於惡處，若行十善業道，則得以上天，凡此皆無差異。在法律上，無論婆羅門或首陀羅，若行竊盜、殺人，都是竊盜者、殺人者，此間並無任何區別。更進一步言之，若彼等出家成為沙門。無論婆羅門或首陀羅，皆為沙門，並無任何區別。故只有婆羅門是貴姓，其他是劣姓之說，只是名目（意譯）。[13]

如是，摩偷羅王遂作如是歸結「迦旃延！若是如此，此即四姓平等，其間不見任何區別」。從迦旃延提出經濟的實力等，可以想見當時之時勢，可說是值得注意的論法，佛教雖未必以打破社會的四姓階級為其重點，但如此的論法可以適用於此一方面。

要言之，人之尊貴，在於其人格，亦即努力、修養與行持，其種姓如何，在修道上不具任何意義，此乃佛陀與佛弟子其主張之重點。

不問種姓，只問行持。
一切火皆從木生。
下賤種中也有智慧之聖者。
慚恥之抑制，才是最上種。
真實之調制，才是真正之調御，
制伏感受才是真正的梵行住。
帶來供物，用以供養。
時時應供養真正的應具者。[14]

---

10.《印度六派哲學》（第七篇第二章第二節）。

11.《印度哲學宗教史》（第四篇第二章第一節）。

12. 梵志品。《中阿含》卷三五～四一（大正一，頁六四八～六九〇）。《長阿含》卷六《小緣經》（D. 27 Aggañña-s. ——南傳大藏經卷八，長部三，頁一一六f）中，載有婆羅門出家於佛陀教團之述懷。《中阿含》卷五九《一切智經》（M. 90 Kaṇṇakatthala-s. ——南傳大藏經卷十一上，中部三，頁一七〇f），有佛與波斯匿王論述四姓問題之記事。足以作為參考。

13. M. 84 Madhura-s.（2, p.84~89 ——南傳大藏經卷十一上，中部三，頁一一二～一二〇）；《雜阿含》卷二〇（大正二，頁一四二a f）。

14. S.（1, p.168 ——南傳大藏經卷十二，相應部一，頁二八七f）；《雜阿含》卷四四（大正二，頁三二〇c）。

亦即雖是社會中的下賤種姓，但只要有真實之行，能調制身心，即是所謂真正的上種，有受任何人供養之資格。如是，佛陀以「提出四姓皆清淨」（cātuvaṇṇim suddhiṃ paññāpeti）[15]之說，主張其修道同樣具有可能性。將此應用於教團，即是「四姓出家，同稱釋氏」之說。

如同恆河、耶無那、阿夷羅婆提、薩羅浮、摩企諸大河注入於海，失其先前名稱，唯得大海之名，此四姓，亦即剎帝利、婆羅門、吠舍、首陀羅亦依如來所示法律出家，捨其名姓（nāma-gottāni），同稱釋子。[16]

亦即佛陀教團之理想，如大海不棄捨任何水，遂同一味，網羅所有階級之人，於解脫道，令同一味。相較於唯視自種為最高，並排斥下賤種之救贖的婆羅門教，在普遍的救濟觀上，實有雲泥之別。佛教作為普遍的宗教，得以超越印度之國境，廣泛成為世界之光，其最大原因在此。

## 五、作為道器的婦女觀

大體上，佛陀也認為婦女在修道上劣於男子，此乃不能否定之事實。就種種聖典見之，常見列舉婦女弱點多，又，其姨母摩訶波闍波提夫人（Mahāpajāpatī）意欲出家加入教團時，佛陀相當躊躇，經過阿難再三斡旋，摩訶波闍波提才得以加入教團，也是無可懷疑的事實。但此絕非佛陀輕視婦女，認為婦女非道器。如姉崎教授之所指出「此一方面是為促使女子自我反省，資助其修德，另一方面是為提醒修道比丘應對於婦女有所警戒」。[17]從而若依此記事而認為佛陀輕視女子，將是非常大的錯誤。拘薩羅王波斯匿在與佛陀交談時，其下人來報夫人末利（Mallikā）產女之事。王聞知所生是女嬰，面現不欣之色，佛陀為曉諭其非，故說偈如次：

> 雖是女子，大王！可得勝於男子之人。
> 可得有智慧有德，且能尊敬翁姑之嫁女。
> 彼女所生之子可成為勇者，成為支配者。
> 如是，賢婦之子足以指導王國。[18]

就佛陀所見，有德有智慧之女子，反而勝於男子。從而在佛陀之教團中，大體上，女子雖位於男子之下位，但在道器之資格上，與男子毫無差異。男子稱為信男（upāsaka），女子稱為信女（upāsikā），作為信男之男子可證得不還果，作為信女之女子亦可證得不還果，男子可成為比丘，女子可成為比丘尼，男子比丘可證得羅漢，女子比丘尼亦可證得羅漢。作為道器的男女之間的區別，只有在法相上，亦即女子不能成為如來（以及轉輪聖王），雖然如此，但實際上，任何佛弟子都不能與如來同格，因此，此僅只是法相的問題而已。進而更就法相言之，女子於次生若生為男子，即有成為如來（以

---

15. M. 93 Asalāyana-s.（2, p.147）；《中阿含》卷三七《阿攝惒經》（大正一，頁六六三c）。
16. A.（4, p.202——南傳大藏經卷二一，增支部五，頁六八）；《增一阿含》卷三七（大正二，頁七五三a）；姉崎《根本佛教》（頁三七〇～三七二）。
17. 姉崎《根本佛教》（頁二〇三）。
18. S.（1, p.86——南傳大藏經卷十二，相應部一，頁一四五）。

及轉輪聖王）的可能，故就此而言，相較於男子，女子只是輸男子一生而已。

徵於事實，在佛陀會下，相較於男眾的羅漢，比丘尼中，具有絲毫不劣的氣概、力量與境界的實是不少。

> 婦人有何差別？
> 相對於心能靜，能轉智慧，能見正法者，
> 卻被我是婦人、男子、何物之思困惱者，
> 惡魔得其隙。[19]

此即蘇摩尼（Somā）對於魔之質問的回答，亦即指出在正法中，不應有男女之區別。

> 汝為覺者。汝為教主。婆羅門（佛陀）！我是汝之嫡女，從汝口所生。今（依汝之教），所作已辦，亦無所煩。[20]

此即孫太利尼（Sundarī）所唱之偈，相對於比丘的「我是汝之嫡子」之自覺，也揭出「汝之嫡女」之自覺，絲毫沒有居於男子下位之感。長老尼偈（Therīgāthā）所揭，實是顯示彼等見識、理想與境界之絕佳資料，四阿含中，比丘尼所說法語被視為珍貴教理的，非常多，從中可以看出在佛教教理之闡明上，女子所占的地位如何重要。彼等之中，或與外道論辯而屈服之，或與國王問答而令彼信服，或斥退惡魔誘惑而彰顯其志操之堅固等等，為佛教婦女釋放萬丈氣焰。

不只是出家尼眾。在家信女中也有類此之人，以有名的毘舍佉鹿母（Visākhā Migāramātā）為

首，種種信女之奇特行持常被傳誦，雖是在家，但已到達不還果的婦人其數不少。[21]例如無比女（Anopamā），即是其中一例。爾後如《勝鬘經》中的勝鬘夫人，不外於是作為如此種類的佛教婦人之理想形象而勾勒的。

要言之，從形式的處理而言，佛陀同樣將婦女置於男子之下位，此應是無可懷疑的，但從以道德與宗教為基礎的人格的立場而言，雖說是婦女，但絲毫不劣於男子，此在種種徵證上，是不能否定之事實。此可以與自稱重視女子之基督教會，直至今日，猶對於婦人立於說教壇（pulpit）提出異議相對照。也可以與號稱男女平等的英國，其劍橋大學猶拒絕授予女子學位相對照。對於非議佛教輕視女子者，此有何等錯誤，思之過半矣。

## 六、作為道器的在家與出家

佛陀認為若欲真正實現理想，小我必須大死一番。從而佛陀最為獎勵的是，出離以小我執為基礎而生活的俗家，過出家無欲之生活。但如前篇所觸及，雖說是欲望生活，但基於藉由予以淨化，也能逐漸接近理想的此一立場，更且其修道之要諦是著重於道德的生活之上，其在家修道的價值也頗受承認，更且也被獎勵。亦即既然是止惡修善，清淨其心，雖說是在家，但也能趣向解脫。如是，

19. S.（1, p.129 ——南傳大藏經卷十二，相應部一，頁二二一）；《雜阿含》卷四五（大正二，頁三二六b）；Therīg. 61。
20. Therīg. 336（——南傳大藏經卷二五，小部三，頁二九〇）。
21. ibid. 155。

佛陀一方面強調生死事大無常迅速，故應早求解脫，另一方面，也認可在悠久的輪迴之中，逐漸向上的漸進式的解脫法，用以開啟救濟一切眾生之道。對此，跋蹉氏（Vacchagotta）讚嘆佛曰：「恰如恆河之水傾入海……入於海，隨從佛陀者，在家出家共請傾入涅槃……進入涅槃」，亦即讚嘆無論在家或出家，都能趣入解脫的佛陀之教化。從而佛陀所揭示的法，亦即趣向解脫之法則，依據佛陀所述，未必只限於出家法，縱使是在家者，若守其正行，同樣是正法，縱使非直接，至少間接的，是趣向解脫之準備。

> 供養法者，則恭敬我。已觀其法者，則觀我。已有法者，則有我。
>
> 已有法者，則有比丘僧。有法者，則有四部之眾。
>
> 有法則有四姓在世。所以然者，由法在世，則賢劫中，有大威王出世，從是以來便有四姓在世。（故）若法在世，便有四姓在世。剎帝利、婆羅門、工師、居士種等。
>
> 若法在世，便有四天王種、兜率天、豔天、化自在天、他化自在天，便在於世。若法在世者，便有欲界天、色界天、無色界天，在於世間。
>
> 若法在世，便有須陀洹果、斯陀含果、阿那含果、阿羅漢果、辟支佛果、佛乘，便現於世。是故，比丘！當善恭敬於法。22

佛陀所說的法之中，不只是直接的涅槃法，也包含所謂的世俗法——政道的秩序、職業的秩序、宇宙的秩序——更且如「見法者，即是見佛」之說，即寓含遵守奉行此等之法正是契合佛的本旨之所以。如是，推擴此一精神，若行善事，止行惡事，完成自己的義務，縱使不知佛教，終究仍是契合佛陀精神，不知不覺的，得以趣向解脫。爾後的大乘佛教，所說的「治生產業皆佛法」，實是基於如此精神之宣言。

雖是如此，但依據佛陀所述，解脫之正道仍在於意識性的希求解脫而修道。亦即以解脫為直接且當前的問題，而意欲實現的狹義的實現理想方法。從而廣義而言，「諸惡莫作，眾善奉行」是佛之所教，但狹義而言，直接的解脫道是更深入的修養。此即佛陀獎勵超越在家生活的出家生活之所以。但佛陀教化法之巧妙，在於是將一切眾生從低處次第導向高處，最後打開解脫之真境，據此看來，此間之經過應都屬於修道之範圍，此乃必須切記莫忘的。

依據前述見地，今將考察佛陀所揭示修道之方法分成三段，相信應是至當的。第一段，僅只在純然的世俗的道德範圍，第二段從世俗趣向超俗階段的信者的修養，第三段是純然超俗的生活的出家法。就結果而言，第一段是在輪迴界，由卑至高；第二段含括輪迴與解脫；第三段是真正於現身證得解脫。當然實際上，佛陀說法時，未必作如此清楚的區分，但大體上，對於未信者，是作第一段的說法；對於在家弟子，是作第二段說法；對於出家弟子，是作第三段說法，乃是不爭之事實，因此，如此之分類應是至當的。

---

22.《增一阿含》卷二〇（大正二，頁六五三a）。含有此句之經典，就其全體而言，相當於 A.（2, p.167~170）之一經。但此處所引用之句，巴利本不得見，故漢譯本之此句，或許屬於稍遲成立的附加部分。但無論如何，此能顯示佛之精神，相信是無可懷疑的，故特引用而附記於此。

# 第二章　一般的道德

## 甲、理論的方面

### 一、修道上的道德意義

大體上，宗教與道德其起源與範圍未必相同。宗教是現實的人與超人（未必是人格神）之間的關係，但道德主要成立於人與人之間的關係之上。此間共通的一事是，至少犧牲自己是其主要的要素。宗教將犧牲視為最重要的要素，此徵於劣等宗教對於神，是以供奉外在的犧牲作為神人交通之必要條件，而高等宗教，認為在超自然之前，將空去自己即得以參預其攝理等等各種形態的犧牲視為重要行持，即可知之。同此，道德縱使其起源是發自於利己心，但就道德的條件而言，至少某種程度仍是脫離為自己利害的打算，為他而奉獻自己。利己心越脫離，道德的價值評價越高之所以，即在於此。如是，宗教與道德都以離我執、我欲為其最大要件，兩者本質上是連結不分離的。

而佛教完全是基於此一原則。亦即佛陀雖不樹立超自然之神，但作為涅槃解脫之超自然，可以說是相當於其宗教的神格的部分，為予以實現，必須犧牲我執、我欲。如是，作為離我執、我欲之道，一方面是勸勉過著消極的離欲生活，另一方面則是重視積極的道德生活，二者相輔，即可達其目的。

尤其作為不樹立神，不承認儀式之宗教，對於俗信者的修道的訓練，完全基於對於三寶的信仰與道德的生活，此外別無他途，此乃是佛教的宗教與道德越發結合不離之所以。俗人依此道德的修練，逐漸到達大覺位之模範，正是作為佛陀前生經歷而流傳的「本生譚」（Jātaka）中所表現的菩薩的為他的犧牲行為。亦即佛陀所以成為佛陀，今生的修行之外，另有前生作為俗人，其所過的生活是犧牲的道德的生活所致，佛教是將道德的生活視為宗教生活之要素。更應予以注意的是，佛教此時所說的無我，是肯定道德的大我。高唱大我的奧義書等，理論上，是承認有萬人共通的「我」，但在道德上，欠缺予以實際化，亦即欠缺令各人依其慈悲心而相互連結之努力，反之，佛陀依其無我論的愛他心之發揚，意欲道德性的實現此大我。總之，作為修道要諦，佛陀非常重視道德，故發揮其高等宗教之特色，此乃大異於當時其他宗教之處，更且作為社會運動，此是佛教能獲得大勢力的原因之一。

## 二、獎勵止惡作善的根據

所有的道德最後皆應迴向至高至善的解脫涅槃，反過來說，以至高至善的解脫涅槃為根柢，道德才能得其真，此乃佛陀對於道德的第一義的態度。但一切世間既以欲為根本，此間的道德必然也不脫離欲的生活的範圍，以術語而言，此仍是有漏的。在此有漏（sāsavaka）的世界，以脫離我執、我欲為本質的道德的行為，尤其以獎勵愛他心的根據在何處？對此，佛陀從種種方面予以說明。

第一，是從依據善因善果、惡因惡果之法則的功利的立場。亦即造惡，當時或許能滿足我執、我欲，但其酬報必是永久之苦，故終究是損害的。行善，當時雖是某種程度的自我犧牲，然其報酬，是長遠的幸福，因此，畢竟還是利益的。故欲得大滿足，首先應暫時損己。更且此乃聖典中，隨處可見的止惡修善之獎勵法。例如：

> 予他人壽命（拯救人命），於人天，生為長壽者；予他人妙色，於人天，生為幸福者；予他人力，於人天，生為有力者；予他人智慧，於人天，生為有智慧者。1

對於除了功利，別無其他的俗人，如此的誘引法最為有效，依據佛陀所述，此因果法則具有生命論的基礎，是以此為基礎而揭示道德之效能。但若據此而將佛陀之道德觀視為不出於功利，則是相當大的誤解。此只是在輪迴界，只是令吾人由低至高之道，絕非第一義立場的道德，此當切記莫忘。

第二，基於與前述大致相同之原則，卻是與此相異之立場。此即從三世因果之立場，一切眾生都是同胞，愛慈之，是契合人情之自然。從無窮輪迴之立場而言，一切眾生，在過去世之任何一世，皆是吾人之父母親戚，於未來亦然，據此看來，一切眾生皆有父母、妻子、兄弟、姊妹之關係。

> 正應作此念，如是此（一切）眾生，過去世時，必是我父母、兄弟、妻子、親屬、師友、知識。2

慈鎮和上所說的「耳聞啾啾山鳥鳴聲，思之為父，思之為母」，不外於是以至真之情訴此理由。亦即吾人愛父母、妻子是本能，推擴其本能而愛一切眾生——不只是人，甚至動物——是至當的，更且有其相當的根據。

而且據此「因緣說」而言，此世界皆由因緣而成，此因緣中既然含有自他之關係，則此世界正是共同責任之舞台。從而為滿足自己而虐他，就全體的立場，間接的，也是虐己；幫助他者，終究是幫助自己。就此而言，佛陀將「保護自己，也保護他者，保護他者，也保護自己」，[3]視為共濟上最必要之條件。爾後有部宗等，將此世界解為共業所感，亦即是所有眾生之業的共同產物，不外於是將此思想提出於表面。更且吾人應知此中含有佛教倫理之「連帶觀」（solidarity）的根據。

第三是從同情之立場。亦即己所不欲，他人亦不欲，己之所欲，他人亦欲之，此乃基於所謂人情的愛他心之獎勵。《雜阿含經》卷三七[4]稱此為「自通法」（attūpanāyika dhammapariyāya），對於何故吾人必須避免殺生、偷盜、邪婬、妄語、惡口、綺語、兩舌等的理由，揭示如次：

> 聖弟子居士必如是思惟。我欲生，不欲死，欲幸福，欲避苦。如壞此欲生，欲不死，欲幸福，欲避苦的我之生命，豈是我所愛欣？若是如此，我若壞如同我欲生，欲不死，欲幸福，欲避苦之他者生命，豈是他所愛欣？自己不愛不快之法，於他亦不愛不快之法。若是如此，我何以以己不愛不快法繫縛他者？
>
> 依如是思惟，自離殺生，亦令他持不殺生，常讚嘆不殺生戒（意譯）。（偷盜、邪婬、妄語、

---

1. A.（3, p.42 ——南傳大藏經卷十九，增支部三，頁五五f）。
2. 《雜阿含》卷三四（大正二，頁二四二a）；S.（2, p.189~190 ——南傳大藏經卷十三，相應部二，頁二七七~二七八）；Therīg. 498（p.172 ——南傳大藏經卷二五，小部三，頁四一五f）。
3. S.（5, p. 169 ——南傳大藏經卷十六上，相應部五，頁三九六）：Attānaṃ rakkhanto paraṃ rakkhati, paraṃ rakkhanto attānaṃ rakkhati.
4. 《雜阿含》卷三七（大正二，頁二七三b）；S.（5, p.353f ——南傳大藏經卷十六下，相應部六，頁二三五f）。

惡口、綺語、兩舌同此。）

亦即從己所不欲，勿施他人之立場，揭出身三語四等七善業道之理由，自通法之名，可以說是得當之命名。對此，佛陀以最簡單的偈文揭示如次：

心驅於一切方所，
終不遭逢較自己更為可愛者。
如是，就他人言之，自己亦唯一之所愛。
故愛己者，切勿害他。5

此乃波斯匿王問末利夫人，此世可有較自己更為可愛之人，夫人回答：「無」，王亦贊成之，並將此結論告白佛陀，佛陀遂說此偈曉諭兩人。亦即從人之利己心出發而移轉成同理心，從此方面的道德的獎勵，可說是最為適切與親切之誘導法。雖都是「勿」的止惡的結論，但予以轉換，則成為己之欲人，亦推及他人的作善的積極的道德。

如是，佛陀從互有連關但不同的立場，揭示一般倫理之基礎。此二者都未完全脫離我執之立場，終究是世俗的，但從實行的見地而言，至少是令世俗止惡勵善，不知不覺的，是趨近真正的無我的道德之階段，是最有效的道德的根據。爾後的阿毘達磨對於「善」作如次定義：

順益此世他世，故名為善。6

實不外於出自此一立場。

但此處應予以注意的是，佛陀雖將世俗的道德混和功利之立場，但絕非是結果論者，而應說是動機論者。此依準前述的業論，即可知之，佛陀常特稱為有意的行為（sañcetanika kamma），是就此而論善惡，若非有意的，則不作道德的判定。例如有一比丘為打蛇，結果誤打人至死。佛對此所作的判決是，此罪非殺人罪，宜應依傷害動物罪處罰。[7]從而，無庸贅言，在道德的行為上，佛陀是以其心根為第一，而將結果的行為置於第二，相對於以行為為第一而心根為第二的耆那教，此乃是佛教道德的一個特色。此即佛陀讚嘆貧者一燈重於長者萬燈的理由所在。

## 乙、實際的方面

### 三、家庭的道德

愛他之心始自於家庭。夫婦相愛，親子相親之情出於自然，佛陀經常由此出發，揭示一切眾生應相愛之理，此依前節所揭之例即可知之。但從事實觀之，親子、夫婦、兄弟之間，未必常親睦，常相互敬愛。此即必須教導家庭道德之所以。對此，佛陀從種種方面教導，今基於方便，擬從經濟的方面與道德的方面等二方面述之。

---

5. S.（1, p.75——南傳大藏經卷十二，相應部一，頁一三〇）。
6.《成唯識論》卷五（大正三一，頁二六b——「為此世他世順益故名為善」）。
7.《五分律》卷二八（大正二二，頁一八四a）。

### （一）家庭經濟

為維持家庭健全，經濟的基礎必須是確實的。家庭各個成員，尤其是主人，對此，尤有特加注意之必要，今世如此，昔時之印度亦然。尤其在佛陀時代，隨著都市文明發展，經濟的勢力也特為顯著，此依迦旃延為摩偷羅王述說四姓平等時，特加財力一項即可知之。佛陀認為此與家庭問題特有關連，一再提出與此方面有關的注意與教訓。固然在文獻上，此等大都保存於漢譯本中，巴利本方面不多見，但巴利本是所謂的上座部所傳，其編輯方針是除去通俗方面，故漢譯所載應是此一方面之直接傳述。就漢巴合致的部分觀之，例如《長阿含》卷十一的《善生經》（D. 31 Siṅgālovāda-s.——《中阿含》卷三三《善生經》）中，佛陀指出失財之所以的六因，據此看來，佛陀對此方面有所注意，是不能抹殺之事實。

依據佛陀所述，為使經濟基礎確實，首先應有得財的正當職業之修養。若非如此，意欲得財之最後，終將犯罪。對此，漢譯《善生經》揭出「應初學技術，後求財物」。[8] 在職業方面，佛陀揭示種田（農）、行商、牧畜、租賃、木工、食料品商、官吏、書疏、算畫等技術，[9] 要言之，若擴大其精神，應是任何職業皆可。

如是，依此等職業而獲得錢財時，更應注意其運用。作為其運用法，佛陀指出應予以注意的，主要是要注意收支，不能超支。最應注意的是，所謂的四分之計。漢譯《善生經》曰：

> 分成四分，一分用於飲食，一分用於田業，一分藏置，以備急時所須，一分給予耕作、商人生利息。[10]

亦即一分作為家計費，一分營業費，一分貯蓄於家中，最後一分，用現今的說法，是入股，是公債，是銀行的存款。此不只是見於漢譯《善生經》，《雜阿含》卷四八（大正二，頁三五三b）也有此說，差別的是一分作為生計費，二分用於營業費，一分密藏，更且沒有息利的運用，但同樣是分成四分。此恐是佛陀基於家庭經濟之原則而提出的教示。當然，若更深入探究，此或許是當時的實用學（**arthaśāstra**），但既然是從佛陀之口說出，就可以視為是佛教所說的家庭經濟基礎是此四分法。

家庭經濟中，最應警誡的是濫費。為此，佛陀經常指出財產消失之緣，應予以注意。尤其是因於怠惰或放蕩的濫費，是佛陀最堅決之告誡。如前所述，《善生經》（**Siṅgālovāda-s**，六方禮經）揭出其六因。[11]

1. 耽於飲酒（**surā-meraya-majja pamādaṭṭhānānuyoga**）
2. 夜遊（**vikāla-visikhā cariyānuyoga**，非時猶在街道遊蕩）
3. 耽於伎樂（**samajjābhicaraṇa**）
4. 耽於賭博（**jūtappamādaṭṭhānānuyoga**）
5. 結交惡友（**pāpamittānuyoga**）

---

8.《中阿含》卷三三《善生經》（大正一，頁六四二a）；《長阿含》卷十一《善生經》（大正一，頁七二b）。
9.《雜阿含》卷四（大正二，頁二三ab）；A.（4, p. 281~283）；《雜阿含》卷四八（大正二，頁三五三b）。
10. 同註8。
11.《長阿含》卷十一《善生經》（大正一，頁七〇b）；D. 31（3, p.182）。A.（4, p.283——南傳大藏經卷二一，增支部五，頁二〇八）揭出沉溺於婦人（itthidhutta）、沉溺於酒（surādhutta）、沉溺於賭博（akkhadhutta）、結交惡友（pāpamitta. pāpasahāya papasampavaṇka）等四項為消財之因。

6. 耽於怠惰（ālassānuyoga）

對此，佛陀一一詳述其害毒，揭示在財產保護上（當然也是道德上）應避免之。《雜阿含》卷三六揭出消財之因緣有八種，此即王難、賊難、水火難、自然消耗、低利不還、怨家破壞、惡子濫費等，揭示財富未必可恃，另一方面，對於經濟上所應注意之處等等，有相當懇切的述說（前揭《雜阿含》卷三六之文，亦可參照《雜阿含》卷四——大正二，頁二三b等）。

要言之，依據佛陀所述，首先應學正當職業，以依此所得之財物維持家庭，若有餘力，應蓄積，以備不時，此即健全家庭生活的基礎之一。

佛陀雖如是獎勵貯蓄，但不能忽視的是，佛陀也排斥過分節儉，過與收入不相稱的低劣生活。曾有名惟跋闍迦（Byagghapajja or Vyagghapajja）的年少婆羅門，問佛曰：如何可於現世得安樂？對此，佛陀揭示應行如次之四法：[12]

1. 方便具足（uṭṭhānasampadā）
2. 守護具足（ārakkhasampadā）
3. 善知識具足（kalyāṇamittatā）
4. 正命具足（samajīvitā）

第一的方便具足，是指職業的修養完備；第二的守護具足是指財物保存；第三的善知識具足，是指結交善友，積累道德的修養；第四的正命具足，是指不濫費財物，同時亦不過於卑悋，應過與收支相應之生活。亦即在正命具足之中，避免濫費，同時也應避免卑悋（atihīna）是其條件。佛陀將相較於收入，過驕奢生活（uḷāra jīvika）的，比喻為優曇鉢離果中無種，又將相較於收入，過卑劣生活（kasira jīvika）的，比喻為餓死狗（ajadhumārika），並警誡之。對此，佛陀也是強調中道生活之必要。

如是，佛陀對於家庭，雖注意經濟的規畫，但依據佛陀所述，此等之規畫絕非只是為安樂滋養自己以及妻子。堅固家庭經濟的基礎雖是其目的，但終究應是以家庭為基礎而行善。亦即滋養自己與妻子之外，亦用於孝養父母，扶助親戚，施予貧者，布施沙門、婆羅門等。對於某一婆羅門欲行無意義之祭祀，佛陀教導應以如次之三火，取代婆羅門之三火。此即根本火、居家火、福田火等三火。所謂的根本火，是指方便得財，孝養父母；居家火是指以所得之財，供給妻子、親屬、從僕乃至賓客之所需；福田火是指供養沙門與婆羅門。[13]亦即前文所述的脫胎換骨的教化法，然其要旨完全在於財物道德的使用實與家庭經濟的問題有關連，此乃應特加注意之處。就此而言，對於前文所述的跋闍迦，佛陀揭示得財樹立生計之道之後，又揭示後世安樂的四法，其中特別揭出施具足（cāgasampadā），亦即應以無所得心行解脫施（muttacāga）。[14]

為得財卻行惡事，依據佛陀所述，此乃冠履顛倒之甚，佛陀最為告誡。「縱使為國王、父母、妻子，亦不可行惡事」，[15]何況以供給彼等之名而得不正之財，此與佛陀所教導的經濟之精神大為背離。經濟安定是家庭道德的基礎，同時，無論是得財之道，或使用錢財之道，完全必須以道德為基礎，

---

12.《雜阿含》卷四（大正二，頁二三b）；A.（4, p.281 ——南傳大藏經卷二二，增支部五，頁二〇六）。

13.《雜阿含》卷四（大正二，頁二四c）。

14. 參照前揭（五）之A.（4, p.283）。

15.《中阿含》卷六《梵志陀然經》（大正一，頁四五七a）；M. 97 Dhanañjāni-s（2, p.188~189 ——南傳大藏經卷十一上，中部三，頁二四九f）。

此即是佛陀的根本精神，應切記莫忘。

## （二）家庭各員的義務

作為家庭道德，佛陀所著重的，總地說來，是家庭各員相互之間彼此理解，親愛，更且互勉向善，信仰增進。但若各別言之，佛陀亦揭示相應各人身分的特殊義務以及與此相關之德目，從種種立場謀求家庭道德之健全。而佛陀最為重視的是，子女對雙親的感謝之念，從而基於此的孝養義務，佛陀是一再的述說。其次，是夫婦間之關係，佛陀將妻子守貞節以及丈夫之珍愛等視為家庭和平之基礎，故大為推獎。經典中，將此等家庭各員相應其身分而應盡之義務匯集一處而揭示的，得以超越先前一再引用的巴利《長部》第三一（Singālovāda-s.）、漢譯卷十一《善生經》（《中阿含》卷三三善生經，別譯《尸迦羅越六方禮經》）的，不得見之。因此，雖稍見煩瑣，但仍譯出其主要部分，藉以取代片段式的引用。名為尸迦羅越（善生）的婆羅門子，盲然的追隨祖先習慣，禮拜天地及四方等六方，對此，佛陀改以倫理的方式，揭示六方禮之意義，漢譯本現存有三譯，是《阿含經》中，最為著名的經典。巴利本與漢譯之間，雖略有差異，但大體上是一致的。今依巴利本譯出如次：

〈序〉　居士子！何以聖弟子（ariyasāvaka）應禮拜六方？居士子！必須了知此六方。亦即父母為東方，師為南方，妻為西方，知友為北方，從僕為下方，沙門婆羅門為上方。

〈親子關係〉　作為人子，應以五事對待作為東方之父母。第一維持其財產；第二繼承其家業；第三確立其系圖；第四生育子孫；第五經營祖先之冥福供養（與漢譯有別，請參見注16）。如是作為東方的父母亦應依五事慈愛其子。第一拒子之惡；第二令住於善；第三令學學業；

第四為娶美婦；第五適當之時，讓予家督。

如是……東方能護念，安穩無患。

〈師弟關係〉　作為弟子應以五事對待作為南方之師。第一，於師前必起立；第二，親近侍奉；第三，樂聞師說；第四，尊師；第五，悉憶持所教。受其弟子以此五事相待的南方之師，亦應以五事慈愛其弟子。第一，能調御；第二，令憶持已所憶持；第三，隨其所聞，無所遺漏教授一切學業；第四，指示善友；第五，於各方所保護之。……

如是，南方能護念，安穩無患。

〈夫婦關係〉　作為丈夫應以五事對待作為西方之妻。第一，敬之（漢譯：相待以禮）；第二，不輕忽之；第三，守貞操；第四，委以家內全權（issariyo-vossaggena）；第五，給予衣服莊嚴。如是，受丈夫以五事對待的西方之妻，亦應以五事對待丈夫。第一，治事有秩序；第二，能侍奉丈夫；第三，守貞操；第四，守護家財；第五，任何事皆精勵不怠惰。……

如是，西方能護念，安穩無患。

〈朋友關係〉　彼居家之子（kulaputta，紳士？）應以五事對待作為北方之友人（mittāmacca）。第一，布施；第二，愛語；第三，利行；第四，同事；第五，不出惡聲。

---

16. 漢譯《長阿含》所載的對父母五事，略異巴利本所載五事。（一）供奉無乏，（二）一切所為，先得父母同意，（三）不逆父母，（四）聽聞父母命令，（五）不斷父母正業（大正一，頁七一c）。《中阿含》之《善生經》所載：（一）增益父母之財，（二）辦眾事，（三）給予父母所欲，（四）不違父母，（五）以自己所有供給父母。但也揭示父母希望其子維持家系，生育子孫，死受其祭拜等之期待（A. 3, p.43——南傳大藏經卷十九，增支部三，頁五八）。因此，巴利本應是較接近原始的說法（《中阿含善生經》載於大正一，頁六四一a）。

如是，作為北方之友人受此五事對待，亦應以五事對待彼友。第一，保護彼不受誘惑；第二，對於已受誘惑者，護其財產；第三，彼恐怖之際，作為其依處；第四，不幸之際，不棄捨；第五，亦尊重其子孫。……

如是，北方能護念，安穩無患。

〈主從關係〉　作為主人（ayiraka）應以五事對待作為下方之僕從或勞動者（dāsakamamakarā）。第一，視其能力，給予作務；第二，給予衣食；第三，罹病之際，給予醫藥；第四，按時饗以美食（acchariyānaṃ rasānaṃ saṃvibhāga）；第五，按時給予休暇。

如是，作為下方受其主人依五事對待之僕從或勞動者，亦應以五事對待其主。第一，先起床；第二，遲就寢；第三只受取所予之物（不取非所予）；第四，能作務；第五，稱揚主人。……

〈出家與信眾之關係〉　彼居家之子應以五事對待上方之沙門、婆羅門。第一，身行慈；第二，口行慈；第三，心行慈；第四，對於彼等，不閉戶（可以自由出入）；第五，布施飲食。

如是，作為上方受五事對待之沙門、婆羅門，亦應以六事對待居家之子。第一，拒彼之惡；第二，令住於善；第三，以善心慈愛彼；第四，令彼聞所未聞；第五，已聞者令清淨；第六，開示天道。……

如是，上方能護念，安穩無患。17

作為教法，如此瑣碎的分類雖稍嫌喪失活力，卻是極為實際與適切，將家庭道德作如此簡單的彙整而述說，可說是親切至極。筆者認為此完全適合現今的家庭道德，若確實施行，可以建立健全的家庭。

此外，也有從種種立場，片段的述及家庭的道德，但不外於或是取自此《六方禮經》之一部分，或是予以擴大，故筆者以此作為代表而略去其他。

## 四、社會的道德

此處所說的社會，是指大於家族的大團體，也包含特殊團體、村落（gāma）、都市（jānapada），乃至國家全體。在佛陀的說教中，家庭的道德以外，雖無特別標榜此種團體之特殊道德，但仍有與此適合的，故試設此項於此。

作為統攝所有團體之道德，佛陀最著重的德目是所謂的「攝事」（saṅgahavatthu）。所謂的攝事，是指眾生相互結合的條件，依其名稱可知正是就團體而言。攝事有四種。此稱為四攝事或四攝法。第一是布施（dāna），第二愛語（peyyavajja），第三利行（atthacariyā），第四同事（samānattatā），是先前《六方禮經》中，有關朋友部門之摘要。第一的布施，是指富者施財予貧者，賢者施法予愚者。據此，團體中的各員相互扶助，有無相通，因此，團體生活得以向上圓滿。第二的愛語，是指互相以和悅之言慰問獎勵。廣義言之，朝夕的問安也包含在內，對於團體之和諧，此當然是不可欠缺之要素。第三的利行，是指應以團體生活的利益，亦即應以公益考量，此乃現今所說的服務社會。

17. 參照 D.（3, p.188~191 ——南傳大藏經卷八，長部三，頁二五一～二五五）；《長阿含》卷二一（大正一，頁七一 c～七二 a、二五一 bc、二五四 ab）；《中阿含》卷三三（大正一，六四〇 cf）。

第四的同事，是指自己同化於團體。亦即依循團體規則，依其習慣而行動，團體生活的德目中，此最為重要。若無此精神，社會不能成為一體。但佛陀亦告誡並非團體行惡事，自己亦同化之，佛陀特稱此為「法之同事」（samānattatā dhammesu），[18]其規則、習慣，應契於法，至少不違背法的同化，倘非如此，若是得以脫離之團體，即應脫離，若不能脫離，則應勸勉改革，此即佛陀之精神。道元禪師對於「同事」，是作如次說明：「初令自己同他，爾後令他同自己。」[19]實是耐人尋味的解釋。

要言之，小至一個家庭，大至全世界，欲令彼此團結一致，此四攝法是不可欠缺之德目，佛陀曰：「依此而攝世間，此如御者（āṇī）倚車而進。」[20]佛陀也是依此精神而領導其僧團，在家眾之中，如佛陀之信徒的手長者（Hatthaka），以此四攝事攝其五百大眾而有卓越成果，故獲得佛陀推獎，此乃有名之事實。[21]筆者認為即使在今日，各種團體若應用此四攝法，則其紛擾應大為緩和。

此四攝法中，特應屬於利行的，佛陀也有片段的觸及種種情事。但特應注意的是，給予旅行者的方便。亦即置船以方便渡河，建宿舍以方便休息，掘井以備旅人解渴等。

種植園果故，林樹蔭清涼。
以橋船濟渡（旅人），造作福德舍，鑿井供渴乏，客舍供給行旅。如是之功德，日夜常增長，如法，具足戒，緣此得生天。[22]

此即佛陀所教導的生天之道。佛陀終其一生都在各地行腳教化，故痛切感受必須有此等的設施，更且當時諸國彼此之間交通頻繁，因此，此等設施確實需要。總之，可以說，佛陀特加注意所謂的文明的施設。

# 五、政道論

## （一）實際的政道

佛陀雖是一位捨棄可總攬實際政治地位而追求永遠的人，但佛陀解脫後的活動，以及對於各種問題之開示，至少在人天教中，與此方面有關的述說卻是不少。其信徒之中，政治利害關係不同的諸多國王大臣每當遭遇種種政治問題時，佛陀總是從道德的立場給予指導。摩訶陀與拘薩羅發生戰爭，摩訶陀王阿闍世被捕時，幸虧作為仲裁者的佛陀，阿闍世王才得以脫身；拘薩羅王毘瑠陀（Viḍūḍabha）意欲征服佛陀的故鄉迦毘羅城時，佛陀曾親自站立在遠征軍之路旁，一度令毘瑠陀王退軍等等，如是，佛陀再三平定當時諸國之間的紛擾。跋耆種（Vajjī）欲建設其共和國時，佛陀為彼所揭示的國家健全之條件，從政道的見地而言，最值得玩味。此處所揭《長阿含》卷二《遊行經》（D. 16 Mahāparinibbāna-s.）之文，是漢巴一致之紀錄。[23] 所揭條件如次：

---

18. A.（2, p.32 ——南傳大藏經卷十八，增支部二，頁六〇）。
19. 《正法眼藏》菩提薩埵四攝法。
20. A.（2, p.32）；《中阿含》卷三三《善生經》（大正一，頁六四一c）；《雜阿含》卷二六（大正二，頁一八五a）。
21. 《中阿含》卷九《手長者經》（大正一，頁四八二c）；A.（4, p.218~219 ——南傳大藏經卷二一，增支部五，頁九三f）。
22. 《雜阿含》卷三六（大正二，頁二六一b）；《長阿含》卷二《遊行經》（大正一，頁一四b）；S. 1, 5, 7, Vanaropa（1, p.33 ——南傳大藏經卷十二，相應部一，頁四六）。
23. 參照《長阿含》卷二《遊行經》（大正一，頁一一ab）；D. 16 Mahāparinibbāna-s.（2, p.74~75 ——南傳大藏經卷七，長部二，頁二九～三二）；《中阿含》卷三五《雨勢經》（大正一，頁六四八c）；A.（4, p.18~20 ——南傳大藏經卷二〇，增支部四，頁二五五～二五八）。

1. 經常集會（漢譯：數數相集會講議正事）。
2. 以和合之精神（samaggā）集會，以和合心議論國事（漢譯：君臣和順上下相敬）。
3. 守傳統的國法，不輕率施行新規（Vajjī appaññattaṃ na paññāpenti, paññattaṃ na samucchindanti, yathā paññatte porāṇe Vajjidhamme samādāya vattanti. 漢譯：奉法曉忌，不違禮度）。
4. 尊重國之耆老，聽聞其意見（漢譯：孝事父母，敬順師長）。
5. 良家婦女固守貞操（漢譯：閨門真正，潔淨無穢，至於戲笑，言不及邪）。
6. 尊崇國內外靈廟（cetiya）（漢譯：恭於宗廟，致敬於鬼神）。
7. 如法尊敬阿羅漢，予以保護（漢譯：宗事沙門，敬持戒者）。

以上都是道德的條件，此中所揭出的尊重國家的歷史習慣，人民相互和合、理解，重視道德，尊重宗教等等，正是國家強盛的基礎。更且有實際的效果，此依跋耆共和國守持此七條，縱使以摩訶陀之強盛，猶不容易攻破，更且華氏城（Pāṭaliputta）完全是為防備跋耆共和國而築造，即可知之。《涅槃經》所載此一記事，是佛陀晚年，阿闍世欲征服之，故派遣大臣雨勢（Vassakāra）至佛陀座下詢問佛陀意見，佛陀即以跋耆共和國遵守此七條，難以征服，力勸應停止攻伐。

跋耆之教是對於共和國而揭示，但對於君主國，前揭原則也適用。不同的是，經常集會議論政事，改為常以國王為中心。漢譯本所載的第二條是君臣和合，上下相敬，故據此可以解釋成對於君主國之政道。依據佛陀所述，君主國特應注意的是，國王的道德的生活。就君主國而言，政事之中心，原則上完全在於國王，當時印度的國王，就如同中國、日本戰國時代的諸侯，大多依其武力而獲得王位，故其生活善惡直接影響國家之治亂。漢譯《增一阿含》卷四二（大正二，頁七七八a）所揭國王十德，茲錄之如次（參照大正二，頁七七七bc）：

1. 清廉寬容，
2. 能受群臣之諫，
3. 好施予，能與民同歡，
4. 租稅必依法而徵，
5. 整肅閨門，
6. 不因酒亂性，
7. 盡量避免戲笑、戲樂，保持威嚴，
8. 裁判必依法律，其間無私曲，
9. 與群臣和睦，不與彼等競爭，
10. 常注意身體健康。

要言之，作為公德之根源，應長養私德，以私德為基礎，行公道。此與儒教等的政道觀頗為相通。依法徵稅，作裁判等等，頗有近代感，此乃不爭之事實。當然與國王之義務有關的，也見於婆羅門之「法典」，「大敘事詩」等也屢見述及，故前揭十德論雖與彼等有關連，總之，佛陀是將此視為國王應守的重要條項，可能舍衛城主波斯匿王（Pasenadi）曾是接受佛陀指導此等德目的人。相對於此，臣民也尊敬國王，服從其命令，此當然是政治之要道，但就筆者所知，原始聖典中，並沒有有關臣民對於國王之義務的記載。佛陀之政道論主要是以當時的統治階級為對象而揭示，但從另一方面而言，當時的國王之中，動輒迫害人民之王甚多，故關於王難，常見述說，而讚嘆其恩惠的，難以見之。但就佛陀的精神而言，其和合心（samagga）之中，必然含有人民對國王忠節之意。爾後《心地觀經》等經典，將國王恩置於四恩中之第三，指出「若有惡人於王國內而生逆心，於須臾頃，福自衰滅，命終當墮地獄之中」，[24]佛陀對於以德政治國的國王的精神，據此可知。

要言之，依據佛陀所述，健全的國家是以道德與宗教為基礎，上下和合，注重法令而成立。尤應注意的是，婆羅門教完全是以四姓階級作為國家秩序之基礎，但佛陀完全不將此視為秩序之一。職業上，有四姓之區別，各司其職，是契法之所以，但佛陀並不認為因為種姓而具有特別權利。亦即作為道器的四姓平等觀，據此得以見之，就此而言，暗地裡，甚至包括政治，佛陀也有意解放四姓之區別。佛教興盛時，印度的國勢也見強盛，恐是此不認許四姓區別之思想，給予彼等團結之力。爾後印度教復興，再次強調四姓區別，最後遂遭逢亡國命運，也是其來有自。

## （二）理想的政道

前揭之政道觀，主要是依照當時實際的施設方針，但佛陀的理想的政道，絕非有種種分裂對立的國家。而是四海統一的，所謂的轉輪王（cakkavattī）之治世。轉輪王的理想產生於佛陀時代前後，此理想之王的思想是相應印度分裂成各各邦土，又逐漸趨向統一的氣運而出現，佛陀至少於其太子時代，是長養於此理想之中，此徵於種種事實，應是無可懷疑的。從而佛陀縱使出家，放棄其政治輪王之理想，但取而代之，另有法界輪王之自覺，同時，其實際的政道理想仍是此轉輪王之治，也是自然之數。

若是如此，何者是轉輪王之資格？此雖有七寶成就之說，但其中最為重要的，應是輪寶（cakkaratana）。稱之為輪王，即基於此。此乃十五日，月明時，從天所降，唯有此資格之王者能得。所說的資格，主要是指「行正法」，《轉輪王修行經》（D. 26 Cakkavattisīhanāda-s.，漢譯《長阿含》卷六）如次揭載：

> 汝依正法、重法、敬法、思法、尊法、稱讚法、樹立法幢、法幡、依法保護婇女、內官、軍人、剎帝利、婆羅門、居士、村、市、沙門、婆羅門乃至鳥獸。[25]

亦即如是實行時，自然從天上降下寶輪，所謂轉輪王的資格自然齊備。如是，以此輪寶作為標幟，率領四兵，首先征東方，依寶輪之威力，亦即正義之力，自然不動干戈，化險為夷，曲者自直，進而西南北方同此，如是，四天下平定。王之法令，主要是以五戒為基礎，對於邊陬之副王（patirājā），輪王常以「勿殺、勿盜、勿姦婬、勿偽語，勿吞酒」訓示。若依據漢譯本所載，大王於征服四方之途中，邊土副王開宴歡迎，輪王斥之，曰：「止！諸賢。汝等欲供養我，唯以正法治之。勿偏枉。於國內勿行非法之行。」[26]亦即渾身悉是正法政治之權化的，即是轉輪王。從而此王治下之臣民，各得其處，各得其志，毫無不平，當然也無鬥爭。漢譯本載曰：「土地豐饒，人民熾盛，志性柔和，

24.《心地觀經》卷二（大正三，頁二九八b）。
25. D. Cakkavattisīhanāda-s.（3, p.61 ——南傳大藏經卷八，長部三，頁七六）；《長阿含》卷六《轉輪王修行經》（大正一，頁三九c）。
26.《長阿含》卷六《轉輪王修行經》（大正一，頁四〇a）。

慈孝忠順。」[27]

依據佛陀所述，此王之出現，雖在過去，但未來仍有可能。所謂的「世有正法，則輪王相繼不絕」，有正法之處，此王常出現，故國家或國王應常行正法，努力實現此理想。尤應注意的是，未來彌勒佛（Metteyya）出現時的輪王統治國家之狀態。就筆者所知，巴利本無與此相當文句，漢譯所載甚詳，更且揭出何者是理想的國家，極富暗示之意，茲引用如次：

> 爾時，閻浮地（全世界）東西南北，十萬由旬，諸山河、石壁皆自消滅，四大海水，各據一方。時閻浮地，極為平整，如鏡清明。舉閻浮地內穀食豐饒，人民熾盛，多諸珍寶，諸村落相近，鷄鳴相聞。
>
> 是時，弊花果樹枯竭，穢惡亦自消滅，其餘甘美果樹，香氣殊好者皆生於地。
>
> 爾時，時氣和適，四時節順，人身之中，無有百八之患。貪欲、瞋恚、愚痴，不大殷勤。人心均平，皆同一意，相見歡悅，善言相向，言辭一類，無有差別。如彼欝單曰（Uttarakuru，北俱盧洲）人，而無有異。
>
> 閻浮地內人民，大小皆同一響，無若干之差別也。彼時，男女之類，意欲大小便時，地自然開，事訖之後，地便還合。
>
> 爾時，閻浮地內自然生粳米，亦無皮裹，極為香美。食無患苦。所謂金銀、珍寶、硨磲、瑪瑙、真珠、琥珀，各散在地，無人省錄。是時，人民執此寶，自相謂言：昔者之人由此寶故，更相傷害，繫閉在獄，受無數苦惱。如今此寶與瓦石同流，無人守護。爾時，法王出現，名曰蠰佉。正法治化，七寶成就。所謂七寶者，輪寶、象寶、馬寶、珠寶、玉女寶、典兵寶、守藏之寶，

是謂七寶。領此閻浮地內，不以刀杖自然靡伏云云。28

乍見之下，似乎是空想的世界，但主要是從佛教的見地所描畫的理想國家。應注意的是，在某些方面，至少在今日已有幾分實現。例如山河石壁障礙之排除，已依隧道鐵橋等而實現；而對於不同的語言之溝通，諸多學者也在努力進行中；大小便事訖，地便還合之情況，此在下水道工事完備之都市，也業已實現；整平如鏡之地，此在暢行無阻的歐美的都市道路皆得以見之。但與此記載大為不同的是，道德的立腳地，貪欲、瞋恚愈見熾盛，貪愛黃金寶石至極，為此，人與人，國與國彼此傷害不止。故此一方面——最根本的，且是最困難的——若能多少改善，想必前揭之記事未必是空想，可以視為是得以逐漸實現之事實。甚至可以視為是得以實現的世界之狀態。筆者相信將來終有世界統一之日，此時的輪王將以何等形態顯現雖無法預言，總之，完全以正法為中心，全世界將是合而為一的國家，將是佛教徒之理想國，此當切記莫忘。將彌勒時代與轉輪王連結，顯示出在佛陀時代，此理想未能得以實現，故後世佛教徒朝向此努力的責任也越發深重。更且就印度而言，此一理想在佛陀滅後二百餘年，曾由阿育王短暫實現，故可據此作為期待將來之保證。

27. 《長阿含》卷六《轉輪王修行經》（大正一，頁四〇 a）。
28. 《增一阿含》卷四四（大正二，頁七八七 c f）。

# 第三章　信者的修道

## 一、作為信者的必要

作為趨向解脫之道程，前章所述是佛陀的一切信徒實修之教，是彼等之理想。但對於真正追求至高之理想者，只有前揭之實修並非完全。此因先前所揭，只是外在的事項，猶欠缺內在的靈性方面。當然，前揭教條在實修理想之際，雖不能支持內在的求法之心，但至少在形式上，若無對佛陀教法真髓之信仰，將無法行之。此即中國的判釋學者，將前揭之教判為人天教，置於佛教真髓外側之所以。筆者雖不贊成將此置於佛教教理之外側，但亦認為只有前揭教條，只有理想，不能說是真正的佛教的修養。真正意欲將此等迴向解脫，更須將其基礎置於靈性的生活。亦即作為諸惡莫作、眾善奉行的倫理的修養之根柢，需要自淨其意的對己的修養。朝此方面之進展，即是三寶弟子之信男（upāsaka，優婆塞）、信女（upāsikā，優婆夷）之修道。

## 二、作為信者的條件

作為信者的修道第一條件，首先是對於三寶的至誠信賴。亦即歸依教主佛陀、佛陀之教的教法，以及如實實行此教法的僧伽（教團）。

彼世尊是阿羅漢，等正覺，明行具足，善逝，世間解，無上士，調御丈夫，人天師，佛陀，薄迦梵。

世尊所說法是現見的（sandiṭṭhika），常恆的（akālika），實證的（ehipassika），導引的（opanayika）。有智慧者有種種解（paccattaṃ veditabbo viññūhi）。

能行哉！如來聖眾；真直行哉！如來聖眾；正行哉！如來聖眾；循規律而行哉！如來聖眾。如來聖眾四雙八輩，是足堪供養、歡待、布施、尊敬之人，是世間無上福田。[1]

上是其歸依之理由，又是其信仰之心態。名此為信具足（saddhāsampanna），是作為信者的第一條件。如是，以誓文表現，即是所謂的三歸依：

歸依佛（Buddhaṃ saraṇaṃ gacchāmi）

歸依法（Dhammaṃ saraṇaṃ gacchāmi）

歸依僧（Saṅghaṃ saraṇaṃ gacchāmi）

雖是先有佛陀，其次有法，進而才有僧伽之成立，但就顯現的形式而言，必須佛、法、僧三者齊全，佛教才得以成為完整的真正的救濟機關，因此，信者歸依的對象是此三者。但佛陀之精神是三者一

---

1. A.（3, p.212——南傳大藏經卷十九，增支部三，頁二九五f）；《中阿含》卷三〇《優婆塞經》（大正一，頁六一六c）。

體，因此從三者之任一出發而進入信仰之門，同樣也是三歸之結果。

何以趣向解脫之道程必須有此三歸？依據佛陀之精神而言，作為法，固然解脫道是自然具備之道，但真正得見以及體驗的，只有佛陀，而如實實修的，只有佛弟子，因此除了信賴此等之外，別無其他真正解脫之教。佛教強調三歸之同時，也禁止歸依佛教以外之教法與靈廟（cetiya，支提），其理由在此。從而三歸雖是至心之信賴，卻不是盲目的接受，而是立於對教法理解的信賴。至少受佛陀或佛弟子感化的諸多信男信女經由對於教法之理解，確信僅此才是真正的救濟而入佛門，此乃歷史的事實。佛陀稱此為慧具足（paññāsampanna），如同信具足，至少是理想的信者的條件之一。當然此所謂的教法之理解，並非意指如同專家一般的知識性的了解。主要是對於四諦法門，確信「世間是無常。是苦。苦之因在於無盡的欲望。滅此苦的方法是行正道，作為結果而到達的解脫是真正的救濟」。亦即基於如此確信，雖是在家，卻能制御苦之因的欲，抑制基於欲而發動的煩惱，止惡修善，更且不斷地清淨自心，此即信者修道之要點。對於教團之義務，作為四眾（比丘、比丘尼、優婆塞、優婆夷被稱為四眾）之一員，應盡其職責，同時，給予教團財物的資助是其主要任務。亦即隨喜布施比丘、比丘尼，此名施具足（cāgasampanna），如同信具足、慧具足，此亦屬信者的條件之一。

嚴格而言，歸依三寶已有實行修道之意。此因四諦法中，含有行八種正道。但實際言之，由於是在欲望的世界修道，因此制其欲而清淨其心，要言之，只是程度的問題，就實際的應用而言，有必要設定作為標準的實行規約。此即所謂的戒具足（sīlasampanna）的條件之一，廣義言之，也包含前章所述的一般道德，但狹義言之，是持五戒（pañcasīla）與持齋（mah'uposatha）。

關於五戒，前章已屢屢觸及，要言之，終身應守持如次五誓：

1. 離殺害生物（**pāṇātipatā paṭivirato hoti**）
2. 不取不予取（**adinnādā paṭivirato hoti**）
3. 離邪婬（**kāmesu micchācārā paṭivirato hoti**）
4. 離妄語（**musāvādā paṭivirato hoti**）
5. 離醉酒（**surā-meraya-maja-pamādaṭṭhānā paṭivirato hoti**）

前四條是為避免其本身是罪惡的行為（性罪），第五是為避免此等性罪之誘引，亦即是所謂的遮罪。當然，如前所述，就歷史的考察，此五戒未必是佛陀新創，然至少前四戒，以「法經」為首，是當時一般宗教的規定。但佛陀制戒的特色，如同其他，相較於規定，是著重於實行時的精神與態度。婆羅門教當時恐是只有規定而欠缺精神，簡言之，雖重視不殺生，但在祭祀中，殺害無數無辜獸類，卻無動於衷，流於放漫，而耆那教等，則過分嚴格實行，最甚者，只是徒然虐苦其身，免不了也是不健全。相對於此，佛陀完全以中道態度看待此五戒，既不許過分放漫，同時，也不許走極端，避免窒礙難行，是著重於精神性的。尤其第五戒的不飲酒戒，縱使其源來自婆羅門的梵志期之修養項目，但將此設為一般的戒條之一，即顯示在道德的宗教的修養中，佛陀是如何將精神健全視為要項，此實是佛教戒律的一大特徵。但禁酒運動不是發起於佛教國，而是發起於基督教國，誠是不可思議。

五戒之守持雖是盡此一生，但酒戒除外，其他都是對他的，反之，持齋（**mah'uposatha**）則是純然對於自己的克己的修養法。此即每月的一定之日，亦即每半月（**pakkha**）的一日、八日與十五日之布薩日（**uposatha**）行之，一個月中有六次。世所稱之六齋日即此。亦即如同基督教徒以星期日，猶太教徒以星期六為聖日，為克己日，佛教徒是以此六日為聖日，為克己日。所謂的齋戒，是：

1. 一定的食時以外，不間食（vikālabhojā paṭivirato，離非時食）。
2. 離舞蹈、歌詠、觀看戲劇等，以及避免香料、華鬘等之裝飾（nacca-gītavādita-visūka dassana paṭi-virato, māla-gandha-vilepana dhāraṇa mandana vibhūsanaṭṭhānā paṭivirato）。
3. 不坐臥高牀大座（uccāsayana-mahāsayanā paṭivirato）。

等是其主要條項。加上前揭五戒，即是一般所說的八齋戒（aṭṭhaṅgika mah'uposathā）。當然，就歷史而言，此持齋其大部分仍脫化自梵志期的修養項目，但佛陀將之推廣於一般信者，更且是於特定時日行之，可說是得其應用之妙。總之，此持齋完全是對己的，雖身處世間，卻實行與羅漢相同之行法，以超世間的靈性生活訓練自己，故可說是真正的自淨其意的宗教生活，是最可稱讚的制度。

遵守以上的三歸、五戒、持齋等三項，既是為他的行善，同時，也淨潔自己身心，此即是在家信者的標準修道。行此之人，佛陀稱之為「聖聲聞」（ariyasāvaka）。當然實際上，信者之中，或有未能如此行之者，或有意欲更進一步而修養者，總之，如上來所述，應知此乃是信者的標準生活規定。前章所述的一般倫理必須有此個人的生活，才能真正意識性的迴向於解脫道。[2]

## 三、信者的境界（特以釋氏摩訶男為例）

若是如此，作為修養的結果，信者可以到達何等境界？就法相的而言，可以從初果之預流（sota-āpanna），亦即從參預聖者之類之階位，到達第三果的不還果，此乃教團之規定。亦即出家者到達第四果為其最高階位，而俗家弟子只能推進到第三果。所以稱為不還果，是指其死後生天上，於其處解脫，故如同吠檀多之漸解脫（kramamukti）[3]等，是一種解脫之境，漢譯《阿含》中，或名此為有餘涅槃，[4]實際上，此與最高果並無太大差異。不只如此，爾後如北道派（Uttarāpathaka），主張俗人也能成為羅漢，[5]雖是在家信者，然其卓越者，事實上可以與專門之出家者到達同等之處。

法相的問題，主要雖是就事實予以解釋，但實際上，徵於事實，雖是在家信者，但也有不劣於出家羅漢的法悅與安心，從而常顯現基於此的種種力用。尤其在生病之際，依其法力而得痊癒，臨死之際的從容應對，是常見於此等信者之現象。例如以給孤獨長者而聞名的慈善家須達（Sudatta）罹患重病時，意欲獲得最後之安慰，遂敦請舍利弗為他說法。舍利弗為說種種之法，更且告知長者已證預流果（初果），無須掛念死後，極力予以慰撫，長者之病遂得以痊癒。[6]此即是依法力、信力而治癒重病之例，更且初果實際上並非相當高階之位，尚能顯現如此之力，何況二果（一來果）、三果（不還果）之信者，其境界之非常，更不難推察。此不限於只是男眾信者，女子也是一樣，以有名的毘舍佉

---

2. 關於此信男信女之修道，雖有種種聖典揭載，但特揭出如次諸經。巴利增支部 Upāsakavagg（3, p.203~218）諸經；《中阿含》卷三〇《優婆塞經》（大正一，頁六一六）；S.（5, p.395 Mahānāma）；《雜阿含》卷三三（大正二，頁二三六 b f）；《中阿含》卷五五《持齋經》（大正一，頁七七〇 f）；A.（4, p.255~258）等。
3. 《印度六派哲學》（第七篇第四章第五節中）。
4. 《增一阿含》卷七（大正二，頁五七九 a）：爾時世尊告諸比丘，有此二法涅槃界。云何為二？有餘涅槃界，無餘涅槃界。彼云何名為有餘涅槃，於是比丘滅五下分結即彼般涅槃，不還來此世，是謂名有餘涅槃界（附記：有此二法……之「法」字，宋元明本缺）。
5. Kathāvatthu IV, 1~2（1, p.267f ——南傳大藏經卷五七，論事一，頁三四二 f）。
6. 《中阿含》卷六《教化病經》（大正一，頁四五八 c f）；M. 143 Anāthapiṇḍikovāda-s.（3, p.258~263 ——南傳大藏經卷十一下，中部四，頁三六五～三七四）。

鹿母（Visākhā Migāramātā）為首，種種信女（優婆夷）擁有種種力用，故倍受佛陀推獎。[7]此等事實，無法盡揭於此，又，實際上，事實如何，不能詳細了解的，也不少，因此，僅只揭出信男釋氏摩訶男（Mahānāma）完成其最壯烈之死的實例，作為探察優婆塞內在力的材料之一。

摩訶男（Mahānāma）是與佛陀同族的釋迦族人。是阿那律（Anuruddha）之兄長，[8]早已歸依佛陀，是一名虔誠的求法者。此依以彼為中心的說法，在聖典中大量記載，即可知之。[9]尤其經中[10]載有彼曾作為詢問者，詢問佛陀有關優婆塞的標準修道法，而佛陀給予答覆之紀錄。據此可知作為真正信者的摩訶男，祈求法心是如何熾盛。

如是，作為信者而奉行教法時，迦毘羅城發生產生劇變。亦即前文所述的舍衛城主毘瑠陀王（Viḍūḍabha）再度征伐迦毘羅城。首次遠征，因於佛陀的無言說法，毘瑠陀王暫時收兵回國，但由於彼與摩訶陀有互爭霸權之利害關係，更且依據傳說，對於迦毘羅城，彼一直心懷怨恨，遂利用佛遠離迦毘羅城之時機，再度揮軍奪取迦毘羅城。更且為報其幼少之仇，[11]藉機大施其暴虐之行。當時摩訶男不忍見其同族受苦，遂面見毘瑠陀王，向彼提出請求，亦即在摩訶男身沉水中之間，請毘瑠陀王暫時緩施暴虐之手。如是，摩訶男投身於水中，當時以王為首，眾人預期彼應立即浮出水面，但久久不見出現，入水底一探，始見彼將自己頭髮繫結於水中樹根，自溺而死。見此情況，即使是暴虐之王，亦放棄虐殺，諸多迦毘羅城人因此而倖免於死。此等事蹟見載於《五分律》卷二一、《增一阿含》卷二六[12]等。其壯烈犧牲的精神實能令鬼神泣之。如此的精神，完全出自於優婆塞之修養，對於自己死後之運命，彼擁有自信，是此從容壯舉之一大原因。亦即彼曾經就自己死後的問題請示佛陀，佛陀給予如次回答：

摩訶男！於長夜中，汝心修信，修戒，修聞、施、慧。無怖，摩訶男！無怖，摩訶男！汝絕無惡死，可得善終。[13]

亦即無須怖畏死後，施行善事是其不怖畏死的原因。不殺、不盜、不邪婬、不妄語、不飲酒，雖都是消極的修養，但消極的修養臻於頂點，所顯現的如此積極的活用，即是信者之活用，此不能忽視。

---

7. A.（I, p.26 ——南傳大藏經卷十七，增支部一，頁三七）。
8. Theragāthā 892~919 註。
9. 《雜阿含》卷三三有五經。S.（5, p.369~374 ——南傳大藏經卷十六下，相應部六，頁二五八~二六六）有三經。
10. 《雜阿含》卷三三（大正二，頁二三六 b c）；S.（5, p.395）。
11. 毘瑠陀王幼時在迦毘羅城受辱之記事，參照《增一阿含》卷二六（大正二，頁六九〇 a f）。
12. 《五分律》卷二一（大正二二，頁一四一 a f）；《增一阿含》卷二六（大正二，頁六九二 a）。
13. S.（5, p.370~371 ——南傳大藏經卷十六下，相應部六，頁二六〇）。

# 第四章　出家的修行法

## 甲、出家的意義及其修養德目之精神

### 一、真正的出家及其動機

如前章所述，雖是在家，但信仰佛陀，依其教法而修，最後得以達到解脫之大目的。雖然如此，但世間既以欲為基本而成立，在此世間，意欲真正無欲無我的修養，是相當困難。此即至少表面上，在家之得果僅止於第三的不還果，不能達現法涅槃（diṭṭha-dhamma nibbāna）之所以。如是，驀直向大理想前進，更且在現實上，作為得以實現的方法而大為獎勵的，即是依據出家（pabbajjā）、乞士（bhikkhu，比丘）的無欲無我的生活。捨家、捨財、捨恩愛，專致於脫離我執、我欲之修道。

居家生活有障礙，有塵埃。出家生活豁達自由（abbhokāsa）。居家難以純一專心，盡形壽奉持梵行。不如我今剃鬚髮，著袈裟（壞色衣），從居家而出家。如是，彼遂捨少財或多財，捨多少親屬，剃鬚髮，著袈裟，從居家而出家。[1]

此即佛陀在力說在世間難以修行之後，經常如此教示。但此絕非只是剃其鬚髮，著壞色衣，無一定之住所的顯現出家儀表。而是真正捨棄對世間之執著，全身奉獻於永遠解脫。當然，就歷史而言，如一再述說，此原是出自婆羅門第三期或第四期之制度，但在婆羅門教中，出家是頹齡期才實行之制度，反之，佛陀認為只要對人生有痛感，無論老幼都可出家，故仍是大異於婆羅門之制度。依據佛陀所述，人生之年限有其一定，頹齡期出家雖具有此意，但直至老年才以真道為其志，是對永遠不忠。佛陀的教團中，所以有老少男女等種種種類的出家者，不外於也是基於此理，是受佛陀獎勵所致。

從而跟隨佛陀出家，需要非常大的決心。原則上，若非真正憧憬永遠的解脫，或真正體驗人生之無價值，終究是不能企望的。此因毛髮猶青，血氣方盛之時，棄捨人生實屬不容易。就佛弟子看來，其動機純真，道念堅固，牢固不可拔的，實是不少。今無暇一一述之，暫揭一例如次。賴吒和羅（Raṭṭhapāla）正是如此之人。出身於俱盧國的財富之家，又是獨生子的賴吒和羅，受佛陀教化後，痛感人生，力求解脫，向父母請求，不得允許，遂絕食明志，最後如願，得以乞士之身修道，彼之態度與決意，可以說予以全世界，亦不能奪其志。其事蹟見載於《中阿含》卷三一《賴吒和羅經》（**M. 82 Raṭṭhapāla-s.**）、《長老偈》（**Theragāthā 776~805**）等，尤其《長老偈》中所揭其出家後之述懷，頗能令人端然正襟。爾後佛教詩人馬鳴作「賴吒和羅歌」歌頌之，相傳曾影響多人出家，此絕非誣言。總之，佛教教團的真正理想的出家，實以如是動機與決心為原則，又，佛陀自己也是以純真的動機出家，當然獎勵如是的出家才是真正的出家。[2]

---

1. 參照 M. 38 Mahātaṇhāsaṇkhaya-s.（1, p.267 ——南傳大藏經卷九，中部一，頁四六四）；《中阿含》卷三八《鸚鵡經》（大正一，頁六六七 f）；M. 99 Subha-s.（2, p.196f）；《中阿含》卷四九《迦絺那經》（大正一，頁五五二 b）等。
2. 《中阿含》卷十八《娑雞帝三族姓子經》（大正一，頁五四四 b f）；M. 68 Na akapana-s.（1, p. 462f ——南傳大藏經卷一〇，中部二，頁二七六～二七七）。

不只如此，應予以注意的是，佛弟子中，依其個人特殊經驗而痛感人生而出家者不少，但就佛教的原則而言，相較於個人的經驗，是將痛感人生的無常、苦、空、非我而出家的，視為真正的出家。以佛陀為首，無論是賴吒和羅，或是長者子耶舍，就其個人而言，並無另外的事實的罪惡，故無特殊悲劇的經驗，雖然如此，卻能發起廣大之心。與無常、業結合的觀念是其最重大動機，以佛為首，諸多佛弟子皆因此而出家。如前所述，吾等期望生命無窮的持續與發展永不歇止，但事實卻與此相反，此可說是人生常事，仔細思量，也是最大之悲痛。更且在欲之世界最受重視的財力、權力、名譽與恩愛，亦不能救之，故終究是必需棄捨之，另求其他救濟之所以。有關此等，賴吒和羅之述懷最能表述之，總之，如前篇末尾所述，相應於將人生視為全體的價值判斷的出家，即是出家的哲學性的根據。

## 二、不純動機的出家

但實際上，今亦如此，即使是佛弟子，也未必皆依純真動機而出家。尤其佛陀僧團勢力強大後，依附僧團者日多，因不純動機而出家者恐是不少。或認為作為佛弟子出家，無特定職業，且無衣食之不自由，無罣礙等；[3]或有王難之怖；或賊難之怖；或債鬼之怖，乃至為衣食無慮而出家者，[4]甚至也有異教徒為盜取佛法而出家。[5]從而雖是佛弟子，但未必都是熱切於道行，其中有相當多的可疑者，亦不足為異。佛陀將出家種類分成四種。第一，道行殊勝者；第二，善說道義卻未必能如實而行者；第三，以修道之名而謀生者；第四，道行穢濁者。[6]當然此未必是專就佛弟子而作的分類，應是適用於一般的沙門團，但佛弟子也可適用。應知真正的出家只是第一種，而第四種是污穢教團的人。

若是如此，何故佛陀全然不排斥此等不純動機者？此因彼等出家之後，令彼等轉為純真之動機，作為絕世大教主的佛陀對此具有相當之自信。佛弟子之中，經由此道，爾後成為卓越的羅漢者不少，此從《長老偈》、《長老尼偈》中之告白可以見之。亦即佛陀認為無關四姓，無關男女，彼等都是道器，同時，就其出發點而言，雖重視純粹的動機，但也暫時允許其不純，具有將所有人導入真道的妙術。此即佛陀是三界大導師之所以，但就僧團而言，依不純動機而隨從佛陀，此乃是違背佛陀，污濁僧團之所以，是最應忌諱的。以前揭的《賴吒惒羅經》為首，諸如《娑鷄帝三族姓子經》之所揭載，不外於是佛陀為令彼等排除不純動機而轉換成真正動機而作的勸誡。

## 三、戒律的精神

如是，作為解脫之正道，佛陀勸勉出家，雖以純真動機為主，但對於不純動機者，也暫時認許。此即佛陀教團得以壯大的一因，雖然如此，但剋實言之，佛陀最感困難的，也在於此。若是純真動機，縱使在中途有所過失，很容易回歸，但若欲令初始只是微溫之人發起真正道心並不容易。如是，佛陀應此必要而制定的，即是教團的外在的規定。此即是律（vinaya，毘那耶），據此得以統率由種

3. Therag. 84（？）
4. 《中阿含》卷十八《三族姓子經》（大正一，頁五四四c）；M. 68 Naḷakapāna-s.（1, p.463 ——南傳大藏經卷一〇，中部二，頁二七八）。

種種類所成之弟子，另一方面，對於此間所出現之非法亦得以糾正，據此而成為真正的純淨沙門。更且隨著教團壯大，越發發見有此必要，最後遂有非常微細規定之制訂。秩序性編輯此一規定的，是三藏之一的毘那耶（律）藏（Vinaya piṭaka），大致上，比丘戒二百三、四十條（巴利《律藏》傳二二七，漢譯《四分律》傳二五〇——在中國，一言以蔽之，說為二百五十戒），比丘尼再增加數十條（比丘尼，巴利所傳是三〇五，《四分律》所傳是三四八戒）。有關其內容之說明，留待爾後論述阿毘達磨時，再予述之，今略過不談，總之，佛陀之教團據此而有所據，依不純動機與微溫態度的出家弟子，逐漸的，至少在外在方面，有相當大的道行殊勝的效果。佛陀所重視的，完全是基於自覺的精神方面修養，但從精神修養有待外在的道行之諸多事實，以及任何人都是如此看來，外在的規定之施設最為有效。從而佛陀入滅後，在維持僧團（教團）之必要上，一如佛猶在世，此等規定甚為重要，乃至被視為秋毫亦不能更移，亦不足為奇。尤其教團之指導者是由特重戒行的迦葉（Kassapa）擔任，「戒律至上」之說遂取得勝利。

但吾人必須深入思考的是，戒律的精神。如第一篇之總論[7]所述，戒律大多是因應時、處、位而制定，又從佛陀入滅之際，佛陀遺誡阿難的精神觀之，過分拘泥於戒律條項，正是不符合佛陀精神之所以，此當切記莫忘。本書之總論對此已有詳論，故不應再予重述，但徵於當時之輿論，亦得以證明。

何因，何緣，昔時沙門瞿曇施設少戒，諸比丘得道者多。何因，何緣，今沙門瞿曇施設多戒，然諸比丘得道者少。[8]

佛陀晚年時，已有如此的批評。如此的批評是基於佛陀傳道初期，依真正純淨動機而出家者多，相對的，得道者也多，反之，爾後，依附僧團勢力而出家者多，相對的，得道者少的此一事實。但剋實言之，不易得道者多，才是佛陀制諸多戒規之所以，但眾人不能徹見此一事實，故有如此的不理解產生。但依據此事看來，制定諸多之戒，未必是佛之本意，而是不得不如此。從而若佛陀會下無不純分子，只有上機者，縱使此等戒律是在某時代某場所制定，必然不會如此煩瑣。假定此乃不同的時處所制定，必然與今日所傳戒律相當不同。就此而言，爾後灰山住部（鷄胤部，**Kukkuṭika**）等，將戒律視為方便說，主張無須過分拘束（《部執異論疏》的記事若是真實），反而能得佛陀真意。總之，戒律是出家修道上之大指針，但過分拘泥末節，絕對不能獲得佛陀真意，必需有如此的認知。

## 四、修道的品目及其精神

佛陀為引導出家弟子趣向解脫，前揭的外在規定之外，更提出種種的精神修養法。更且從種種

---

5. S.（2, p.127f）；雜卷十四（大正二，頁九六ｂｃ）。
6. 《長阿含》卷三《遊行經》（大正一，頁一八ｂ）。巴利本缺。《俱舍論》卷十五（大正二九，頁七九ｃ）以勝道（**mārgajina**）、示道引導（**mārgadesika**）、命道（**mārgajīvin**）、行道（**mārgadūṣin**）之名引用之。請參見旭雅本（頁七ｂ）。《十誦律》揭出名想比丘、自稱比丘、乞匃比丘、破壞比丘等四種。
7. 參照本書第一篇第一章第三節。
8. 《中阿含》卷三五《傷歌羅經》（大正一，頁六五〇ｃ）。但巴利本的A.（1, p.168~173）一經，全體而言，雖與《傷歌羅經》相當，卻欠缺此處所引用之記事。

立場，依例將此分成種種品目。此等之中，最具包括性的是，戒（sīla）、定（samādhi）、慧（paññā）三學。所謂的「戒」，是指包含前述的律的一切高等道德；所謂的「定」，是指一心一境的禪的修鍊；所謂的「慧」，是指有關輪迴與解脫的正當理解以及判斷。亦即此三學包含佛弟子所應修一切德目，是一切道行分類之根本。但僅只如此分類，有過分籠統之嫌，故佛更從種種立場予以細分。亦即由三學而稍作擴充的是，信（saddhā）、勤（viriya）、念（sati）、定（samādhi）、慧（paññā）等五者，稱之為五根（indriya）或五力（bala），此乃《瑜伽經》等所揭修行德目也採用的重要分類。[9] 此外，七覺支（bojjhaṅga）主要是揭示證菩提時的心的修養階段，進而將「戒定慧」稍作具體分類的是，有名的八聖道（ariyamaggāni）。正見（sammādiṭṭhi）、正思惟（sammāsaṅkappa）、正語（sammāvācā）、正業（sammākammanta）、正命（sammājīva）、正精進（sammāviriya）、正念（sammāsati）、正定（sammāsamādhi）等八正道，而此乃是鹿野苑最初說法中，作為道諦而述說的。

對於前揭的三學、五根、八正道，佛陀更就其各個部分，從不同立場，作種種分類而說的德目，實不勝枚舉。茲暫揭四、五例見之，首先就戒而言，從「已生惡令斷，未生惡令不生，已生善令增長，未生善令發起」之方針而修的，名為四正斷（sammāppadhāna）。身口意三者應離之過失列為十種，名為十善業道。又，關於禪定，有四禪、四無色、四無量等三種三昧，就此作種種分類。進而關於慧，依據四諦、十二因緣之觀察的修鍊之外，如四念住（satipaṭṭhāna）、四神足（iddhipāda）等，也有種種分類。此等皆是著名之德目，若再加上不如此等著名的，其道行德目之多，實是驚人。從將八萬法門視為是此等德目分類之數看來，即可知其大概。

如是，原始佛教解脫法的所有道行皆含於此中。換言之，此等之學習與實修乃是佛弟子得以到達解脫之方法。從而就某種意義而言，認為此乃解脫佛陀及其弟子最為著力的，並不足為奇。阿毘達磨的初期題目正是就此等德目予以整理與解說。

但特應予以注意的是，佛陀雖將道行法作種種分類，予以數目性的述說，但從實修的弟子而言，未必需要一一修之。戒定慧三學需要均等，此乃佛陀經常所教，但佛弟子之中，傾向於其中任一方，在所難免，況且其枝末的分類，主要是因應根機，故選擇適合者而實修就已足夠，無須涉及一一德目。簡言之，四念住，若就世界觀而言，如前所述，是有關世界之事實與價值判斷之總合，但作為禪觀之一，卻無須及於四念住全部。從佛弟子之傳記見之，或專修身念住（觀身不淨）而證阿羅漢，或專修受念住（觀受是苦）而證阿羅漢等，僅依其中一部分而達到目的，故無須如爾後阿毘達磨等所說，此間須有總相念住、別相念住等小六數之觀察。同此，四無量心之修行，或依慈無量而成就大事，或專修捨無量而得解脫等，無須及於慈、悲、喜、捨等全體。從而佛陀雖述說種種道行，但大多是因應其諸多弟子根機，稍極端言之，可解為如同後世禪宗之公案。或說有，或說無。依其心病皆可言之，但若執著於有無，則脫離其精神，此乃是禪公案的精神，而原始佛教之道行，尤其就其觀法之修行言之，當然是極端之行，但必須了知其中含有某種意義。若忽視之，僅拘泥於數目名稱，則如同律，縱使沒有違背佛陀，但至少是脫離其大精神，此乃必須切記莫忘的。就此而言，佛陀將其法門以船筏喻之：「恰如船筏是由此岸至彼岸之道具，佛陀之法門亦然，已至流之彼岸，猶執船筏，即成障礙，固執此法門，反成障礙」，並作結語如次：

---

9.《印度六派哲學》（第四篇第三章第三節中）。

汝等比丘！對於已知者，法如筏，亦應捨。何況非法。10

非法應捨，自是當然，法亦捨之，最堪玩味。從中可以窺見佛陀的大精神。爾後大乘佛教所說的不只我執，法執亦應捨，正是佛陀精神之發揮。

基於前揭理由，專門探究佛陀精神的本書，如同略去律的條目之說明，亦將省略有關種種道品的詳細說明。此等且留待注重形式的阿毘達磨部門述之，此處僅專就有意義的，略費數言而已。但對於詳細的道品，僅依前文之說明，仍嫌不足，故以下二項，將就以心理的分類為基礎的精神的修養，尤其對於有關禪定之修養法述之。

# 乙、實際的修道法

## 五、智情意及其修養法

修道的目的在於解脫，然其解脫，依據佛陀所述，是所謂的心解脫（cetovimutti，情意的解脫）與慧解脫（paññāvimutti，智的解脫），是令心從執著解放而安住於無礙的世界。就此而言，修道的目的主要在於攝心。然此心，其作用有種種，故收攝調制時，必須從種種方面著手。

首先，其第一要件是感覺（亦即五根）之制御。五根是與外界接觸之機關，若放縱之，終將成為擾亂內心之因。若是如此，如何制御五根？依據佛陀所述：

眼見色，不著其相（na nimitta-gāhī），不著其味（na vyañjana-gāhī）……（乃至耳鼻舌身對聲香味觸亦然）。

以《沙門果經》[11]為首，諸經始終揭出如此教示。亦即見聞覺知是以我執、我欲為本，而停止對此施以好惡之念，即名為攝根（guttindriya）。但佛陀對於某一類的修行者，並不是教導用「眼不見物，耳不聞聲」之行法攝根。而是見之聞之，更且除去對此的好惡苦樂之念，如實見聞之，以此為攝根之第一義。波羅奢那（Parāsariya）之弟子鬱多羅（Uttara），如是告知佛陀：如我師所教，眼不見物，耳不聞聲，是名攝根。佛陀評曰：若是如此，盲者聾者應是攝根第一。[12]誠是痛快之揶揄，佛陀的攝根法完全是內在的，絕非無理的壓抑感覺機關。從而就此而言，感覺的制御已意味著內在的修養，但特將此適用於外界之認識機關，乃是名為攝根之所以。

如是，制根為攝心之第一要件，為達此目的，或作為以後之修養，專致從事內心之修鍊，是第二段的工夫。前文所述的種種道品大抵與此有關，今試分成智情意三方面，述說佛陀所揭示的各種修鍊法之大要。

首先，從智的方面，佛教是理智的宗教，但從修養上而言，佛陀不認為世間的一般知識乃至職業

10.《中阿含》卷五四《阿梨吒經》（大正一，頁七六四c）；M. 22 Alagaddūpama-s.（I, p.135 ——南傳大藏經卷九，中部二，頁二四八）。
11. D. 2 Sāmaññaphala-s.（I, p.70 ——南傳大藏經卷六，長部一，頁一〇五）。
12. M. 152 Indriyabhāvanā-s.（3, p.298 ——南傳大藏經卷十一下，中部四，頁四三三f）；《雜阿含》卷十一（大正一，頁七八b）。

的哲學的思辨是必要的。甚至認為此等是真正修道之障礙，此徵於佛陀經常破斥「見」（diṭṭhi，思辨的知識），即可知之。依據佛陀所述，此等主要是基於我執、我欲，成為其奴僕，卻無摧破之力。佛陀最重視的「智」，是對於世間的正當的價值判斷，亦即依此價值判斷的理想追求。種種道品所攝的慧（paññā）、明（vijjā）、正見、正思惟、正念，皆屬於此。又如「以智見為首而有解脫」[13]之說亦然，故絕非一般的依據理論性知識的主知主義的見解。就此而言，《大拘稀羅經》對於知（viññāṇa）與慧（paññā）所作說明：「有厭之義，無欲之義，見真實之義。」[14]確是能得佛陀真意之解釋。

若是如此，此智慧應如何修鍊？主要在於觀世相不可恃，寂靜思念思惟求解脫之理由。如前所述，四諦法門或十二因緣觀是修養智慧之德目，是作為觀智修鍊之公案而被提出的，尤其觀察四諦之理，在修智上最為重要。爾後阿毘達磨將智之數目分成十種，如苦法智忍、苦法智、集法智忍、集法智之說，依此立八智。又，四念住作為諸佛一乘之法，特受重視，也是因於在修智上，四念住扮演重要角色。所謂的四念住，是指就身、受、心、法，分別作不淨、苦、無常、無我之觀，對於此所予的世界，依此得以確實作正當的價值判斷。此外，諸如十念、十想等，更有為此目的而設立的種種思惟法，恐過於煩瑣，故此處予以省略，但主要一方面是觀世相之苦，令吾等之知識從煩惱解放，另一方面，確認理想界之淨妙，此即是知的修養根本義。而其最重要的準備是，常懷「引領心」（yoniso manasikāra），亦即心不因雜念、雜想、雜知而亂，專注於一事。如是，隨著觀慧逐漸推進，停止種種的差別的知識作用，心如明鏡止水般沉靜的，即是經中所說的「捨念清淨」之當體，此即無漏之淨慧。

其次是意志的方面的修鍊，消極的而言，抑制基於我執的意欲（chanda）之發動，是有關此一方面的修道之第一義。抑制身口意三業，即是此意，身口之「思已業」（外在的意志）與意之「思業」（內在的意志），內外制之，不令放縱。所謂：

> 自我實是自己之主。自我實是自己之歸趣。是故，如御馬師善巧御馬，應善調制自我。[15]

即是此義。種種戒律與道行之德目，大抵與此有關，佛陀何以著力於意志之征服，據此得以知之。從而佛陀頗為重視為達此目的的克己生活。無意義的苦行雖是佛陀之所排斥，但對於為鍛鍊意志而過嚴肅生活，佛陀是大加讚賞。大迦葉之受重視，完全在於其擅於依據頭陀行（dhutaṅga）的克己生活。吾等之意志若自然放任，則如動物只是受本能支配，只趨向於欲的肯定，因此依克己生活而調制之，畢竟是從小意志解放自我之道。

但制御意志，並非只是消極的拘束身心活動。為制御某一意志，必須積極的，且更肯定其力較強於彼之意欲。佛陀稱此為「法欲」（dhamma chandana）。亦即希冀逐漸昇高的境界，最後及於永遠常恆之欲。四神足的第一神足的欲三昧（chanda samādhi iddhipāda）的「欲」，即是具有此意的欲之肯定，阿難將此說為「依欲而制欲」（chandena ca chandaṃ pajahissati）。[16] 此乃世間日常生活亦

---

13.《中阿含》卷二《漏盡經》（大正一，頁四三一c）；M. 2 Sabbāsava-s.（I, p.6~12 ——南傳大藏經卷九，中部一，頁七~一六）。

14.《中阿含》卷五八《大拘稀羅經》（大正一，頁七九〇c）；M. 43 Mahāvedalla-s.（I, p.292 ——南傳大藏經卷一〇，中部二，頁一一二）。

15. Dhammapada 380（p.54 ——南傳大藏經卷二三，小部一，頁七六）。

16. S.（5, p.272 ——南傳大藏經卷十六下，相應部六，頁一一三）。

適合的意志修養之道，出家的無欲生活的意志鍛鍊亦完全依此而行。依據佛陀所述，凡夫受縛於目前之小欲，故失去自由，相對於此，道人以無限絕對之大欲為目標，棄捨目前小欲而長養驀直前往其目標之決心與實行力，此即是意志修養法之根本義。從而於其實際的鍛鍊，並非只是拘束，而是隨著法欲，積極的發動意志，如此的修養法也是極重要。例如不為惡之外，又勤於善事，慎制惡口，對於非理，亦極力叱彈。因於佛陀主張無欲，遂認為佛陀對此之修養也是著重於意志之消極的修鍊，如此的觀察是最大的誤解，此應切記莫忘。

要言之，依據佛陀所述，意志之修養是由積極與消極兩方面所成立，亦即首先依智慧之光確立永遠的大理想，據此，逐漸遣去現前欲望的意志，並純化之，亦即向絕對意志之方向推進。所謂的精進（viriya）或不放逸（appamāda），即是意指燃起法欲，自己的意志專一不斷地向此方向努力，此乃是最受佛陀重視的德目之一。作為此意志鍛鍊之手段最必要的，亦即外在的而言，是嚴守戒行，內在的，是禪定三昧之力，為令法欲真正成為意志的指導者，必須依據禪與戒之鍛鍊。

最後就感情之修鍊述之，總地說來，佛陀將「受」（vedanā）說為苦，堅決告誡感情生活上的放縱。感情原與意欲有密切關連，意欲滿足則快樂，不滿足則不快，故受制於快與不快之情，此乃是意欲越發強盛之所以。根本煩惱的貪、瞋、痴三毒之中，至少貪與瞋屬於感情範圍，如我見、我所見，理智上，雖是一種謬見，但其實也是一種感情。據此看來，佛陀著力於感情之制御，實不足為奇。

如同意志之修養，佛陀對於感情之修養，一方面著力於抑制，但另一方面，認為高等感情之養成在修道上大有必要。此即宗教感情、道德感情、美的感情之養成。此等本是以苦樂為基調的感情而成立，然其純者，具有超越苦樂，超越我執我欲之力。故今專就此方面略見佛陀所說的感情修養之一斑。

首先就宗教感情見之，無庸贅言，佛陀將知見之純淨與實行力之確立視為修道之要諦，但也提出純信仰，亦即脫離理智，完全依憑「信」（saddhā）之重要。五根五力之分類也是就其功德而區分，又，羅漢道之出發點中，有隨信行（saddhānusārī）與隨法行（dhammānusārī）之區分，據此可知確實有依信仰而推進之道。但所說的信仰，無庸贅言，是指以佛陀為中心的三寶，相對於此三寶，泯沒自己而歸投依伏的至純情操。能得如此，疑懼之念全掃，小我之執自消，是如獲親船之心地，處於一切皆得安穩。對此，佛陀曾對大眾說曰：

帝釋天教示其部下曰：汝等若有恐怖，應念我帝釋之幢。若爾，恐怖忽去。我（佛陀）亦告汝等曰：若有怖，應念三寶。恐怖忽消（取意）。[17]

對三寶之信仰中，尤其對佛陀的信仰，最為有力。對於佛弟子與敬虔之信者而言，佛陀是超自然的存在，對佛生起絕對歸依之信，此乃是小我消融於佛格之中之所以。

苾芻！正應知，若諸有情永念一法，我作證彼定得不還果。云何一法？謂是念佛。所以者何？一切有情由不念佛，故數數還來墮諸惡趣，受生死苦故。[18]

---

17.《雜阿含》卷三五（大正二，頁二五四c）。
18.《本事經》卷一（大正一七，頁六六六c）。

僅依一心信念佛，從某種意義而言，可到達所謂有餘涅槃的不還果，不再沉沒於生死。爾後大乘佛教開展以阿彌陀佛為中心的他力信仰，若從原始佛教作內在的追溯，實出自於此系統。亦即念佛的佛格成為禪的思惟的內容，進而給予客觀性的扶植，遂成為攝取眾生的主體。

此至純的信仰之外，作為感情之修養，佛陀最重視的是道德感。道德，如前所述，消極的，是指捨棄我執與我欲，積極的，是指推己及人，因此從任何方面看來，都是解脫小我之道。尤其作為破除瞋恚煩惱之道，此感情之養成最為必要。

一切眾生依願善之慈念，而脫離瞋恚之穢，令心清淨。[19]（sabba-pāṇabhūtā nitānukampī vyāpāda-padosā cittaṃ pa risodheti）

此乃佛陀經常之所述說。「慈念」（anukampī；anukampati）一語，如母親愛其赤子，如戀侶愛其愛人，是一種完全脫離利害關係的感情。

若將此移至禪定的思惟，期許其完成的，即是慈（mettā）、悲（karuṇā）、喜（pīti）、捨（upekhā）的所謂四無量心之修行，尤其是慈悲無量之修行。

依慈（悲）而擴充至第一方，又擴充至第二方、第三方、第四方，上下縱橫，亦即一切方，弘大無量，以怒無憤之慈心，遍於一切處，擴充於一切世間而住。[20]

上乃是聖典隨處可見之論述。依據爾後所作的解釋，可知慈者，同情人之喜；悲者，同情其悲，總之，慈悲無量之修行是培養遍及於四維上下，對一切眾生生起絕對的同情心、絕對的愛他心。據此，拘泥於我他彼此之區別的小我獲得解放，最後得以到達解脫。據此所得之解脫是佛陀最為重視而極口稱讚的。

> 一切福業之事，相較於慈心解脫，十六分之中，不能及於其一。於一有情之處，修慈心，其福亦無邊。何況於一切。[21]

據此可見依據慈悲愛念之解脫其價值是如何優勝。在修行之中，此當然是如此，然而在到達了悟後，其作用是顯現為救濟眾生之直接行動。佛陀之大慈心實來自於如此的修養，若就修行時的修養而言，即是菩薩的眾生無邊誓願度之誓願。

最後試就美感言之，當然在原始佛教時代，繪畫彫刻等尚未有宗教性的利用，但至少在天然美中，趨向自我沉沒的解脫道，乃是顯著的修養感情的方法之一。對此最早指出的是路易斯・戴維斯夫人，[22]姉崎教授對此方面也大為注意。[23]此一方面最好的表現是《長老偈》（*Theragāthā*）與《長老尼偈》（*Therīgāthā*），依據戴維斯夫人所述，《長老偈》的六分之一實是謳歌天然美的宗教詩。茲嘗試揭出二、三則如次：

---

19. D. 2 Sāmaññaphala-s.（I, p.71 ——南傳大藏經卷六，長部一，頁一〇六）；A.（2, p.210 ——南傳大藏經卷十八，增支部二，頁三六七）；A.（3, p.92 ——南傳大藏經卷十九，增支部三，頁一二七）等。
20. 例如 D. 23 Saṅgīti-s.（3, p.223）；《長阿含》卷八《眾集經》（大正一，頁五〇c）。
21. 《本事經》卷二（大正一七，頁六七〇b）。
22. Mrs. Rhys Davids : Buddhism（p.205~212）。
23. 姉崎《根本佛教》第六篇第五章。

風吹地涼，空中電光閃爍。收攝亂心，我心沉靜。24
種種岩石——清水環流，黑面猿與鹿遊於其中。碧綠植物覆蓋岩岩。我心樂哉。25
雨罩鳥徑，雷霆轟轟，獨一比丘入於山洞，靜耽於禪思。——此悅舉世無雙。
庫斯瑪花朵之末梢，千艸之色鮮豔，坐於無花果樹繁茂之河岸邊，心耽於禪思。——此悅舉世無雙。
暗夜中，雨降於靜寂之森林，猛獸嘶吼聲中，比丘獨入山窟，靜耽於禪思。——此悅舉世無雙。
靜止自己之亂心，住於山中或山窟，無怖，無惱，靜耽於禪思。——此悅舉世無雙。
樂於健康，滅損污惱，無障礙，無欲，無苦，滅諸漏，靜耽於禪思。——此悅舉世無雙。26

可以看出都是在謳歌處於天然之風光中，澄心修道之樂。對於佛陀與佛弟子而言，阿蘭若（āraññа，森林）是最佳之修道場所，同時也是悠悠自得之樂境，在修道上，心靜最為有效。如叔本華所說，耽於至純之美感是超脫現世之道，尤其天然之美無任何人為的造作，與此和合，最適合打破我執。爾後，在佛教中，美術大為發達之所以，不外於是將美感與宗教的情操結合以資修道，尤其在中國與日本，禪者寄思於山水，鍛鍊禪思，可說完全是繼承原始佛教此一方面之道風。

以上關於心的三方面，略述其解脫道修行法之一斑。佛陀當然沒有作如此分類，因此並不是據此而實行之，筆者只是借用稍微新式的說明法，藉以取代枚舉式的煩瑣的道品之說明。依如此的三分法所分類的道品，在實際修道時，可以用於心之全體之修鍊。無論如何，另一方面言之，如前所述，依修道者根機的差別，其專修之修養法也不同，故有或著重於情感，或著重於智之區別，也是自然之數。從而依此而到達之解脫，雖大體上一致，但至少其風光多少應有差別。例如對於解脫之表述，所說的心解脫（情意的）、慧解脫（智的解脫）、慈心解脫、信解脫等，都是就其專修之道行而言，更且此亦影響解脫後的人格的活動。後世的大乘佛教中，產生或著重意志鍛鍊的禪宗流之修道法，或著重智的思辨的法相、天台、華嚴等的哲學的修道法，或著重感情的淨土門的修道法等種種流派，可以說其分化之源遠自於此。

## 六、特論禪定的修養

佛陀雖述說種種道品，但在修道上，常成為其中心的，是禪的三昧（samādhi）。簡言之，就先前將心理所作的三分修養法而言，無論情的修養，或意志的修養，或智的修養，最後都有待禪的思惟完成，故離此，並無真正的解脫的修養。就此而言，在種種德目中，佛陀通常將三昧置於最後，尤其如《中阿含》之《聖道經》，揭示八正道，並將其他的七正道視為是生起正定之預備（upanisa）或資料（parikkhāra）。[27]此禪定三昧之修行，一方面，是收攝諸根，離我執我欲，是屬於所謂的「止」

24. Therag. 50（p.8 ——南傳大藏經卷二五，小部三，頁一二〇f）。
25. ibid. 113（p.16 ——南傳大藏經卷二五，小部三，頁一三七）。
26. ibid. 522~526（p.54~55 ——南傳大藏經卷二五，小部三，頁二一一～二一二）。
27.《中阿含》卷四九《聖道經》（大正一，頁七三五c）；M. 117 Cattarīsaka-s.（3, p.71 ——南傳大藏經卷十一下，中部四，頁七二）。

的方面，另一方面，也有作為其專念之中心，肯定理想的「觀」的方面，二者相輔，作為脫離我執並實現永遠之道。筆者在《六派哲學》的瑜伽篇之最後對此已有詳論，避免重複，故此處不再述說，總之，佛陀將禪定視為趨向解脫的最根本修養，是不爭之事實。故本書雖以省略個個德目之說明為要旨，但對此，仍有必要稍加說明。

大體上，佛陀所說的禪定法與當時一般的坐禪法並無大異。亦即佛教所行的坐禪方法，無異於外道所行的「持戒，身心淨潔，端坐於寂靜場所，調制呼吸，制御諸根，凝思」等等。以《沙門果經》為首，種種聖典親切揭示此等方法，但今擬略去有關其預備的一切事項，僅揭出有關三昧的主要者如次：

對於禪觀，佛陀雖揭示種種三昧，但作為階段性的，最為重視的是，首先是靜慮，亦即禪那（jhāna, dhyāna）。將禪定的進展分成四種階段（四禪），揭示其心的修養之道程，是經文隨處可見的模範的禪觀。當然，此未必是佛陀之創見，而是當時的某派或諸派所共行，此徵於《六十二見經》所介紹的五種現在涅槃觀中，其中四種即是將初禪乃至四禪視為涅槃狀態的當時外道之說，即可知之。這恐是佛陀初出家時，從阿邏羅等人聽聞之，進而依中道的態度加以改良所成。無論其根源在何處，佛陀成道時是依此四禪定，入涅槃之際也是入此定，若視為佛教最重視的禪的方式之一，應是無可懷疑。可惜的是，對於其說明，所有經文都是反覆的使用同一文句，故其真意不能清楚了解，最是遺憾。茲揭其定型的文句如次：

**初禪**　專念某對象，逐漸去除欲情，終至不善心滅。依此欲與不善之遠離，修禪者有悅（pīti）與幸安（sukha）之感。亦即有法悅。但猶存有關於對象之分別（vitakka），故還有思慮（vicāra），表象的方面未靜。此位名為初禪定。亦即情意的方面始靜之位。

**二禪**　如是，隨著修鍊增進，其表象的方面亦更沉靜，有關對象的分別思慮靜止，心唯集中於一處（**cetaso ekodibhāva**，內靜一心）。據此，修行者如同先前依情意方面之沉靜而感安悅，此時依表象之沉靜而有喜樂之感。此即第二禪，至此，修行者降伏其情意與表象之亂雜。

**三禪**　如是，更進一步，幸安與喜樂之情亦捨離，心完全歸於平靜狀態（**upekkhā**，捨），達到正念（**sato**）、正智（**sampajāno**），身體輕安之態勢，此名第三禪。亦即第二禪所得解放之喜樂亦解脫之，同時，此時所到達的心之集中開始有更為叡智的作用。

**四禪**　更加推進，其身體之輕安也泯滅，忘記其存在，完全超越苦樂，心之平靜愈加純化（**upekkhāsati pārisuddhi**，捨念清淨）不動，到達湛然，如明鏡止水。此即第四禪。恰如明澄止水中，明瞭見其魚貝，自己徹底的是觀法的對象。

要言之，此四禪之修行，首先是自我從欲之煩擾解放，其次及於表象之統一，逐漸超越思慮分別，超越苦樂，超越物質的存在，最後寂然不動，進入叡智炳耀純然的精神的生活。亦即此四禪之特長，一方面是制御基於欲的個人意志，另一方面是，如明鏡止水，依觀智而確保理想之境，就術語言之，是所謂止觀均等之定。過分傾向於止（**samatha**，寂靜），將喪失心的活氣，過分傾向於觀（**vipassanā**），則有散亂之虞，此第四禪，得其平均，故免其弊。作為解脫之要道而被獎勵的，即在於此，認為神通等種種妙用依修此定而得，也是基於此。

此四禪定之外，另有佛陀推獎的其他方式。此即四無色定（**arūpā**）。依據傳說，第三定的無所有處定是學自於阿邏羅迦羅摩，第四的非想非非想處定，是學自於鬱陀迦羅摩子，[28]故同樣是佛陀將當時行於世的，予以改良採用。起初只是作為修空觀之方便而採用，[29]爾後與四禪連結，稱為四禪四無色定。所謂的四無色定，即：

（一）空無邊處定（ākāsānañcāyatana）

（二）識無邊處定（viññāṇañcāyatana）

（三）無所有處定（ākiñcaññāyatana）

（四）非想非非想處定（nevasaññānāsaññāyatana）

第一類的空無邊處定，是打破一切物質觀念，唯念無邊之空間，心中泯絕外界差別相的修行。第二類的識無邊處定，是更將此修法及於內界，念識之無邊，除去識中所起差別相。第三類的無所有處定，更進一步，空間或識都超越，達到無一切存在。最後的非想非非想處定，是依前述三定泯滅內外之差別相，最後達於真空，但主要是指將尚有「一切空」之想的，更推進至無想亦無無想之處。亦即一切空之觀法完全徹底的三昧法，相較於四禪之富於觀智，此似無色定是專注於止。

此四禪四無色定，初始只是相應個別的方式，通常佛陀是兩者各別且無關聯的述說，但作為同一系列，從四禪而推進至四無色的述說也不少。例如《中阿含》卷四二《分別觀法經》（M. 138 Uddesavibhaṅga-s.）即是其例。此時是結合兩者，通常特名之為八等至（aṭṭhasamāpattiyo）。此因佛陀的教理是次第整理而成，遂有兩種方式的結合。如是，此四禪四無色被視為佛教禪定法之主幹，諸如世界觀之欲界、色界、無色界等，實是因應此禪之階段而構成。[30]三界是輪迴之境，但就修道之道程而言，以解脫界為最高，是至此之過程之所以，其根據即在於此。

八等至之外，類似非想非非想處定的，是滅受想定（saññāvedayitanirodha）之定。此乃受與想全滅之位，似與死者無異。不同的是，死者的身口意三業休止之外，其壽（āyu）、煖（usmā）亦皆無，五根破壞，但入此定者，其五根不破壞，壽煖不去，故仍與死者有別。[31]恐是作為「依禪定力杜絕身心之活動，可經過數百千年」之信仰的答案而設立的。在事實上，或可將此視為非想非非想處定之繼續，但在法相上，予以獨立出來，加上先前的八等至，而視為是所謂九次第定（navānupubbavihārā）中之最高位的也不少。[32]但就筆者所見，此僅只是為對抗外道所謂的無想定的信仰而立，是否有實修此定而得其效果的佛弟子不能確定。

如是，佛陀設種種階段，揭示禪定修養法之道程，更且作為其準備或應用，揭示無數公案（亦即觀念之對象）。例如四無量、四念住，乃至八勝處、十遍處等，都可視為作為此四禪四無色之應用而設的公案。但必須予以注意的是，主要是意欲依此而脫離一切執著，獲得無礙自由之精神生活，故禪定絕非最終目的。此徵於無論是四禪或四無色，都是捨離先前所得境界，逐漸推進，亦即具有

---

28.《中阿含》卷五六《羅摩經》（大正一，頁七七六c）；M. 26 Ariyapariyesana-s.（1, p.164~167 ——南傳大藏經卷九，中部二，頁二九五~三〇〇）。

29. 參照《中阿含》卷四九《小空經》、《大空經》；M. 121~122 Cūlasuññata-s.; Mahāsuññata-s.。

30.《中阿含》卷四三《分別意行經》（大正一，頁七〇〇c）；M. 120 Saṇkhāruppatti-s.（p.100~103 ——南傳大藏經卷十一下，中部四，頁一一三~一一八）。

31. M. 43 Mahāvedalla-s.（1, p.296 ——南傳大藏經卷一〇，中部二，頁一八）；《中阿含》卷五八《大拘稀羅經》（大正一，頁七九一c）。

32. 例如 A.（4, p.140 : Anupubba vihāra）。

進展之意，得以知之。如執著禪定，反而失去自由，所謂的「味定」，正是佛陀之所告誡。

> 佛告跋迦利曰：比丘於地想伏地想、於水火風想、無量空入處（空無邊處）想、識入處（識無邊處）想、無所有所入處想、非想非非想入處想、此世他世、日、月、見、聞、覺、識，或得，或求，或覺，或觀，應悉伏彼想。跋迦利比丘！如是，禪者不依地水火風，乃至不依覺觀，修禪。[33]

亦即真正的修禪是不執著禪定，在修禪之當下，獲得解脫，不受拘束，其表現類似禪宗流所說，此應注意。從而真正的達於禪，是異於一類外道的眼不見色，耳不聞聲，拮据不堪，而是如實的見聞覺知，更且脫離伴隨見聞覺知之執著，得無礙之自由，如此才是禪之極意。神通之信仰實來自於此，縱使不能達於此境，但至少在精神生活上，獲得完全的自由，才是禪的真正的修道意義。若忘記此義，僅拘泥於四禪四無色之格式，則違反佛陀揭示禪之真意。佛教禪與外道禪的差異，即在於此。從而極言之，真正的禪不是僅只在山間曠野端坐思惟之時，而是行住坐臥悉不離於禪。

> 內心至善定，龍行止俱定，坐定臥亦定，龍一切時定，是謂龍常法。
>
> So jhāyi assāsarato ajjhattaṃ susamāhito,
> Gacchaṃ samāhito nāgo, ṭhito nāgo samāhito,
> Sayaṃ samāhito nāgo, nisinno pi samāhito,
> Sabbattha saṃvuto nāgo, esā nāgassa sampadā.[34]

此雖是用以讚嘆龍（亦即佛陀）之偈句，但真正的禪若不能至於此境，則不能說是究竟。中國與日本盛行的禪宗不外於正是以此為目標而大為發展。

---

33.《雜阿含》卷三三（大正二，頁二三六 a b）：跋迦利之外，《詵陀比丘經》所載，大抵與此相同。巴利本 A.（5, p.7~8）之經與此相當。經意大體相同，但今引用漢譯本。

34.《中阿含》卷二九《龍象經》（大正二，頁六〇八 c）；A.（3, p.346~347 ——南傳大藏經卷二〇，增支部四，頁九〇）。

# 第五章　修道的進程與羅漢

## 一、過錯與懺悔

前章所述，主要是修道方式。基於此一方式，作種種實修，即是佛弟子的修行，最後得以到達解脫。但應特加注意的是，縱使是佛弟子，在修道上，未必無難。直至爾後成為非常卓越的羅漢，甚至就佛陀而言，至少在修行時期，也只是一個普通人，此乃吾人必須徹底承認的。佛陀的問題今姑且不論，此間應有種種過失或失策，此徵於有大阿羅漢之稱的佛弟子事蹟，即可知之。例如舍利弗爾後雖被視為僅次於佛，但彼先前曾經率領五百比丘高聲喧騷而為佛所斥；[1]與舍利弗齊名的目乾連在修行時，曾因坐禪時昏眠而受佛陀痛誡；[2]又如前文所述，佛子羅睺羅爾後雖被稱為篤學（sikkhākāma）第一，[3]但在沙彌時代，因性喜戲言而惹起長老物議，故大受佛叱責，此乃經律皆載之事。又如優陀夷（Udāyin），爾後雖被稱為長老，然於其年輕時，曾為情欲所惱，觸犯種種過失，導致佛為此設制與婬戒有關的種種煩瑣規定，此等皆見載於律文。[4]亦即即使舍利弗、目乾連、羅睺羅、優陀夷等大弟子，猶有如此過失，何況其他依可疑動機出家的弟子。佛陀違反其真意，制定煩瑣的戒律，實欲制御之，任何人在閱讀律文時，將發現眾多男女佛弟子於其修行中，為佛陀帶來的眾多麻煩是如何驚人。從而雖欲求解脫，出家，但於中途，起退轉之心而還俗，或於還俗的歸途中，又再轉念的，實是不少。象首舍利弗（Hatthisāriputta）正是如此。[5] 七度意欲還俗，又七度轉念。[6] 又，其中也有到達相當境界，卻背叛佛陀而遠去的，如此之人，尤以提婆達多為甚。在佛陀的僧團中，作為大長老的提婆達多，是舍利弗都曾經予以讚嘆的人物，[7] 但野心作祟，企圖破壞教團，終於成為佛弟子中，最大的背叛者。要言之，佛弟子至少於其修行期間，仍只是個普通人，雖發大菩提心而出家，但受自然所具的欲望所昧，常有違背其求道心之舉，應是不爭之事實。可惜的是，眾多佛弟子，尤其是爾後成為聖者的人之傳記，爾後被定型化，無法一一了解其真相，雖然如此，但從片段的傳說看來，大多數的彼等至少都曾經面臨危機，此即是事實之真相。

若是如此，彼等如何迴轉其危機？對於佛弟子與信者，最強力的感受是，佛陀絕對沒有提出無窮的責罰或永遠的地獄之說。彼等縱使對於現在的墮落，毫無一點悔心，但在無窮的輪迴之間，最後仍將有得脫之機會。例如提婆，就佛陀之立場而言，是最大之惡人，但若依據漢譯《增一阿含》所述，佛陀告訴阿難有關提婆之未來，亦即彼於地獄一劫之後，將脫離地獄，生於天上，六十劫後，

---

1.《增一阿含》卷四一（大正二，頁七七〇c）；M. 67 Cātumā-s.（I, p.456 ——南傳大藏經卷一〇，中部二，頁二六八）。
2.《中阿含》卷二〇《長老上尊睡眠經》（大正一，頁五五七c）；A.（4, p.85~91 ——南傳大藏經卷二〇，增支部四，頁三三五~三四二）。
3. A.（1, p.24 ——南傳大藏經卷十七，增支部一，頁三四f）。
4.《五分律》卷二（大正二二，頁一〇bf）。
5.《增一阿含》卷四六（大正二，頁七九六af）。
6. Therag. 200 Commentary。
7. Therīg. 1009（Mrs. Rhys Davids : Psalms of the Early Buddhists p.317）。

成為辟支佛（Paccekabuddha），得「南無」（Nama）之名。[8] 此一記事雖是相當晚才成立，究竟是否佛陀所說，還有調查之必要，但視為是正當的傳述佛教的見地，應是無可懷疑的（法華之提婆觀應是承自於此一系統）。提婆尚且如此，至於提婆以下的退轉者其迴轉的機會必然更多，此固無庸贅言。尤其縱使犯罪，若依法（yathādhammaṃ）發露（paṭikaroti）、懺悔（khamāpeti）、改過，即可淨其罪，此乃佛陀再三強調，故無須因一旦之過失而沉浸於永遠破壞修行之絕望中。

人生處世，有過能改，是為上人。於我法中，極其廣大。宜時懺悔。[9]

對於提婆的同類，亦即弒父的阿闍世王，佛陀尚作如此的訓誡。何況是殺親以下之罪，當然藉由懺悔可得清淨。就此而言，迦濕彌羅國的毘婆沙師，對於比丘之過失、懺悔與戒的關係，作有如次說明：

若於所犯發露悔除，名為具尸羅（戒）。如債已還，名為富人。[10]

由此可知佛陀是如何重視懺悔之救濟力。理論上，所謂修道，不外於是破除舊有的自己，依法而獲得新生的自己，所謂的懺悔，不外於是以今日的道德的自己挑戰昨日的自己，因此，懺悔本身可以說就是修道，故具有對於罪的救濟力。更且就特為強調懺悔而言，作為宗教，佛教最能發揮其普遍救濟之特長。一方面，對於小罪，力說應有大怖力，另一方面，指出一旦或再三退轉，仍可依懺悔而訂正之，故實可稱為廣大之慈門。

佛弟子雖犯種種過失，但所以得以次第的向上，完全是依據前述的教理方針。亦即彼等雖一旦或再三的犯罪，但由於佛陀誘引，以及自己求道心所出之懺悔力，故得以回歸陣容，趨向於道。此間值得吾人學習的，實是不少。或於修道中途，退道心，意欲還俗時，偶見牛負重荷仆而再起，繼續前進，遂感奮而重續其道行；[11]或於煩悶其道行遲遲不進時，偶見農夫作疏水工事與箭匠之矯箭，了悟一切意志全依導引，因而專致於道；[12]或懊悔自己情緒忽怒忽悔忽妬，泣責己之不德，最後終於得脫；[13]或還俗返家，因賢母滂泣而再歸返僧團，終於成為羅漢，[14]此外，臨危之際，及時懸崖勒馬而繼續奮鬥修道之例不勝枚舉。在懺悔之際，佛陀或上位弟子的包容與勸誡，對於彼等是嶄新的助力。不只如此，雖曾受社會排斥或僧團排斥，但仍依懺悔與修道而成為卓越聖者的人也不少。例如指鬘，亦即鴦倶梨魔（Aṅgulimāla），原是屢屢殺人，以人指作鬘之惡漢，但一旦歸依佛陀，終於得脫，更且如後文所述，也獲得欣仰之境界。[15]又如僧中的闡怒比丘（Channa，闡陀），基於曾是佛陀太子時代的車夫身分而得以出家，但出家後，舉止放肆，導致在佛入涅槃之際，被課以「梵壇」

8. 《增一阿含》卷四七（大正二，頁八〇四）。
9. 此記事與《沙門果經》所載出自同一構想，巴利本載曰：「實則汝認汝罪為罪，如法懺悔，故吾受之。我聖法中，任何人認罪為罪，如法懺悔，則得未來律儀之規定。」D.（I, p.85 ——南傳大藏經卷六，長部一，頁一一七）。
10. 《倶舍論》卷十五（參照大正二九，頁七九b——國民文庫本和譯《倶舍論》，論部卷十二，頁一三九）。
11. Therag. 45 附傳。
12. ibid. 19（p.4 ——南傳大藏經卷二五，小部三，頁一一二）。
13. 例如長老婆耆舍（Vaṅgīsa）。S.（I, p.185f ——南傳大藏經卷十二，相應部一，頁三二〇f）；《雜阿含》卷四四（大正二，頁三二二a f）；Therag. 264（p.32 ——南傳大藏經卷二五，小部三，頁一七〇）等。
14. Therag. 44 附傳。
15. 《雜阿含》卷三八（大正二，頁二八〇c f）；M. 86 Aṅgulimāla-s.（2, p.97f ——南傳大藏經卷十一上，中部三，頁一三二f）；Therag. 255（p.31f ——南傳大藏經卷二五，小部三，頁一六八f）。

（brahmadaṇḍa，僧團中任何人都不許與彼交談之規定）之罰，但最後，亦因悔改而修道而到達聖位，此亦屬富於教訓之一例。16

要言之，佛陀原先也只是一介凡夫，說得更廣泛些，佛弟子自初始也都是凡夫。從而雖有格式化的種種道行，但實修之，成為自己的境界並不容易。幾經道行危機，歷經艱辛困苦才到達目的者，比比皆是。當然，此中也有自始即不曲而進的人，但事實上，視為大抵為種種誘惑所苦才是正當。佛教中所說的「魔」（māra pāpimā），不外於是道行之障礙的人格化，此徵於以佛陀為首，大部分佛弟子曾與此魔鬥爭，如何苦於小我執與菩提心間之矛盾，即可知之。更且若得以克服而猛然前進，宗教的努力才具有意義，因此儘管再三墮落，仍認為彼有可能得脫而誘引之，正顯示佛陀之偉大。但後世佛傳之記述者往往將聖者視為是天生的，視為是宗教天分特為豐富的超人，剋實言之，此乃昧於活生生的事實，同時，反而有損佛教之力，此乃筆者意欲就此予以闡明的理由之一。

## 二、得果及其本質（羅漢論）

如是，種種修行之間，逐漸進入其境界。形式上，通常將此分成四段。名之為羅漢道四果。第一是預流果（sota-āpanna，須陀洹），參預聖者流類之位。到達此位者，最長七次往返人間、天上，終得涅槃，法相上，又稱此為「極七生」（sattakhattu parama）。第二是一來果（sakadāgamī，斯陀含），到達此位者，僅只一次生於此世，即得以解脫，故得「一來」之名。第三是不還果（anāgāmī，阿那含），死後不再生於人間，而是生於天界，在天界證涅槃，故名為「不還」。最後的第四階位，是阿羅漢（arahā，應者），作為最高得脫之位，適合或應受人間、天上供養，故得「適者」「應者」之名。所謂「諸漏已盡，梵行已立，所作已辦，不受後有」之境界。前三果處於還在學習（修行）之階段，故名「有學」（sekha）之聖者，相對於此，至第四果是所作已辦，以無可學，故名「無學」（asekha）。

如是，此四果之道程極為簡單明瞭。但若就各果應斷的煩惱其性質與種類，斷煩惱的手段之禪定，依其禪定而起的智慧之種類予以探討，將是極為複雜的問題。況且經常可見的是，在修道的半途死去，例如若已得初果，但在未到達二果（一來果）的途中死去，將有幾回生死？又，身為外道，已累積相當的修行，若轉入佛教中，其外道時代之修行對於羅漢道有何等效果？此外，或更加入種種條件，徹底探究，遂產生非常煩瑣的議論。作此探究的，正是阿毘達磨論，從而爾後，羅漢道的階位問題，在法相上，被視為一大難題，是相當的困難與棘手。

但剋實言之，此等主要是神學的理論。未必是體驗的結果，未必能完全代表原始佛教的觀點。從而就原始佛教宗教的真髓而言，過分拘泥，反而有失真之虞，此當切記莫忘。因此，此一問題之研究且留待爾後述及「阿毘達磨論」時，再作論述，此處僅擬基於前揭簡單的羅漢道格式，稍微詳述其實際的宗教意義。

首先，爾後的阿毘達磨將羅漢階位視為非常崇高。宛如非常人遽然可企及。但就筆者所知，原始時代的羅漢階位，其高絕非不可及。當然，在得此階位之前，如前節所述，有時需要付出血淚之

---

16. D. 16 Mahāparinibbāna-s.（2, p.154 ——南傳大藏經卷七，長部二，頁一四二f）；《長阿含》卷四《遊行經》（大正一，頁二六a）；《五分律》卷三（大正二二，頁二二 bc）；Therag. 69（p.10 ——南傳大藏經卷二五，小部三，頁一二六）等。

努力與克己，但得此階位者，絕非如後世所認為的，其肉體也成為超人。所謂的羅漢，主要是心地開發，就智的而言，是排除對於吾等存在之意義等一切疑念，就情意的而言，是指從小欲望的自己解放的自覺其當體。亦即若將此對配四果，預流果主要是對於四諦之教，生起「誠然如此」的智的確信，基於此確信，進行情意方面之制伏的經過，即是一來、不還，其最後的結果，是從自己的內在湧出解放的自覺，此即名為阿羅漢，此即是其原始的意義。不只如此，此經過未必是階段性的依序推進，依據根機與熱心，一躍而獲得解脫的實是不少。茲揭出四、五例見之，最初受佛陀教化的憍陳如（Koṇḍañña）等五比丘成為羅漢，相傳是在歸依佛後第五日，[17]目乾連也是在歸佛後第五日，舍利弗是在第十五日。[18]當然，彼等在歸依佛以前，已累積修行，因此，經由佛陀的教化而成為羅漢，可以說只是畫龍點睛，雖然如此，但也有相當多是不具任何素養而急速證得羅漢的。例長者子耶舍（Yasa）成為羅漢是在歸依佛後不久，[19]相當有名的妙香（Sugandha）成為羅漢，是在歸依佛後第七日，此外，比丘尼中的差摩尼（Sāmā）是在第八日悟道，[20]善生女（Sujātā）見佛陀（不確定有否聞法）證得羅漢，其後返家，得其夫許可出家，[21]急速證得解脫。據此看來，修行之進程未必需要漸次經由一切階段，應是無可懷疑之事實。況且認為須經見道、修道之修行，斷八十八使見惑、八十一品思惑才成為羅漢，如此繁雜的行法，相信即使是得果的羅漢也不知曉。四果的階位，就原始佛教而言，主要是在說明漸進者之進程，或用於誘引的大致基準，故無須如學校年級制度般的拘泥。

從而即使是羅漢，未必僅限於長老耆宿。或有老年卻未得羅漢的，但也有於少年少女早已達此境界者。例如在僧團負責典座的有名的達婆末羅（Dabbamalla），是十六歲成為羅漢，[22]而跋陀羅（Bhadda）於極幼少時出家，立即成為羅漢，此可見於其自己之告白（aññā）。[23]尤其如商其佳

（Sañkicca），七歲出家，在剃髮時，證得羅漢，[24] 類此之例相當多。[25] 當然此等傳說所傳述的，是否都是真實，猶有研究之餘地，但大體上，有極為年少的羅漢，終究是無可懷疑的。爾後的註釋家雖將此等視為前世累積的修行於今世成熟，但就事實言之，成為羅漢未必與出家年時長短以及年齡大小有關。主要在於其認真的程度與根機之優劣。

若是如此，羅漢有何等特徵？就法相的而言，雖有種種，但如前文所述，主要是心境開啟，亦即有大悟之自覺。從而得此羅漢果，當然是不斷的認真修養所致，但其來到，大抵是爆發性的，至少其內在有非常清楚的更生之自覺。得羅漢果之遲速完全在於此爆發性的自覺是遲或速，此爆發性雖依存於修行認真之程度，但大多是須待某一機會點火。從而若不逢此時機，縱使內部爆發之準備已充分，但永不得點火而停止於學地者也不少。在可稱為有關佛弟子的悟道紀錄中，值得予以注意的，相當多，但今無暇一一列舉，僅揭其二、三例如次。

---

17. Fausböll : Jātaka（1, p.82 ——南傳大藏經卷二八，小部六，頁一七四）。
18. ibid.（1, p.85 ——南傳大藏經卷二八，小部六，頁一八一）。
19. ibid.（1, p.82 ——南傳大藏經卷二八，小部六，頁一七五）；Vinaya（I, p.17f ——南傳大藏經卷三，律部三，頁三一f）。
20. Therīg. 39~41（p.127~128 ——南傳大藏經卷二五，小部三，頁三四一）。
21. ibid. 149（p.138 ——南傳大藏經卷二五，小部三，頁三六〇）。
22. 《五分律》卷三（大正二二，頁一五a）。
23. Therag. 473~479（p.50 ——南傳大藏經卷二五，小部三，頁二〇五）。
24. ibid. 597~607（p.62 ——南傳大藏經卷二五，小部三，頁二二六f）。
25. 有關此一方面，請參照 Mrs. Rhys Davids : Psalms of the Early Buddhists（The Brethren）p. XXX f。

阿難隨從佛陀及於二十五年，但在佛陀生前一直沒有獲得證果的機會。依據傳說，對於不能參加第一結集，彼深感遺憾，某夜，離開禪床，在露地經行，因相當疲困，意欲再就床，於足離地，頭未觸枕時，豁然大悟，證得羅漢。[26]後世將此解釋為離行住坐臥等四威儀之悟，但就如此狀態而言，不外於是其點火時機來到。又，名為優陟（Uttiya）的佛弟子初始因戒行不全，不易證得解脫，爾後佛陀教授「清淨其初」（tvaṃ ādiṃ visodhehi）之教，在下工夫的當中，恰巧生病，但仍認真努力，終於開悟。[27]獅子比丘尼（Sīhā），苦於情欲，七年空過，悲嘆終究不能成道，意欲自縊，當一心以繩索絞首時，獲得大悟，遂告白其悅。[28]此外，諸如於倒地時開悟，負傷而開悟，得好飲食衣服而開悟等等，有種種之例，今且略過，最後以佛陀之例再作說明，其六年之苦行，雖非捷徑，但實是內部爆發力之準備期。但僅只如此，點火的時機不容易來到，直至捨此苦行，沐浴身體，獲取滋養，端坐，轉回於精神的方面，才是誘起古今未有的大爆發之所以。亦即轉心與身體之安靜是點火，佛陀得以完成其成道，仍是有待時機之來到。

要言之，在任何機會──大抵是極為真摯時──表現出修行最後之效果，更且此係以「得自由」「煩惱滅盡」「得不死」「接續永遠」之自覺表現。以極短時日成為羅漢的人，恐是依其純真之心，絕對的依憑佛陀及其教法，故急速得此爆發的自覺。當然其中也有依多年修養，順次進入境界，沒有伴隨特別的大自覺而到達此境域的人，但伴隨爆發性自覺的，至少是十之八九，更且此乃羅漢自覺的特徵，應是不爭之事實。佛陀作為大教主之所以，是為弟子揭示於自己內在製造及貯存爆發力之法，同時，佛陀鑒察其點火之時機極為敏銳，應其根機，作種種提撕，迅速令其爆發。所謂的他心通，主要恐是指鑒察此根機之敏銳。又，佛陀所揭示的種種道行德目與觀念法，如前所述，不外於是因應種種根機，作為其爆發力之製造法以及用於點火的公案。

上來對於羅漢果的見解若是無誤，則所謂的羅漢，就禪宗流而言，不外於是開悟的人。從而如禪宗一再強調，開悟後，仍是眼橫鼻直，外表上，與其他不是羅漢的佛弟子絕無特別差異。將羅漢視為其外在如超人，其實是誤解表徵內在自由之記事，絕非符合歷史的事實。不只如此，就內在的而言，雖同樣經由自覺之爆發，但此間仍有淺深大小之別，此乃不爭之事實。[29]從而雖曾證得羅漢位，但既然是血肉所成之軀，故或因基於對此之執著，一時呈現退轉之相狀者也有。縱使是聖者，並非相當堅強的人，受魔所擾在所難免，此依古今東西宗教史所載，即得以知之。爾後，作為法相的問題，羅漢是否有退，成為諸部派間的論題，實是基於此而產生之議論，若依筆者意見，有退的看法才是至當。當然，由於曾經獲得大爆發，故有別於完全未開悟者，故其恢復也很容易，但至少曾於某時某處，暫時回歸凡夫狀態，尤其從僅具粗淺爆發的人身上，此乃是得以窺見之事實。爾後大眾部所主張的「五事」，曾引起教團物議，其中的四事實與羅漢有關。（一）雖說是羅漢，於睡眠中，亦有精液漏出。（二）羅漢也有不知之事。（三）羅漢也有對於自覺之疑。（四）經由他者證明，才知自己已是羅漢。[30]上座部徒認為如此的主張有汙羅漢之神聖而大為反對。但就筆者所見，法相的問

---

26. Sumaṅgalavilāsinī（I, p.9~10）；Samantapāsādikā（p.11~12 ——南傳大藏經卷六五，一切善見律註序，頁一六ｆ）；高楠教授《巴利語佛教讀本》，頁一〇三。
27. Therag. 30（p.5 ——南傳大藏經卷二五，小部三，頁一一五）。
28. Therīg. 77~81（p.131 ——南傳大藏經卷二五，小部三，頁三四八ｆ）。
29. 關於此一方面，請參見 Kathāvatthu XXI, 2（p.605 ——南傳大藏經卷五八，論事二，頁四〇六ｆ）。
30. Kathāvatthu II, 1~4（p. 164f ——南傳大藏經卷五七，論事一，頁二三一ｆ）；《異部宗輪論》（大正四九）所載大眾部之教理。

題姑且不論，就事實問題而言，如此的主張反而與歷史的羅漢的事實相符。縱使是羅漢，既然有肉體，必然有生理現象的遺精；所謂的開悟，不外於是安心立命之自覺，因此，在知識性上，當然仍有不知之事；又，通常羅漢雖說是自覺，但若是鈍根漸進的，則須依其他上位者證明，才能生起羅漢之自覺。上座部徒所以反對此論點，是因於彼等以上上羅漢作為標準，過分拘泥於形式的羅漢資格，欠缺洞察鮮活的事實之明。此即縱使是羅漢，其悟後之修行仍是重要之所以，實際上，也是以佛陀為首，各個大弟子不滿足其一度之爆發，其後仍不懈怠不斷的修行之所以。爆發的自覺在通過真正的聖者的關卡之前，為令此真正成為常住不斷的自受用三昧，更需下一段、二段、三段的工夫。同樣開悟的佛弟子的羅漢，也有大小種種的種類（爾後如所謂的堪達、護法、退法等，將羅漢的種類分成種種），固然因於其人固有的性格與根機，但也依存於其悟後有否留心於修行，此當切記莫忘。在少年少女時代開悟，爾後卻聲名不聞，事蹟不明者其數不少，此真是早熟卻害其大成。

雖作如是論述，但筆者絕非主張證得羅漢是容易之業。為到達此一境地，如屢屢所述，大抵需要非常的努力與熱望。即使是極下劣的羅漢，然其內在的生活亦曾與絕對的生命的大靈光相連接，是有更生自覺之體驗的人。何況上位的羅漢是不斷的體驗品嘗此一境界，發揮與此相應之力用，故其境界之崇高，終究非猶是未體驗者所能想像。但若過分讚嘆，認為彼等與吾人有別，從而是吾人全然所不能企及的境地，此絕非歷史的事實，為此，筆者特就其人性的方面力說之。

## 三、關於羅漢的力用

有關證羅漢果者的力用，最常被列舉的是神通（iddhi）。此亦列於佛陀為阿闍世王所揭示的沙門功德之中，[31]又，羅漢顯現種種神通是經中常見之記事。禪定力與神通之信仰早已結合，將具有神通視為是聖者的資格之一，應是因應當時的思想而提出的。佛教通常揭出六種通力（chaḷabhiññā）。第一是不思議力（iddhividhā），第二是天眼通（dibba-cakkhu），第三是天耳通（dibba-sota），第四是他心知通（paracitta vijānanā），第五是宿命知通（pubbenivāsānussatiñāṇa），第六是漏盡知通（āsavakkhayañāṇa）。今略去有關此等之一一說明，主要是就身體能飛越空中；雖有山河之隔，仍得以見聞；通觀過去世之能力等等，在時空上，具有超越常人的自由活動之力分成六種。從另一方面而言，佛陀非常嫌棄胡亂利用或高唱此神通力。尤其將偽稱有神通力判為應受教團排斥之波羅夷罪（pārājika），因此未必視此乃是羅漢必要條件。不只如此，爾後在法相的問題上，或將第六漏盡知通除外的其他五通視為外道亦能獲得，此乃是不將神通視為羅漢資格之一的另一種表現。藉由禪定將心之作用集注於一處，事實上，即能顯現超越常人之力用，但過分作文字上的解釋，誇張其力用，反將錯認其真相。將神通的意義解釋成是在表徵解脫的內在生活自由，才是至當。[32]

相較於有關神通之信仰，作為羅漢實際的力用，最應重視的是其境界。亦即心地開明，解脫情執，能超越苦樂，遠離毀譽得失，真正品味永遠常恆的內在法悅的生活。在日常生活中，常有此體

31. 參見《沙門果經》—— D. 1 Sāmaññaphala-s.（《長阿含》卷十七）。
32. 關於此一方面，請參照《印度六派哲學》（第四篇第三章第四節中）。

驗者，若一旦處於逆境，遭逢事故，其力最能發揮。例如在面對難病、瀕死、誹謗、迫害等等之際，未解脫者與羅漢之間，即有顯著差別。未解脫者其心煩悶懊惱，反之，若是羅漢，任何情況，都是正念正智無所動。簡言之，在彼等所仰賴的導師或尊親的佛陀入滅之際，已解脫的羅漢，以迦葉為首，雖是悲傷，但生者必滅。能正觀縱使是佛陀，亦未能免，隨即就佛陀遺法繼續下工夫，反之，阿難等未解脫者，至少曾一時失其度。有關此等的記載，尤其是與大阿羅漢有關的紀錄相當多，但此處僅揭出比較小羅漢的一、二例，藉以見其一斑。

**其一，是對於疾病**——佛弟子沙彌底堀多（Samitigutta）在修行時，罹患癩病，起臥於僧團所屬的病寮（gilānasālā）之中。四肢逐漸腐敗，苦痛不堪。某一日，佛陀探望之，並授予四念住觀中，特感受苦之教示。彼認真修此觀，遂得解脫，即作如次告白（aññā）：

> 因前生我所造業，我今受苦。雖然如此，今已盡滅他生苦之因。[33]

亦即深信因果之理，更且到達生死透脫之自覺的底堀多，捨棄身病之病，其內在所體驗的縱使是健康者亦不能得之樂，是溢於言表的。

**其二，是對於非時之死**——優波先那（Upasena）比丘一日在窟中坐禪，毒蛇嚙之。毒氣頓時遍於全身，覺知不免一死，遂請其他比丘運其身於窟外。時舍利弗見其諸根面貌與平時無少許差別，試問其理由。優波先那答曰：已悟五根六界皆非我我所，故肉體之死，無所關聯。如是，彼從容過世。[34] 依據漢譯所傳，於其死後，舍利弗以偈嘆曰：

久植諸梵行，善修八聖道，歡喜而捨壽，如人重病癒。[35]

面臨非時之死，仍以無異於平時的態度，談論法義，從容就死，正是置身於物外，才得以擁有的力用。

**其三，對於迫害**——大賊鴦倶梨摩羅（Aṅgulimāla）受佛陀教化出家。修道之後，證得羅漢，但因於其先前所造惡行，常受眾庶迫害，常不得乞食。因稟告佛陀，佛陀曰：「吾友！汝所造惡業不趣地獄，僅受此苦，豈非慶哉！」彼聞此教，欣然歌曰（有二十餘頌，今於此僅錄數頌）：

我敵領納法，與善靜人友。
我敵談忍辱，我敵讚和合，時時聽聞教，且順此實行。
如是彼必定，他我均無害。寂靜達最勝，破（我他彼此之）對立。
（中略）
我先有意念，為害他人者，我名稱不害（ahiṃnsaka）。今得真實名。不害任何人。
我先為盜賊，皆知鴦掘魔。今為大水流，歸佛為弟子。
我先血染手，被稱鴦掘魔，我今見歸依，滅卻生有因。

31. 參見《沙門果經》——D. 2 Sāmaññaphala-s.（長阿含卷十七）。
32. 關於此一方面，請參照《印度六派哲學》（第四篇第三章第四節）。
33. Therag. 81（p.12——南傳大藏經卷二五，小部三，頁一二九）。
34. 《雜阿含》卷九（大正二，頁六〇c）；S.（4, p. 40~41——南傳大藏經卷十五，相應部四，頁六五f）。
35. 《雜阿含》卷九（大正二，頁六一〇）。

如斯多造業，臨終導苦趣，不與業果觸，受食不負債。……[36]

此述說自己先前所作及轉歸正法之喜悅，不憎恨迫害自己之人，反而希求彼等也趣入正法，更且欣喜彼等的迫害乃是罪滅之所以，揭示「今我作為如來、法王、教主之子，離欲離執，收攝諸根，苅罪之根源，到達漏盡」之解脫風光，真是值得欽仰。令大賊迴轉的佛陀之教化力，可說是不思議之神通力，原先是殺人魔的大賊可以體驗如此的內在生活，此即可說為羅漢之大力用。

沙彌底堀多，或優波先那，或鴦俱梨摩羅，就羅漢而言，絕非是最優勝的，尚且有如此內在的力用，何況其他卓越的羅漢其力用之強之深，據此可知。就此而言，六神通等外在的表徵，才得以肯定。

然而此等力用，如後世大乘家之所非難，不應只是獨善的內在之力。彼等之中，當然有遠離人煙，於山間岩石間，專致於自淨者，但也有活動力強盛者，為教化一切眾生進入村莊，奮鬥努力。此等承繼佛陀的傳道精神，作為所謂的大阿羅漢而受重視。佛陀入涅槃後，佛教所以得以大為發展，實是此等羅漢常以不惜身命之覺悟布教。尤令人感動的是，富樓那（Puṇṇa）的布教態度。富樓那稟告佛陀，欲前往西方輸屢那（Sūnāparanta）布教，佛陀提醒輸屢那人凶暴，將面臨種種迫害，對此，富樓那回答為了正法，甘受毀身之迫害，堅決前往，最後在此無佛法之地，出現數百千出家在家之佛教徒。[37]縱使所行不如富樓那，但大小羅漢於其布教時，大多有此覺悟，而受到大迫害者其數不少。目乾連被外道殺害，可以視為是傳道上的迫害。總之，彼等將其力用用於傳道布教，是不能否定之事實。徵於彼等擁有神通之傳說大多是顯現於布教之際，可知羅漢之力用大多是注力於此方面。後世大乘家以渾身只為他人的菩薩為其理想之依準，非難羅漢的自利，低貶為獨善主義者，世上遂有所謂「聲聞根性」之諺語產生，但此絕非歷史事實之全部，此當切記莫忘。

36. Therag. 866~891（p. 80~82）摘要；參照《雜阿含》卷三八（大正二，頁二八一 a b）。
37.《雜阿含》卷十三（大正二，頁八九 b c）；S. 35（4, p. 60~63——南傳大藏經卷十五，相應部四，頁九八～一〇三）；cf. Therag. 70（p. 11 Apadāna）。

# 第六章　涅槃論

對於此一問題，先前屢屢已有片段觸及。尤其前章所述的羅漢論完全是在揭出此涅槃（有餘）之風光，因此至少是具有實踐之意的涅槃，依據前述，其意大致可以想見。但若將此視為法相的問題，作理論的探討，應猶有未盡，故此處再次論之。此一問題，至少在理論上，是作為宗教的佛教的中心問題，屬於極為重要的問題。

## 一、二種涅槃

依據佛陀所述，涅槃有二種形式。其一是有餘依涅槃（saupadisesa-nibbāna），另一是無餘依涅槃（anupadisesa-nibbāna）。所謂有餘涅槃是指已解脫，脫離輪迴界之境界，但此身猶存；所謂無餘涅槃，是指此身亦捨，永遠「隱沒不現」。如同吠檀多派的有身解脫（jīvanmukti，有命解脫）與無身解脫（ajīvanmukti）等，是隨從同樣以解脫為要旨的印度宗教所立區分而作的分類。如先前既已觸及，對於此有餘無餘之區別，另有別種解釋。亦即依據彼等所述，第三的不還果稱為有餘，第四的羅漢果稱為無餘，其例特見於漢譯《阿含》中，[1] 但今依循通常用法而作前述之解釋。更且在法相上，依據前揭解釋才有涅槃之問題產生。總之，依據前揭解釋，此有餘與無餘二種涅槃，就解脫而言，是所謂的「二義等倫」，並無差異，但在格式上，無餘涅槃仍在上位。此因既然還有身體，心雖脫離老病死，但肉體上，猶不免其患，既然有身體，如前文所述，猶有退轉之恐，反之，若離身體，則永遠無此患。但剋實言之，此乃是理談，從宗教的實際意義而言，佛陀最重視的是，有餘勝於無餘。作為宗教的實證主義者，於現在之此身，自己體驗永遠的涅槃，令他人也體驗之，才是佛陀本願。

> 如是，不久之後，及於煩惱盡，成為無漏，得心解脫、慧解脫，於現法，自證知，自實現而遊履之。[2]

此乃是佛陀屢屢所說。亦即於現法（現在）自證知，自實現，是佛陀之所力說，更且將此稱為涅槃，不外於是指有餘涅槃之獲得。從而對於涅槃之真相縱使難以適當表現，但實際上，仍具有佛弟子之間容易理解之性質。此因不僅佛陀是實際的涅槃之實現者，更且至少對於悟證者而言，自己內部所起的爆發性的自覺是可以體驗的。最困難的是，如何理解如何說明作為究竟涅槃的無餘涅槃之境界？此因至於此境，諸體驗者已無訴其實證之道，故只能掌握大致的概念，但佛陀的世界觀中，是破斥所有固定的概念，因此，作理論性的推究有所困難。即使是有餘涅槃之實證者也相當苦於此一問題，何況未至此域者嘗試作種種摸索，亦不足為奇。如來死後有無的問題之產生實與此有關連，而其確定之結論，至少在表面上，不能達到之所以，主要也是因於有此困難。此即有關涅槃之真相，自昔

---

1.《中阿含》卷二《善人往（來）經》（大正一，頁四二七c）；《增一阿含》卷七（大正二，頁五七九a）等。筆者如是區別有餘、無餘，是認為此或許是最原始的分類，但於巴利本中，未得能與此相當的，故不能斷言。有待日後之研究。

2. A.（5, p.15 ——南傳大藏經卷二二上，增支部六，頁二二四）。

至今有種種議論之所以。以下稍就筆者所見述之。

## 二、有餘涅槃

首先在形式上，從有餘涅槃開始，逮得現身解脫（亦即有餘涅槃）之道，是消極的，主要在於煩惱之斷盡。廣義的，是斷上下的十分結；狹義的，是斷貪瞋痴三毒，更根本的而言，是指無明、渴愛盡歇之當體。亦即去除我執、我欲，完全成為無我之當體，故佛陀常將涅槃說為「貪瞋痴之滅」「渴愛之滅（taṇhā saṇkhaya nibbāna）」「無明之滅」。涅槃（nirvāṇa；nibbāna）一語即來自於「止息」（nir-vā），佛陀用此指稱煩惱止息之當體，稱之為「涅槃」。

前揭的有餘涅槃的消極的一面，就其屬性而言，最為重要，但除此之外，涅槃也有其積極的方面，此不容忽視。此即前文所述的，由於到達涅槃（亦即解脫），從內部出現光明爆發的光明面。當然此並非數論所說的「得神我之自存」的當體，亦非吠檀多所說的「梵之發現」的當體，因此，難以實體論的積極的表述，總之，煩惱滅之當體，是從來未曾經驗的某種積極力的新發生，此應是無可懷疑的。進一步言之，可以說此積極力正是爆發之根源，據此而煩惱盡滅。此徵於佛陀於六年間，僅只從事於煩惱之止滅，不得成就，但僅只靜坐一週，即產生大爆發即可知之，其因在於佛陀於此間專門從事養成其積極力。更且若非因於此積極力，吾人將如何理解佛陀三十五歲證般涅槃（parinibbuta），爾後四十五年間的積極活動？理論上，佛陀的出發點是以脫離老病死為目的，但實際上，縱使成為聖者，猶不免於此患。此徵於佛陀的色身常病痛，逐漸老去，最後八十歲時，猶不免去世，即可知之。雖是如此，但佛陀極力宣說脫離老病死而得不死之所以，不僅因於佛陀有除老病死畏之明，又有教理上的未來不再受生老死之確信，其內在更有不涉及生老死的某種力量。尤其「涅槃」（nibbāna, nirvāṇa）一語，絕非只具有「止息」之意。語源的探索今姑且不論，[3] 至少就用例而言，在佛陀時代，以此表示最高妙樂之境，是不爭之事實。例如就《長阿含》中的《梵網經》（六十二見經）所揭五種現在涅槃觀見之，都是指一種積極的適意之境，尤其其中一種，將耽溺於五欲境視為現在涅槃。故涅槃之語義，若只是止息，則無如此的用法。從而可以推察佛陀所說的「涅槃」一語，有其積極的妙境之意。佛陀所指的涅槃之境，又可稱為不死（amata）、絕對安穩（yogakkhema）、清涼（sītibhāva）、最高樂（parama sukha）等等，實是就此積極力而言。佛陀認為其心中所仰求的常樂我淨之理想，需在涅槃中才得以完成的理由全在於此。

> 比丘！有不生（ajāta）、不成（abhūta）、無作（akata）、無為（asaṇkhata）。比丘！若無彼不生、不成、無作、無為，則無彼之生、成、作、有為之依處（nissaraṇa）。然比丘！應知有不生、不成、無作、無為，故有生、成、作、有為之依處。[4]

此處所說的不生不成無作無為，是指涅槃之當體，有此涅槃之當體，故能有生滅的世間之最後依處，據此可知涅槃絕非只是消極的境界。

---

3. 關於涅槃之語源，請參照 Journal of the Pāli Text Society.（1917~1919）T. W. Rhys Davids and Dr. W. Stede 之論文 “Lexicographical Notes”（p.53~56）。
4. Itivuttaka 43（p.37 ——南傳大藏經卷二三，小部一，頁二八五）。

要言之，有餘涅槃之境界，消極的，是指無煩惱，但積極的，是指常恆不變之力的根據，此依體驗者的人格的力用，即可知之，且依道理而推斷，應是不爭之事實。只是佛教欠缺以神（īśvara）、梵（brahman）、神我（ātman）等作為表徵的原理，因此在表述時，大抵傾向於消極的，雖然如此，然其背後，常有一種無法表述的積極力，勉強而言，此可以說為「空力」。

## 三、無餘涅槃的當相

如此的探討有餘涅槃而及於無餘涅槃之問題時，彷彿可以默會其間之消息。此因依據佛陀所述，有餘涅槃與無餘涅槃差別僅在於身體之有無，其本質無異。但對於無餘涅槃的問題，最感困難的是，如何與實在的問題相連結？亦即有餘涅槃所感得的積極力，在無餘涅槃中，將是如何的問題。

首先從實在的問題的表面言之，依據佛陀所述，一切是因緣所生，脫離因緣，則無一物。然而所謂無餘涅槃，畢竟是指脫離此因緣羈絆之當體，亦即不外於是無明滅，行滅，行滅而識滅，乃至生老死滅之當體。就此，佛陀說為「初知法住，後知涅槃」（pubbe dhammaṭṭhitiñāṇaṃ pacchā nibbāne ñāṇanti）。[5]從而若作論理的推究，所謂無餘涅槃，不外於是「虛無」之異名。此因無明（亦即欲生之意志）之當體若滅盡，則無一物留存。而且佛陀與佛弟子在述說此無餘涅槃時，喜好使用油盡燈火自然滅之譬喻，若從此喻推論，不得不說是「虛無」。另一方面，將無餘涅槃說為虛無寂滅之意，在論理上，可說是至當。宜哉，佛弟子中早已有持此意見者，到了部派時代，如經量部（Sūtrāntika; Suttanika）最是強調此說。尤其今日的東西學者之中，持此種意見者，舉來十指不足以算計。例如 Joseph Dahlmann 的《涅槃論》（Nirvāṇa S. 1~25）、Pischel 的《滅諦論》之結論（Leben und Lehre des Buddha S. 76）、Childers 的《巴利辭典》對於 nibbānaṃ 之解釋，最近 De La Vallée Poussin 在 “The way to Nirvāṇa”（Cambridge 1917）中的議論，比比皆是。

據實言之，筆者亦曾以此種意見為真，認為不作如此解釋的人，也只是作一種辯護性的救釋而已。但爾後，探察聖典文章背後的佛陀精神，在及於前節所述的有餘涅槃之考察時，方始覺察「虛無說」不能贊同。

首先徵於經典所載，對於無餘涅槃之境，佛陀雖無積極說明是如此的境界，但佛陀經常反對將此視為「虛無」。佛陀指出說為「有」不當，但說為「無」也不當。例如對於如來死後，其解脫心（vimuttacitta）有無之問，答曰：

> 如是，跋蹉（Vaccha）！欲以色計如來，如來已捨色。恰如多羅樹絕其根，已無生分，於未來為不生法。跋蹉！解脫此色之如來深遠不可計量如大海。說為再生不當。說為不再生不當。說為再生或不再生皆不當。說為非再生非不再生皆不當。欲依受計如來，如來已捨此受……（乃至有關想行識，其說明同於色）。[6]

亦即脫離五蘊的無餘涅槃之當體是所謂絕四句絕百非之境界，是「唯聖者所知」（paṇḍitavedanīya），

5. S.（2, p.124 ——南傳大藏經卷十三，相應部二，頁一八〇）；《雜阿含》卷十四（大正二，頁九七b）。
6. M. 72 Aggi-Vacchagotta-s.（I, p.487~488 ——南傳大藏經卷一〇，中部二，頁三一八f）；《雜阿含》卷三四（大正二，頁二四六a）。

故不許以經驗上的有無去來等概念計之。特應注意的是，否定有的同時，也否定無，因此，若虛無是真相，「有」雖可否定，但「無」未必得以否定。亦即無餘涅槃之境雖無天國、神、梵、我等之體相（此稱戲論之體），但仍有一「超越有無」的不可說、不可思議的存在，此不只可見於前揭經典，若徵於其他有關無餘涅槃之說明，[7]亦無可懷疑。應注意的是，佛弟子中雖有將無餘涅槃視為是虛無的，但佛陀及其高足弟子皆將此視為謬見，並訓誡之，努力導入於正解。例如有一名為焰摩迦（Yamaka）的比丘，認為漏盡之羅漢其最後是絕無之境，死後不存一物。諸比丘聞之，視為受邪見所縛（pāpaka diṭṭhigata），諫告勿違背如來，應撤回所言，但焰摩迦不接受，最後是請教於舍利弗。舍利弗指出五蘊非如來，但離五蘊亦無如來，更依五蘊無常，是苦，而述及五蘊無我之關係，令焰摩迦自覺己見之非。[8]此處應予以注意的是，諸佛弟子聽聞羅漢死後不存一物之言論後，視此為邪見，並要求放棄此見，經由佛陀高足舍利弗談論種種法義之後，焰摩迦遂撤回己見。亦即明白的顯示從一般的佛弟子到上足弟子，都認為將涅槃視為絕無之境，正是違背如來之所以。表面上看來，舍利弗沒有直接說明涅槃之當相，但從聽聞五蘊、如來、解脫與無我之關連後，焰摩迦放棄其主張看來，此間彷彿佛已默識涅槃之境。尤其「即五蘊非如來，離五蘊無如來」之說，觸及非即非離蘊我之當相，有助於解決涅槃之問題。總之，佛弟子之中，雖有基於因緣論的實在問題之表面而持虛無說的，但以佛陀為首，一般皆予以破斥，依此例所見，此乃是鮮明的歷史事實。亦即如同彼等不將有餘涅槃所感得的內面的積極力視為無，亦不許將其無餘涅槃之境視為絕無。

若無彼不生、不成、無為、無作，則亦無生、成、為、作之依處應知。

其不生、不成、無為、無作之當體，實是常恆之大依處，絕對之安穩所，表象上，不外於是絕對空，但就其自身而言，是絕對有之境，此即是彼等之所體會。就此而言，筆者贊成有部對於涅槃所作的解釋：「一切法中，涅槃最勝。是善，是常。超餘法故。」[9]

若是如此，應如何將此與實在的問題聯接而作解釋，筆者認為將此解為前篇末尾有關世界本質的問題時所述的法性當體歸一的境界，應是至當之見。亦即應視為動位之緣起法則與解脫法則合歸於不動之位的當體。

> 彼正知受（vedanā）。知受於現法成為無漏，身體滅時，住於法（dhammaṭṭha），聖者（vedagū）不入（輪迴之）數。[10]

亦即藉由感覺與感情之抑制，於現在得有餘涅槃，死後得無餘涅槃，但應予以注意的是，死後住於法，又不入輪迴部類之論述。此可以與先前所引用的「初始有關於法住（緣起）之智慧，爾後有關

---

7. 作為諸經關於無餘涅槃模範的定型說明，茲介紹《本事經》所載如次：
「云何名為無餘依涅槃界。諸苾芻！謂得阿羅漢，諸漏已盡，梵行已立，所作已辦，已捨重擔，已證自義，已善解脫，已得遍知。彼於今時，一切所受，無引因故，復不希望，皆永盡滅。究竟寂靜，究竟清涼，隱沒不（復）現，唯依於清淨。無戲論之體，不可謂有，不可謂無。不可謂彼亦有亦無。不可謂彼非有非無。只說為不可施設，究竟涅槃。名此無餘依涅槃界。」《本事經》卷三（大正一七，頁六七八a）；Itivuttaka 44（p.36 ——南傳大藏經卷二三，小部一，頁二八六）。
8. S.（3, p.109~115 ——南傳大藏經卷十四，相應部三，頁一七四～一八二）；《雜阿含》卷五（大正二，頁三〇 c f）。
9. 《大毘婆沙論》卷九八（大正二七，頁五〇八a）；《俱舍論》卷六（大正二九，頁三四a）。
10. S.（4, p.207 ——南傳大藏經卷十五，相應部四，頁三二一）；《雜阿含》卷十七（大正二，頁一一九c）；cf. 姉崎《根本佛教》（頁二六七）。

於涅槃之智慧」作對照。初始的法住是指動位的法性，爾後的法性是指不動位的所謂的絕對的法性。若是如此，歸一於絕對的法性即是無餘涅槃，此乃佛陀之所明言。更且如筆者先前所述，無論是緣起法或解脫法，若予以探究，終究是指意志自身之法則，故依此見地而言，所謂無餘涅槃，畢竟是指歸一於絕對意志之當體。此因所謂的絕對的法性，依此見地而言，主要是意志的存在，至少是意志性的。舍利弗所說的「離五蘊無如來，即五蘊非如來」，就此言之，是首見的有關無餘涅槃之當相，亦即解脫心（vimuttacitta）之當體的說明。爾後大乘佛教的《涅槃經》等，將此解為常樂我淨之當體，不外於道破此義。當然，從原始佛教的表面立場而言，如此的解釋雖是相當過分，但至少必然達此結論的傾向，在原始佛教中，既已具備，此應是不爭之事實。

知識只是自然之光。亦即彼乃是欲望之擴充，只是搜索自然之光而已。然吾等不具有掌握超自然而理解之機關。故吾人對於形而上的境界僅能以無欲、意志之否定、涅槃、空等完全否定的表現表述。

然其境界卻具有特有之積極性與實有性，與此相較，此明顯的大宇宙卻也等同於夢影呼吸與虛無。11

此乃佗暹有關意志之否定的論述，筆者認為此亦可移用在對於無餘涅槃之境的說明。其所說的特有之積極性、實有性，正意指絕對法性或絕對意志之當體——。

## 四、絕對法性之涅槃界及其後的思想

如是，將無餘涅槃界視為歸一於絕對的法性之當體，若是如此，彼具有何等作用？僅就原始佛教而言，此即是永遠之寂靜，絕對的止息之境。此因所以名之為絕對的法性，名之為絕對的意志，主要是與當體的本身有關，就現象界言之，不外於是終於實現其隱沒不現之理想。但從另一方面而言，此即是法性。是意志性。具備可動之作用力。更且從佛陀的趣旨言之，若其本願是救濟眾生，卻永遠隱居於無餘涅槃界，不再活動，此不應理。——如是，立於此一見地，在宗教、哲學上，有種種開展的，是爾後的大乘佛教，亦即彼等以絕對意志、絕對法性之涅槃為基礎，回過頭來開闢洞照現象之道。以此為出發點，茲試就其主要思想述說其道行如次：

首先就哲學的而言，大乘佛教特色之一的汎神世界觀確實來自於此。佛教的汎神思想所以產生，即在於對於一度予以否定的世界改為予以肯定，之所以有如此的迴轉點，主要是依據法性的立場，將絕對空（表象的）涅槃迴轉成絕對有（妙有）。最能闡明此道行的，即是依般若真空而迴轉為妙有的時期之思想，[12] 爾後的真如思想或華嚴等的汎神觀，皆承自於此。

尤其在此一方面，給予濃厚宗教色彩而予以具體表現的，即是《法華》。《法華》的特色是立於諸法實相觀之上，談論佛菩薩的永恆普遍的救濟。其諸法實相觀當然是承自般若妙有之思想，尤其所論述的佛壽無量（《如來壽量品》之要旨）以及觀音菩薩之救濟觀（《普門品》之要旨），不

---

11. P. Deussen : Die Elemente der Metaphysik（S. 249~250）。

12. 拙稿〈般若における真如觀〉大正八年度《新修養》（參照本全集本《大乘佛教思想論》）。

外於妙有之無餘涅槃的絕對意志向下的活動。

進而將前述之救濟與死後之思想連結的，即是以彌勒菩薩，尤其以彌陀為中心的往生思想。亦即無餘涅槃之境被相當的通俗化，此絕對的意志被具體化的寫象成以「人格的菩薩或佛陀為中心」的淨土，藉此揭示其救濟的力用。

據此看來，爾後的大乘——尤其有關其理想的方面——直接或間接都由此無餘涅槃之絕對法性觀或絕對意志觀出發，更且此法性是動態的，此為大乘之特色。當然，就法相的而言，雖是大乘，未必將無餘涅槃之境說明為動態的，但至少或稱以「真如法性」之名，或稱以「不住般涅槃」之名，意欲積極化活動化涅槃之意義，故終究可說是原始佛教涅槃觀所含的積極方面之開展。姉崎教授將此間之經過分成《般若》之空思想、《法華》之諸法實相、《大無量壽經》之彌陀思想等三潮流而作觀察，[13]筆者佩服其卓見之同時，更認為大乘的理想的方面都是由此而導出的。

---

13. 姉崎《根本佛教》（頁三〇三 f）。

# 附錄

## 原始佛教緣起觀之開展

（特就赤沼、宇井、和辻諸位教授所說而論）

# 上　近時的緣起觀及其得失

## 一、導言

緣起觀，無庸贅言，是大小乘，佛教的人生觀、世界觀之根本基調。尤其在所謂的原始佛教中，占有最重要地位，說為「若無緣起觀，則無原始佛教之立場」並無不可。但進一步言之，有關緣起觀的確定意義未必明確，其中存有提出種種異解之餘地，此應是不爭之事實。大體上，以吾等有情為中心，一切現象是在相互的關係之上成立，更且如此的關係之間有一定法則，離此，並無孤立的獨存者，此即是緣起觀之精神，然對於關係之範圍、樣式與法則的確定解釋，則有從相當不同立場而下解釋之餘地。此因被視為原始佛教之根本資料的五部四阿含中，有關於此的說明大抵極其簡單，對於不同立場所作的說明並不多，故難以了知何者是其真意。因此，基於此等資料，意欲發揮佛教真意的爾後的註釋家或神學者（阿毘達磨論師），對於緣起觀產生種種異解，也是自然之數，尤其到了近代，基於自由的立場，對佛教作批評性研究的人之中，企圖應用西洋哲學之思考而確定其觀念，更產生出不同的解釋。

筆者在撰述《原始佛教思想論》之際，對於此一問題曾下相當的苦心。但當時，筆者所採取的研究方針是以阿含部聖典為主，意欲從此間窺出爾後所發展的大小乘思想之淵源，筆者相信依此方針，對於原始佛教緣起觀，若依大約三種不同的立場予以解釋，應是至當的。亦即第一種，主要是從以現實生活為基礎的同時的依存關係之立場，此以心理活動之樣式為主，更且最能傳述其原始面影。第二種是將此視為是闡明生命之發動與進展的經過方式，尤其將此對配一生而作觀察。第三種是以所謂「分位說」闡明三世輪迴的相狀（《原始佛教思想論》，頁一四四—一四八）。當時雖然沒有明言，但筆者認為由第一種立場導出爾後的般若與華嚴系思想線，從第二種立場導出唯識思想，由第三種立場導出爾後小乘教的三世兩重觀。

但剋實言之，第一種與第三種，縱使並非全部，但都容易從經典表面的說相導出，但第二種，可以說只是基於止揚第一與第三的立場，故若拘泥於經典的表面論述，將含有相當多的私人見解。但若重視此第二種的立場，藉以整理原始佛教的思想而探察大小乘之間的連絡，可以說作為筆者個人的特殊見解，是《原始佛教思想論》（大正十一年，東京）刊行的主要動機。對此，筆者在序文，在本文內，經常明言之。從而筆者既期望筆者的「原始佛教思想觀」，對於今後的佛教思想發展史之處理多少有所助益，但也預期筆者將受到部分學者相當嚴厲的反對。此如筆者在該書序文之所指出：「從重視傳統解釋的角度，被批評為異端的解釋；從文獻的考證家的角度，被非難為獨斷的解釋。」

筆者的預期果然實現。對於學界能否給予多少助益，筆者無法明言，但非難是從兩方面而來。此即發表於大正十四年一月號《宗教研究》（新二一）的赤沼智善教授的〈十二因緣の傳統的解釋に就て〉之論文，以及在同一月份的雜誌《思想》（第三十九號）發表的宇井伯壽教授〈十二因緣の解釋—緣起說の意義〉之論文。前者主張原始佛教的緣起觀之真意，應如爾後所作的「阿毘達磨論」的通常解釋，是時間性的闡明輪迴相狀；後者主張十二緣起之原意是論理性的究明此所予的現實生活之相狀，因此若視此為「時間的經過的因果關係」之說明，將無法契合根本佛教真意。亦即就筆者所舉的三種立場而言，赤沼博士主張第三的「分位說」是緣起觀之原意，宇井博士主張其原意較近於第一之立場。縱使表面上沒有表現，但對於筆者所指出的第二種解釋，赤沼與宇井都不能同意，此從其所論語意得以窺知。

如筆者所預期，此兩篇論文的同時發表，實令筆者深感愉快，虛心坦懷拜讀之後，發現都是經過緻密的文獻考證而得的結論，縱使有別於筆者所見，但在學術上，極具價值，故深表敬意，更且對於從此等獲得有益的資料以及其解釋中得到種種啟示，更是無任感謝。尤其對於從四部四阿含中，探究聖典發展階段，意欲發揮所謂的根本佛教特異性的宇井，更令早已認為有其必要的筆者，生起莫大之敬意。

但就其後有關研究此一問題的進展看來，爾後赤沼教授對此保持沉默，更且亦無立於分位說，踵繼其後而布其論陣之鬥士，反之，繼宇井所說的論理的解釋之後，今年（大正十五年）七月至九月，在《思想》雜誌上，和辻哲郎教授所作的更徹底的推進，在最近的佛教研究界大放異彩，引起眾人注目。和辻教授於其所論中，隨處非難筆者所採取的心理論的生命論的解釋，其之所言非常猛烈，雖然其中某些意見只是出自異於筆者的研究態度，但也有不少是筆者自應反省的，因此，雖備受批評，但仍視為是另一種見解，始終都以重視的態度視之。

自此，二年以來，有關原始佛教的緣起論，類此的有力論文紛紛由備受尊敬的學者發表，更且或直接或間接的批評筆者所論，對於此等攻勢，筆者是否需要變更從來的解釋？此乃筆者經常被問及的問題。筆者通常是極為率直的回答——赤沼所說或宇井、和辻所說，其論究法極為精緻，但終究只是另一種見解，更且只是含有推測的一種見解而已，據此，無法真正發揮原始佛教原意。尤其赤沼所論，在對於傳統解釋給予契經作為依據的文獻性的基礎之上，確實有卓越成績，但就原始佛教本身的立場而言，是過分受制於傳統解釋。而宇井與和辻兩位所說，無疑的，在某一方面，近於原始佛教之立場，但又過分傾向於近代的論理主義，故不免有欠缺原始佛教的率直感與實際感之憾。如是，筆者認為兩者都是應受尊重的一種看法，但並不認為此乃是唯一的原本意義之發揮。同時，筆者所採取的解釋，雖有應予以訂正之處，但大體上，筆者至今仍然相信筆者的「緣起觀之中心是意欲揭示以苦為中心的心理生活之樣式，而更進一步的推進，即是生命論的立腳地」的主張，在原始佛教範圍內，應能獲得支持——。

筆者最深感遺憾的是，筆者撰述《原始佛教思想論》之際，就最初的預定而言，是著重於大小乘思想之架橋，盡量一般化，因此，在特異性之發揮上，略嫌疎忽。對於筆者此一意圖與立場不能諒解的讀者，相信必有不少人認為本書雖以「原始佛教思想論」作為書目，但其中所論完全是以異於爾後大小乘教的原始佛教的特異立腳地而作論述。為防止產生如此誤解，筆者在本書的封面，在序文中，一再提醒應注意筆者的意圖，但由於欠缺內容上之敘述而產生如此結果，實令筆者深感遺憾。尤其在緣起觀之章節中，雖指出筆者所揭三種觀點的第二種有前後止揚之意味，且是筆者所喜愛的解釋，但由於沒有明白述說其理由，遂被認為筆者將此視為是原始佛教緣起觀的關心焦點，實是出乎筆者意料。坦白而言，原始佛教的緣起觀就其根本之關心點而言——如同其他教條——都是極為單純，且極為實際。但就當時的學風而言，此關心之焦點其量圈的範圍相當廣，且具有種種色彩，此量圈逐漸被意識到時，其內容逐漸複雜化。更且此未必僅限於在佛陀滅後，前後約半世紀的佛陀住世中，也有其傾向，直至滅後約一百年左右，才暫告歇止。筆者在《原始佛教思想論》中的立場，只是將關心的焦點置於心中，僅只意欲探察暈圈內的思想的意義，而緣起觀的第二種的生命論的解釋，實是窺見焦點至暈圈的有力途徑。從而若將此視為是焦點本身，無可懷疑的，是太過分，但就至此之原動力含於焦點之內而言，此仍是原始佛教之見地，同時，據此得以窺見爾後發展的大小乘教的所謂生機論的立腳地之連絡，此乃筆者特愛此一解釋之所以。在筆者之撰述中，沒有餘裕詳論及此，導致產生前述之誤解，誠是遺憾。筆者對於赤沼所說，宇井、和辻所說——就某一種見解而言，深表敬意——或許筆者所說稍嫌失禮，但不贊成將彼等視為唯一的原本解釋之理由，在於諸氏對於前揭種種並無全然了解，卻硬將其中一方抹殺之舉。

基於去年以來諸氏之所發表以及據此對筆者的解釋所作批評此一機緣，筆者將前述若干缺點予以補足，並對於諸氏所作的解釋略作批評，是筆者撰此論文之所以。但在此必須預先聲明的是——

（一）首先應是以筆者所說的原典批評為主要。但現今無暇顧及於此，因此，大體上，同意宇井與和辻所說的五部四阿含中有新古層，但關於具體的問題，將僅止於必要論及之程度。

（二）此雖僅只與原始佛教有關，但在處理印度文獻，以及探索經典所表現的表面文句之外，潛藏於其背後，而且至此的心理的論理的經過，也有必要探索，此乃筆者經常的主張。從而此一方法——當然在一定限界之下——也應用於此。

（三）因於筆者的《原始佛教思想論》而引發赤沼、宇井、和辻諸氏之文，進而筆者又有此論文之撰述，因此在利用文獻之際，對於前揭諸文中的考證或引用，在無異論的情形下，是完全的予以承認，不再作繁雜的考證。

（四）此論文是受赤沼等三人的刺激而撰，因此論述體裁之順序，首先是檢討此三人所說，然後移至筆者自己所見，議論的方式是以大綱為主，不過分拘泥於末節。

## 二 宇井、和辻兩人的論理解釋及其得失

將原始佛教緣起說作論理的認識論的解釋，如和辻教授所指出，是以 Max Walleser 的 "Die philosophische Grundlage des älteren Buddhismus" 為初始。但也有著名的專家對此持反對之論，歐洲的部分學者除外，並沒有太多的追隨者，近時恐是受此解釋所刺激，國內的宇井與和辻等兩人盛行主張此論理性的解釋。宇井雖作為此說提唱者之先驅，但剋實言之，其所說之中混入常識的實在感，不免有無法徹底推進之嫌。相對於此，和辻所說，大體上雖繼承宇井之說，但排除其常識觀，徹底的抱持論理性的見解，就此立場而言，可以說是代表性的解釋。因此，筆者在觸及所謂論理主義的解釋時，主要是以和辻為中心，配以宇井所說而見其得失。二人所說的特徵最具代表的，有如下數項。

（一）同樣的「阿含經」與「尼柯耶」之中，其中含有新古層。就緣起觀言之，大體上，《雜阿含》（相應部）所載最古，《長阿含》、《中阿含》所載較新。又，縱使同是《雜阿含》所載，含有說明的較新，而述說簡潔的較古。因此，為闡明緣起觀的原始意義，盡可能應是依據較古的。將古緣起經及其解釋經與阿毘達磨的解釋，斷然予以區分，此即是宇井與和辻等所論的文獻的方法論。

（二）同樣被稱為「緣起經」的，其中又含有大小種種系列的數十種經典。但彼等未必是同一

立腳地的廣略主張，而是具有各種特殊立場的見解，因此其解釋不能混同。更且就歷史的而言，初始簡單且不整然的，逐漸經過整理，最後才形成十二緣起說，因此既以十二緣起為標準，則其他的「小緣起經」只是其基礎而已。完全依據論理見地的，始自於六支緣起，及於九支、十支、十二支。——此乃宇井不多談，和辻之所力說的，承繼自 **Walleser** 所主張的不是從全體的立場，而是從特殊經典之立場而解釋緣起說。

（三）緣起觀（尤其是十二緣起觀）最初的目的，並不是意欲說明吾人是如何的發生與開展，而是承認此特定的事實，就此而探究有情的生存，可以說論理性的揭示既成的結構的成立條件是其任務，此間並沒有與時間的經過有關的觀念，此乃宇井與和辻所提出的主張。尤其和辻力說六支、九支、十支、十二支等緣起觀各支之間的關係並不是就生理、心理的事實而作分析性的觀察，而是意欲揭示法與法之間的論理性的關係（和辻將此說為根據的關係）。和辻所說的「法」，就筆者所了解，是將阿毘達磨論師所說的「任持自性，軌生物解」的定義，更為論理化，認為此非實物，而是令事實成為事實的根本規範，亦即可以說近於康德所說的「範疇」。如是，和辻將十二緣起支的各支，視為是如其名所示的事實之根本規範，更且意欲揭示其中所含論理性的進展的樣式，是緣起觀的要旨，將此視為生理的心理的事實關係，可以說是脫離其要旨，是與當時的常識論妥協的第二義的立腳地（無論是歷史的或思想的），此即是和辻的根本主張。從而（宇井也是如此）依據和辻所述，十二緣起說的原意在於概念的模型的揭示人生的存在樣式，而非意在具體的說明人生。

宇井的說明，尤其和辻所說，極為緻密，雖是長篇論文，但其特殊的主張可收納為前述三條。如是，就筆者所見，此三點含有極殊勝之價值，無疑的，在緣起觀研究之上，是一大貢獻，故筆者對此表示敬意，並為學界祝福。不只如此，縱使其所得結論，就全體而言，筆者雖不認可，但其部分的主張令筆者表示同感的，實是不少。

在文獻的處理方式上，不趨於極端，誠然至當，無論在公眾或私人的場合時，筆者常提起在探索五部四阿含中的思想發展階段時——雖未能真正成案——大體上，應以前揭方針進行研究。又，關於緣起觀整理的問題，究竟需將此視為佛一代之間或是經由數代而完成，是另外的問題，總之，其間經過發展，筆者對此深表同意（《原始佛教思想論》，頁一三三以下）。又，緣起觀最初之關心焦點——論理性的解釋是至當，或心理的解釋是至當，是另外的問題——是以此所予的人生之現實相為出發點而進行考察，此乃筆者所揭三種解釋的其中之一，筆者在《原始佛教思想論》如是述說：「……從而十二緣起未必是依循時間順序的考察，此乃應予以注意的第二點。其大部分都是在顯示同時的依存關係。換言之，從種種立場觀察有情的組織與活動之關係，因主要素與從屬要素的次第性關聯而形成此十二支。」（頁一四四）當然，筆者並非認為緣起觀不具有時間的經過之意，但對於宇井、和辻認為有關三世輪迴的述說，並不是最初主要的關心點，筆者也是贊成的。

就此而言，至少在形式上，筆者同意兩位所說，坦白言之，對於和辻的緻密的論理主義的解釋，至少在某種意義上，嘗試將佛教思想與現代流行的思想相結合，是值得稱讚的。

但上來是從大體論之立場而作批評。若更進一步，嚴密且具體的檢討前述主張，無論文獻的，或理論的，若從原始佛教的根本性格而言，不能忽視此二人的主張之中，充分含有不能說是原始的解釋法的獨斷的要素。外表上，雖有極為綿密之考證，但其解釋仍有先入為主之見，此若是公平的研究佛教，將很容易發現。今試揭其主要論述如次——

（一）首先是文獻上的處理方式，大體上，前揭的方法誠然妥當。雖然如此，但不能忽視此間混入了主觀的解釋，且僅只取用其所適用的。將簡古雄勁的《相應部》（雜阿含）之緣起經視為古文獻，大體上，所見甚妥，但剋實言之，彼等所述極為簡明，故可作任何解釋。況且斷然將彼等與詳細說明的經論區別，當作獨立資料使用，極有可能形成是任意的解釋。筆者敢如此明言：宇井、和辻氏，尤其和辻的論理主義的解釋，是先從簡古的緣起經的論調中，感受一種印象，對於未能支持其說的經論，都視為是第二次的，能符合的，則取之，作為論證使用，對於不符合的，則予以忽視之，此乃筆者對於其方法論不得不抱持懷疑之所以。若將概論性的簡潔的緣起經視為是第一次的，而將具體詳說的視為是第二次的，何故沒有更進一步探索潛藏於概括性論述之背後的緣起觀其所關心的意義。若只有文獻是唯一線索，何故將有具體說明的經典輕視為是第二次的？此因既以文獻為主，則簡古的經說其具體的意義，只能從縱使編輯上，屬於第二次的所謂解釋經之中窺出。無論宇井或和辻，雖聲稱是文獻的批評，但實際上是以符合自己所見的教理的解釋為標準，配合自己所說，納入獨斷的解釋之舉，實令筆者深感遺憾。

（二）如是的文獻的處理方式潛藏著不合理，看似巧妙的架構，然其論理主義的解釋終究不能獲得文獻支持。今以和辻所揭之例證明之——和辻將《長阿含》之《大緣方便經》（D. 15 Mahānidāna-s.）所載作論理主義的解釋。依據和辻所述，此經雖是一種解釋經，但由於是九支緣起之解釋，故捨此別無他法。如是，和辻從所謂逆觀的老病死出發，就其各支依其所持立場探索其論理性的關係，而抵達於「觸」。雖然如此，但在規定第八支的名色與第九支的識的關係時，卻遭逢文獻上，無論如何辯解都難以超越的難關。此因《大緣經》將識與名色之關係，明白且具體的解釋成托胎時的身心之組織（名色），以及以此為中心的心魂（識），此中毫無得以附加論理關係之餘地。此如和辻所言：「依據如此解釋，對於九支緣起之註釋甚為困難。此因此中有將名色解釋成母胎中之胎兒，將識與名色之關係解釋成受胎瞬間之文句。」（《思想》第五十八號，頁五八）但和辻硬是以比喻的方式作如次解釋：「所謂母胎，無論意義上，或形體上，都是指未受特殊的限定，從而尚非名色，而是無。是由於識，亦即由於區別而受特殊的限定，名色才成立」（《思想》第五十八號，頁五九），但如此的救釋，對於真正處理文獻的人是毫無一顧之價值的。從而若此救釋不能成立，至少就九支緣起說而言，和辻所提出的其他七支間的論理的關係，也只是和辻氏的任意解釋而已。為突破此一難關，和辻著眼於十支緣起說，相傳在舍利弗與摩訶拘稀羅二人的問答之中，二束蘆草之相倚曾被用以譬喻識與名色相倚而成立的關係（S. 2, p.114 ——南傳卷十三，相應部二，頁一六六；《雜阿含》卷十二——大正二，頁八一b），對於認識論的關係，和辻意欲給予文獻上的證明。對於依據束蘆之比喻而作的識與名色的說明，筆者也是解釋為認識的關係（《原始佛教思想論》頁八五），因此沒有異論。雖然如此，但筆者所說，是與十二處說等有關連的解釋，剋實言之，其本身未必只是認識論的意義。是可作各種解釋的文句。在《無礙道論》（Paṭisambhidā-magga 2, p.72 ——南傳卷四〇，小部十八，頁四二五f）中，一般是將識與名色的相互關係解釋成表現續生之剎那（paṭisa ndhikhaṇa）的「俱生緣」（sahajāta paccaya）之關係，是相當生理的，因此，就《雜阿含》所表現的相互依存（aññaṃ aññaṃ nissāya）而言，吾人的心理活動並不是孤起，必然是相互相應俱起的關係，亦即是指所謂的「相互緣」（aññamañña paccaya）。總之，雖有如束蘆之相倚關係，但就此可以作種種解釋，退一步言之，若如和辻之所說，解釋成認識論的關係可以彌補九支緣起說

支緣起經行不通，求救於十二支經；又行不通時，又反過來求救於九支經，如此的方法，僅能勉強維持其體裁。絕非和辻所宣稱的出自公正的文獻處理，此依前文所示，可知已是無可懷疑的事實。對於自己的論點無法與文獻銜接時，和辻經常如此慨嘆：「此中，有時間的因素加入自是當然，但作為緣起說，此顯然是失敗的」「九支緣起之註釋經——為筆者之解釋提供不利的材料」等，但原始佛教緣起觀並不是顧慮近代論理主義的要求而成立，而是基於自己的獨自的立場，故此舉行不通。

要言之，不受限於先入之見，而是公正的依據文獻，至少審慎處理文獻的考證，應是學人之義務。

（三）其文獻的處理方式不合理，當然導致教理的處理方式也是相當不合理。全體的論理主義的解釋態度固然無庸贅言，對於一一題目，就佛教本身的立場而言，不能令人接受的解釋相當多。因相當煩瑣，無法一一指出，但最令筆者無法接受的是，對於無明的解釋及其處理方式。無明，如同「欲」，在佛教的人生觀上，具有相當重要之意義，從而就十二緣起觀而言，是作為出發點，故處理方式若不得當，至少就十二緣起說而言，將導致緣起觀全體都不得當。

筆者在《原始佛教思想論》中，指出原始佛教的無明是指對於生存的盲目的肯定，可歸著於「盲目的意志」，對此，宇井與和辻抨擊筆者此說並無文獻作為支持，筆者的理由將於後文述之，就筆者而言，宇井與和辻的無明觀不能說是完全的。宇井將十二緣起之無明解釋成「不知佛陀之根本思想」（《思想》第三十九號，頁一一、一五等），認為十二緣起的目的不外於是以論理的架構揭示不知此佛陀根本思想的人（凡夫）之心行，此乃是其「緣起說之意義」的要義。經典所說的無明，若是用以指稱不知四諦之理，顯然可以接受，但若是如此，則所謂的「佛出世或不出世皆無差異」，亦即緣起法則的常恆性之意，則無法了解。對於佛出世之後的無明，可以作此說，但對於佛未出世以前的無明，至少是無法說明的。若佛陀的根本思想是指以佛陀之根本思想為代表的「法」之真相，從而所謂的無明，不能作如此理解，當然相較於先前，此乃是更深且正確的見解。若是如此，何故吾等凡夫不能理解法之真相？導致不能理解的根本動力是何者？此等必須論究，但宇井對此並沒有推進，對於緣起觀考察之出發點，只是單純地指出「不能理解佛陀之根本思想」，如是一語帶過，從而其論理的解釋，縱使可以成立，但就普遍妥當之真理而言，不免有力弱之感。相對於此，和辻繼承宇井所說，但特將此說為「自然的立場」（例如《思想》第五十九號，頁一二），對此，筆者感覺特別深刻。此與筆者述及佛教的人格的進展時，所指出的從自然態進入道德態，最後到達超道德狀態（涅槃），更且將其自然態解釋為如同無明、欲愛之狀態（《哲學雜誌》第四六一～四六二號）暗合，故筆者特有共鳴之感。但如和辻自己所指出，若立於將「行」理解為「為作」的概念化的立場，則無論如何深入思考此一概念，都無法與「自然的立場」的無明之概念作論理的結合。因此，和辻在計窮之下，不得不作出「在緣起說中立此無明，是為顯示此行也是被制約的，是為此而立無明」（《思想》第五十九號，頁一一）如此驚人之結論。此乃是和辻將生老死以下的十一支，都一般化為和辻所說的法（亦即規範），對於所遭逢的難關而作的救釋，筆者對於和辻的公正學者的勇氣表示敬意，但問題是，若是如此，佛教的立場將會崩解。種種緣起觀中，「無明緣起」與「有愛緣起」是最為根本的，十二緣起說不外於是此兩種緣起之結合，對此，古來論師早已道破，將無明與渴愛視為緣起觀之中心（參照 Visuddhimagga p.525 ——南傳卷六四，清淨道論三，頁一六九）。對於無明，若非如此處理，則其論理主義的解釋不能成立，若是如此，為保持佛教教理之純真，筆者不得不希望其論理的解釋不能成立。

（四）無論宇井或和辻，都力說緣起並無「因果」之意，從而此中不含有時間性的繼起之意。作為證明之一，不斷地解釋「緣」（paccaya = pratyaya）之字義，強調其與「因」（hetu）有所區別（《思想》第三十九號，頁五二以下）。誠然，就某種程度言之，此說為正。如同部分西洋學者之所解釋，筆者也反對將緣起觀念與因果律（Caūsality）混同，《原始佛教思想論》如次指出：「要言之，廣義而言，解釋成關係或條件之義，亦無妨。」但並不是將緣與因完全區別，宇井將因解釋成如同自然科學的原因（《思想》第三十九號頁五二），是斷然不得當的。因與緣混用，是原始佛教最常見之例，如此的解釋較為適當。例如「諸法依因而生（hetuppabhavā），佛陀說此因」（Vinaya I, p.40 ——南傳卷三，律部三，頁七三）「此形非自作，非他作，依因（hetuṃ paṭicca）而生」（S. 1, p.134 ——南傳卷十二，相應部一，頁二三〇）等等，從佛教的立場而言，無疑的，可以解釋成緣起之義。就此而言，《長部》的《大緣經》將因（hetu）、緣（paccaya）、支（nidāna）、集（samudaya）等視為同義，繼承此說，覺音指出「說為緣，說為因，說為原因，說為支，說為生，說為起，就意義而言，是同一，只是名稱不同」（paccayo hetu kāraṇaṃ nidānaṃ sambhavo pabhavo ti ādi atthato ekaṃ vyañjanato nānaṃ —— Vism. p.533 ——南傳卷六四，清淨道論三，頁一八一），安世高也作如此解釋：「或曰發，或曰生，或曰起，或曰有義，同文別」（安世高譯，《人本欲生經》——大正一，頁二四二），從原始佛教的立場看來，應是至當的。故無論如何探索因與緣的關係，最後應到達所謂的因緣（hetupaccaya）之觀念，據此得以證明並沒有否定時間的繼起關係，至少沒有否定動機（hetu）與結果（phala）之間的繼起關係。

就筆者所見，較此「緣」的字義的探索更為重要的文獻批評的研究，宇井與和辻卻忽視之，最為遺憾。例如「有此故有彼，此生故彼生，無此故無彼，此滅故彼滅」的緣起的定義應如何解釋？宇井雖多少觸及此一文句，但對於重要的「有此故有彼」（Imasmiṃ sati idaṃ hoti）以及「此生故彼生」（Imass' uppādā idaṃ uppajjati）之間的區別，並沒有給予特別注意，而和辻則完全沒有觸及。就筆者所見，作為緣起之定義，此兩句並舉實有深義，絕非重複述說同一事件，此徵於滅觀也是同樣並舉可以知之。筆者認為「若有此故有彼」之句是顯示同時的依存關係，而「若此生故彼生」之句則是顯示異時的繼起關係（《原始佛教思想論》，頁八二），古來的大論師持此見解而作解釋的人不少。例如覺音，就筆者所理解，即是持此見解，彼對於「緣」之意義，作如次解釋：

> 依此而行，故說為緣。依存此而轉之義。一法依存他法，或住，或生時，彼法稱為他法之緣。
>
> （Vism. p.532 ——南傳卷六四，清淨道論三，頁一八一）

應予以注意的是「或住，或生」（tiṭṭhati vā uppajjati vā）之說。更且此乃覺音一再重述，更有「一法成為他法之住立（ṭhiti），或發生（upapatti）之助因（upakāraka）時，稱此法為他法之緣」（ibid. p.533 ——南傳卷六四，清淨道論三，頁一八二）之說。亦即必須將此處所說的「住」或「住立」，解釋成是相應「有此故有彼」的同時關係，所說的「生」或「發生」，解釋成是相應「此生故彼生」的異時關係，除此之外，別無他法。《俱舍論》所揭更為明白。曰：

> 何故世尊說前二句。謂「依此有彼有」及「此生故彼生」。為於緣起知決定故。如餘處說。「依無明有，諸行得有，非離無明可有諸行。」又為顯示諸支傳生。謂依此支有彼支得有，由彼支生故，餘支得生。（《俱舍論》卷九——大正二九，頁五〇c）

亦即緣起觀之要旨是共存關係與繼起關係並揭，此乃南北傳的大論師一致之意見。從而以論理的意義解釋共存關係，既然不能否定，何以對於繼起的關係不能納入時間的觀念？

當然宇井或和辻可能作如此反駁：無論覺音或世親都將緣起觀視為是在說明輪迴，故有前揭解釋之提出，但覺音等所述不能視為得以公正揭示歷史的第一次之意義。若彼等真作如此反駁，則彼等既重視其解釋，亦應指出其非理，亦即彼等有義務提出能顯示前後兩句皆有論關係之論證。相較於「緣」之一字，此乃闡明緣起觀念之必要文獻。然而無論是宇井，或和辻都不觸及於此，此乃筆者無法理解的。

（五）前項雖已觸及，但一般而言，除去時間的觀念，僅以論理的解釋探索緣起觀，不能獲得任何經師或論師支持，此乃必須特加注意的。當然，勉強說來，爾後出現的大眾部的「緣起支性無為論」，或有部的「不相應行法」，或大乘佛教就諸法而立其真如，換言之，在概念與實在的看法之中，依其所見，可以獲得論理主義的意義。

但立於如此主張的部派，在說明十二緣起觀時，仍然不是作純論理性的處理，何況不同意如此主張的，其形跡可以說幾乎不得見之。宇井雖以華嚴中的「三界虛妄唯是一心，十二緣分皆依心」二句作比擬（《思想》第三十九號，頁七一），但若據此而將時間的繼起的意義從十二因緣觀排除，用以證明論理主義的解釋，則完全是速斷。此僅只是「十地品」中，對於第六地的說明中的十種緣起之一，不只如此，就筆者所理解，此「一心說」，勉強可以說是《大毘婆沙論》等所說的剎那緣起。此徵於其他九種解釋，都是以阿毘達磨通常所見的時間的緣起觀為基礎，即可知之。更且此剎那緣起觀也未必排除時間的經過之觀念，主要是在強調其極短的時間，因此，以此為基礎的《華嚴經》之立言，並不具有宇井所要求的證明之力。當然，縱使如此，筆者亦非反對十二因緣皆是由心。筆者也認為如此的解釋是至當的，在《原始佛教思想論》中，筆者如次指出：「亦即能掌握如此無數關係的，在於心（citta），若無此心，因緣論不得成立。」（頁一三九）但是筆者並不認為必須將緣起觀作概念的論理的解釋，才能得出如此結論，而是認為佛教之真意在於無論縱向的關係（時間的）或橫向的關係（同時的），都是印入心上的現象。又，宇井為證明其之所說而如是指出：「……不只是根本佛教，後世的正統佛教都是基於此說，般若經或龍樹的一切皆空說不外於是此義的另一種表現方式……。」（《思想》第三十九號頁六〇）但此絕非正確的證明。筆者也同意「諸法皆空說」是緣起觀之結論（《原始佛教思想論》，頁一五四），但此中亦包含時間的關係。此依覺音與龍樹所說，得以證明。無論覺音或龍樹，對於緣起論都明顯的以三世兩重之關係作說明，龍樹如是道破：「因緣所生法我說即是空」，覺音則以無明等非我我所而說：「十二因緣是空，有輪（bhavacakka）是空。」（Vism. p.578 ——南傳卷六四，清淨道論三，頁二七〇）

如是，就筆者所知，小乘經論固然無庸贅言，縱使大乘經論，剋實言之，將時間的心理的觀念從十二緣起論中排除，純粹作認識論的解釋，自始就不存在。若宇井、和辻的解釋能得根本佛教真意，則表示爾後的大小乘論師經師都逸脫原意？如此的解釋果真妥當？若緣起觀的原始的意義果真是論理主義的，縱使其間曾發生任何變化，但多少應存留於後世，但並無此痕跡，可以說此乃是無法理解的歷史現象。

相對於此，如是長久埋沒的緣起論，其原意若是在二十世紀，才片面的，才由 Walleser 恢復，進而由宇井、和辻，尤其是由和辻完成，筆者只能閉口不語。

（六）最後應揭出的是——縱使意見相左——如前所述，宇井、和辻的解釋，至少無法表現原始佛教的直率感與實證感。宇井所說的「十二因緣只是定型的表現，並沒有一一例示事實——」（《思想》第三十九號，頁三九）和辻也贊成此說，進而指出「緣起說的研究必須更廣範圍推進，更根本的探究」（《思想》第五十七號，頁四）。就筆者而言，此中存在相當大的疑點。從經典的表面看來，十二緣起觀是相當定型的表現，但如後文所述，若忽視其根柢是當下的問題，從而其中潛藏著對於現實人生的觀察，則無法掌握緣起觀的原始意義。尤其五部四阿含中，既有新古層之別，則基於揭示最原始意義之立場，相對於原始佛教，另附以根本佛教名稱的人，應是努力從其定型的表現中抽出實證的意義，然而卻主張喜將一切配合定型表現的阿毘達磨論師也作此說，以此立場解釋緣起觀，如此的態度可以說筆者是百思不得其解的。有關十二緣起觀是佛陀於菩提樹下思惟之經過的傳說，今姑且不論，至少對於佛弟子而言，此乃是用於證悟的實修方針，換言之，是禪定之公案，從宇井將此說為「觀念之方法」看來，應該也是認同的。若是如此，認為是沒有內容的論理的形式，終究不可取。縱使形式上，是定型的，若認為此為實修方式，則其本身已含有實證的內容，此若靜讀種種緣起經，相信任何人都能承認的。和辻認為具體的心理的，是第二次的，而抽象的論理的，是第一次的（《思想》第五十九號，頁十七～十九），就筆者看來，此正好相反的，而且是歷史的事實。其理由且留待筆者據此而述說的「緣起觀之開展」述之，總之，將十二緣起視為自初始即是論理要求的產物，是錯誤的，若忘記自初是從實修的實證的立腳地出發，斷然不能獲得緣起觀之原意。

上來的六個理由，是筆者依據文獻，不能贊成宇井、和辻所說的主要根據。若彼等稍加節制，稍留解釋的餘地，筆者當然不予以置喙。即使是傳統的，對於緣起觀仍有種種異解，何況西洋學者中，依其所好立場，或是科學的，或哲學的，作近代式的解釋的人也不少，因此，既然已有 Walleser 作出認識論的論理的解釋，則彼等有如此的解釋，亦不足為奇。但既然兩人唱說完全是立於原典批評之上，然其所說的歷史的，卻採取唯此獨一而排斥其他解釋的態度，則是筆者萬萬不能贊成的。從而對於宇井與和辻，尤其是和辻，指出筆者《原始佛教思想論》中的缺點——筆者心懷感謝之念，也予以承認——但對於根本的立腳地，實無法依從彼等所說的理由即在於此，此乃筆者必須明言的。

## 三、赤沼的傳統解釋之得失

上來是就宇井、和辻的論理主義解釋所作的評釋，若是如此，赤沼傳統的解釋（輪迴論的解釋）又是如何？就某種意義而言，相較於前述兩位，赤沼所說不合理的較少。此因無論相應部的簡古的緣起經，或是所謂的解釋經，就所見看來，與傳統的解釋並不矛盾。但就其解釋而言，筆者不能滿足的是，沒有表現古緣起經中對於人生，尤其以老病死為中心的苦觀的心理活動的精神。筆者並不否定古經典中已含有輪迴之意，但若公正的閱讀經典，仍應是著重於現實活動（主要是心理的經過）的觀察，此乃是不爭之事實。不只是宇井與和辻，Walleser 等人也以前揭現象為材料，專就現實的存在而作解釋，縱使其全體不合理，但徵於大致的事實，仍具有值得反省之價值。但赤沼不只對此全然不注意，如前所述，其所發表的考證，是以筆者所提出的三種解釋中的第一與第二為主，排除以現實為主的解釋，意圖將一切都歸結於輪迴為主要，對此，筆者若作無忌憚的批評，可說是過猶不及。不只如此，就同樣的傳統的解釋而言，在南北所傳的種種經論中，已有種種解釋，更且其中有相當的差異，此應是赤沼早已了知。但赤沼對此卻忽視之，其所採取的方法是，南方僅以覺音為主，北方專以有部系論書為基礎，從經句論句之間探索文獻的連絡，藉以維持傳統的解釋，因此，縱使其考證相當緻密，但就全體而言，不免有失於輕率之憾。對於五部四阿含以後的經論中的緣起觀，赤沼若能追隨解釋上之變遷，探究初期論書緣起觀之要旨，從而即可了解原始佛教緣起觀的關心焦點。就此而言，如同和辻，筆者也確信赤沼並不是妥協於傳統，是為既成教團服務而發表此論文，同時也認為無論任何人，只要是公直的讀此論文的人，都同意此乃忠實學究的成果。

# 中　緣起觀的根本精神

## 一、方法與資料

如前所述，無論宇井與和辻所作的論理的解釋，或赤沼氏所作的輪迴論的解釋，都未能發揮緣起觀的原本意義，對此應作如何解釋，才能得其真意？坦白而言，實是相當困難。對於他人之解釋，容易置喙，若自己所作的是他人無法動搖的透徹的解釋，相信任何人也不得不閉口。如前所述，吾人所見的緣起觀相關資料雖有其關心焦點，但隨著觀點的差異，多少也流傳色彩不同的思想量圈，因此以此等作為材料，作一貫之解釋，終將產生某種程度的偏差。因此，為理解此一問題之真髓，首先必須依循原始佛教之態度，探討何者是其關心焦點，進而追究此焦點的暈圈擴展至何處，爾後前後止揚之，再次努力探索其焦點與暈圈之歸著點，完全的理解特定的材料之意義。就材料處理方式而言，此乃宇井與和辻所以達到頗為相近成果的方法，但就筆者而言，其對於關心焦點之拿捏有所欠缺，更且硬是與近代思想相連結，並將此視為原本的意義，此乃是筆者所無法贊同的。

若是如此，何者是探尋其關心焦點的方法？就筆者所見，為闡明之，首先應調查所有緣起觀之相關經典，對於原始佛教之所重的，有必要作深入思考。原始佛教之根本立腳地雖以緣起觀作為基礎，然其緣起觀未必是由九支、十支、十二支等支分固定的教條作為代表，貫串彼等的根本精神才是產生種種緣起系統的原動力。

因此，筆者首先依據原始佛教中的直率感與實證感，論述其根本精神（關心焦點），據此闡明緣起觀逐漸整然的心理的經過，其後及於此中所含的思想暈圈，探尋其前後之歸結，此即撰此論文的筆者的緣起觀。但對於從根本精神到緣起觀的連絡材料，主要是依據《緣起經》（Udāna）、《經集》（Suttanipāta）等。前揭之關係在五部四阿含中隨處可見，但從緣起觀的立場而言，相較於緣起支之整理，此等小經其關心焦點卻較著重於實修的方面。至於其他材料，則是取自筆者的《原始佛教思想論》，以及赤沼、宇井、和辻等論文中之所引用，此乃必須預先予以說明的。

## 二、原始佛教的根本關心點

無庸贅言，佛教最大的課題是如何解脫人生固有之苦。從而闡明苦之本質，以及苦如何生起，才是滅苦大方針確立之道，佛教亦傾其全力於此。但大體上，可以說佛教是從相互關連但觀點不同的二種立場探尋苦之本質。其一，是從外側的觀察，另一是從內側。

所謂從外側的觀察，是指就導致苦惱生起之事件的觀察，此若予以彙整，即是老、病、死、愛別離、怨憎會等諸苦。用今日所說的方式表現，即是將自然必然的毫不留情的壓迫視為苦之本源，所說的「諸行無常，諸法無我」，不外於是在揭示此苦之根據。所說的「無常是苦，苦即無我」即此。「諸行無常，諸法無我」之說，看似有關事實之判斷，但依據原始佛教指出此世界不外於是自然必然之經過（諸行無常），吾等所要求的自由的範圍（諸法無我）不存在於此中，正是此世成為苦界之所以等等看來，應是價值判斷之意味較強。佛教以解脫老病死苦為最高理想，無庸贅言，不外於是意欲脫離此自然必然之壓迫而建設精神之特徵的自由世界。但問題是，如何得以免除此自然必然的壓迫？既生於此世，不論願意或不願意，就得受自然必然的法則約束。

無論空中或海底，或遁入於山洞中，皆無不死之方所（Dh. -pada 128 p.19 ——南傳卷二三，小部一，頁三六），此乃見於《法句經》的有名偈頌，剋實言之，老病死無人可免，即使是佛陀，也不例外。因此遂有「老病死之解脫」之說，是指死後長久輪迴之斷絕的無餘涅槃。但從原始佛教的根本基調而言，死後之解脫當然必要，但對於理想的解脫，佛陀最常述說的，是「於現法證知實現」。因此問題是如何在自然之法中，免除此自然之規定，獲得自由之分野？對於此一問題之解答，即成為原始佛教之根本立腳地。而相應此一要求，闡明苦之本質而獲得的滅苦之線索，實是基於內側之觀察。

所謂內側之觀察，是指以吾等內部生活為基準，探究對於外側的自然的規定何以感受是壓迫與苦的心理的根據。既然出生，任何人終將變老，乃至死，終究是不能避免之約束，但若從純客觀立場而言，此只是一種自然的經過，此外無一物，從而若脫離吾等對此的要求，即是無苦亦無樂。感受此為苦為壓迫之所以，完全在於吾心有一定的要求，老、病、死、愛別離、怨憎會等客觀的事實不外於不契合此要求。從而身處老病死之世界，吾等得以解脫老病死壓迫的唯一之道，是放棄任意的要求，亦即從感受老病死為苦的心解放。就此結論而言，至少依據價值的世界（用術語而言，稱此為世間）皆是我心之立腳地，由內部改造而意欲解決人生一切問題的，正是原始佛教的實踐的立腳地。予以一般化表現的，如有名的偈頌所云：

心持世間去，心拘引世間。其心為一法，能制御世間。（S. I, p.39 ——南傳卷十二，相應部一，頁五六；A. 2, p.177 ——南傳卷十八，增支部二，頁三一一；《雜阿含》卷三六——大正二，頁二六四 a；《中阿含》卷四五，《心經》——大正一，頁七〇九 a；cf. Dh. -pada p.1 ——南傳卷二三，小部一，頁一七）

筆者在《原始佛教思想論》中，依據哲學的世界觀的立場，將此視為具有觀念論傾向的代表文獻之一（頁一五三），但如筆者當時所言，從關心的焦點看來，客觀的世界姑且不論，不外於是在強調人生皆以心作為依據。進而利用實際的修養，明白揭示前揭趣旨的，是同樣聞名的偈頌，其文曰：

世間種種相非欲。對於吾人，貪想才是欲。種種相於世間常存，賢者於其中除對此之欲。（Na te kāmā yāni citrāni loke, saṅkapparāgo purissassa kāmo, tiṭṭhanti citrāni tath'eva loke, athettha dhīrā vinayanti chandaṃ……S. 1, p.22 ——南傳卷十二，相應部一，頁三一 f.；A. 3, p.411 ——南傳卷二〇，增支部四，頁一七三；《雜阿含》卷二八——大正二，頁一九九 a；《雜阿含》卷四八，大正二，頁三五四 b 等）

亦即問題不在於客觀的事實的種種相如何存在。要言之，斷除對此之欲愛，才是制其境之所以。更且依據傳說，此一偈頌是對於以迴避外境作為修行的某一尼乾子，舍利弗為揭示佛教之立場在於制御內心而宣說的，此偈頌可以視為完全道破佛教之根本立腳地。

要言之，就原始佛教而言，苦的本源在於外在的自然與內在的自然（本能的要求）二者的衝突。其解決之道，當然是一方面將內在的自然合理化，另一方面，因應此要求，某種程度的緩和外在的自然之苦。判釋者所稱的人天乘之教即此。然其徹底的解決方法是征服內在的自然，避免與外在的自然發生衝突。基於本能的我執、我欲若去除，外在的自然已非令吾等受苦的壓迫者，就關心的焦點而言，此即是原始佛教根本的立腳地。原始佛教的實踐方法皆依此立場而提出，若意欲理解其所有方面，此乃是必須預先了解的。

## 三、緣起觀之課題的生老病死

整然形態的緣起觀是以揭示老病死的條件或經過為其課題。但就吾等所見的所謂解釋經而言，所謂的生老病死，是指外在的自然的生理的事實，此如赤沼、宇井、和辻等人之所指出。但從原本的趣意言之，如此的解釋未必得當，故和辻的強烈要求訂正，基於關心的焦點之立場，筆者至極贊成。雖然如此，但和辻將「生」解釋為「出現」，將「老」解釋為「流逝」，認為其原意是概念的規範的意義（《思想》第五十八號，頁三七），筆者則無法贊同。若將前項所述的考察適用於此，其原意應是對老、病、死之疑懼與憂愁心理，如此的解釋才是至當。老病死之外，古緣起經中，經常附上「憂悲苦惱」一語，其因全在於此，剋實言之，此憂悲苦惱實是緣起觀之中心課題。此乃古老的簡潔經典隨處可見之解釋，對於如何解脫老病死的問題的解答中，是最明顯的表現。

> 此世眾生之生命，無相不可知，悲慘無價值，受苦束縛。
> 既有出生，則無免死之道。至老遂死，實是有情命運（dhamma）。（Suttanipāta 574, 575

p.112f——南傳卷二四，小部二，頁二一九 f）

此乃《經集》三之八所收的《矢經》（箭經——Salla sutta）所揭，正是以老病死為題目。對於其解脫之道，如次揭示：

> 如是，知此世界因死與老而苦是世界常規（loka pariyāya），賢者無所悲。（ibid. 581 p.113 ——南傳卷二四，小部二，頁二二一）

如前項所述，所予的客觀的事實的老病死不是問題，而是如何脫離老病死之苦？直接將此與緣起觀相關聯而揭示其意的是，《經集》三之一二所屬的《雙觀經》（Dvayatānupassanā sutta p.139f ——南傳卷二四，小部二，頁二七二～二九四，二種隨觀經）。此係依相對的二種立場而觀察事物，藉以揭示涅槃之道，尤其就苦之生與滅有關的線索看來，以執著（upadhi）為首，列出無明、行、識、觸、受、愛、取、活動（ārambha）、食（āhāra）、動亂（iñjita）等十一支，就其一一支，縱向的揭出苦，依苦之滅盡而從苦解脫，是此經之趣旨。其所揭雖未整然，但正是緣起經的一種。在整然形態的緣起經中，是以苦取代老病死，此乃吾等應予以注意之處，據此吾等可以推知緣起觀之老病死，就其根本的關心而言，顯然是指老病死的苦。

既然不是指事實的老病死，同樣的，生（jāti）也不是，因此，其所著重的，仍是心理方面的。若所說的老病死，是指對老病死之憂悲苦惱，則對於生，也應解釋為是對於生的愛著。從種種經典指出「生是苦」看來，將生解釋為如同老死，是苦之顯現亦可，但此際所說的「生是苦」，含有既然有生，必然伴隨不如意之意。但在作為苦之代表而獨立列於老病死的緣起系列中，生是感受老病死之苦的根據，因此，解釋為愛著之生，才是至當。對於只是自然的經過的老病死，之所以感受苦惱（感覺的苦痛另外），是由於違背對於生的執著，此乃直接的實感的事實。就此而言，筆者認為所謂的「生」，就另一種觀點而言，是與有（bhava）、名色（nāmarūpa）、五取蘊同義，其內在必然含有「欲」或「取著」，更且心理的方面才是其關心之焦點。此徵於生盡則愛欲盡，依煩惱滅而生滅之經句，即可知之。《經集》所見的前揭緣起經曰：

> 依取著之緣（upādānapaccayā）而有存在（bhava＝有）。依存在而苦生。生者（jātassa）必有死，是苦之起因。
>
> 然賢者依取著之滅，正了知，體驗生之滅（jātikkhaya），不再有行。（Sutta-n. 742, 743 p.144 ——南傳卷二四，小部二，頁二八二）

亦即客觀的存在所以成為吾等的存在，是因於取著，取著若滅，則有或生皆與苦無關，苦之緣的「生」，是以賦予價值的心理為主，此依前揭文獻看來，應是無可懷疑的。

要言之，就整然的緣起經而言，其所說的生或老病死，都可以解釋為生理的事實，爾後雖將輪迴生死的形式性的揭示視為緣起觀之趣旨，但從原始佛教之根本立腳地而言，此僅只是第二次的意義。就第一次的意義言之，所有緣起觀最所著重的，應是在於揭示將生、老、死感受為是我所有的心根如何生起的心理的經過，在掌握緣起觀之本意上，此應切記莫忘。

## 四、緣起觀的無明、識與愛欲之影響

如赤沼之所指出（《宗教研究》新第二一），緣起系列雖有大小種種，但最重要的，有如次三種。其一以愛欲（taṇhā）為主要，第二以識（viññāṇa），第三以無明（avijjā）為主要。此中，以愛欲與無明為主要的，如覺音之所指出（Vism. p.525 ——南傳卷六四，清淨道論三，頁一六九），是種種緣起觀中的兩大代表，十二系列主要是此二系之結合。因此，為闡明緣起觀的實踐的意義，首先必須闡明愛欲、識、無明對於生、老、病死的影響。更且依此而將生老病死解釋為心理的事實，其意義才能正確理解，同時，依此正確之理解，緣起觀之根本要旨才能明白。

首先從愛欲言之，經典中與此有關的，有種種說明，但主要是以對於生存的欲求（bhavataṇhā）為中心，據此而有追求快樂的心之作用，此乃經典所作之定義（Vinaya I, p.231 ——南傳卷三，律部三，頁四〇四 f.；M. 141 Saccavibhaṅga-s. 3, p.250 ——南傳卷十一下，中部四，頁三五二 f.；《中阿含》卷七《聖諦經》——大正一，頁四六七 c f.）。若嚴格言之，此有愛（kāma）、執（upadhi）、取（upādāna）之區別，反之，可以用此一語總括之，在佛教之心理觀，從而在人生觀之上，此占有最重要地位。就此「欲」能令生、老死成立而言，如先前所述，要言之——基於純客觀之立場，對於只是自然的經過的生、老、病死，視此為我之所有，而欲生悲老病死之所以，完全在於吾等有生存欲。亦即由於「欲」而執著所予的組織，視為我之存在，視為我之生，此乃有所謂的「生」之所以，更且是自然的經過所致，其生出現衰變滅亡，此乃違反對於生之欲求，將衰變滅亡之經過視為令人遺憾的老病死，苦惱由此生起。是故，意欲脫離以老病死為代表的人生苦惱，必須斷「欲」——此即是以愛欲為首席的緣起觀所以產生的原因。更且此「欲」之本源雖是本能的內在的自然的存在，但就現前的心理的事實而言，其發動形式是經由種種事情與經過，有種種的發動，最後遂與生、老、病死有關。闡明如此的經過，即得以理解欲與生老病死之關係，同時，在實踐上，得以尋出征服欲之方法，此即是提出以欲為中心而至於生、老死的種種緣起支的理由。尤其如前文所述，與欲有密切關係的執著（upadhi）或取著（upādāna），或作為欲之代理，或作為欲之前程或後程，在緣起觀之中，最應予以注意的《小緣起經》中，有以"upadhi"（後文將作說明）與「取」為首席的緣起觀之所以，其因亦在於此。此等之例，依赤沼之所蒐集，以及和辻作為簡單的緣起經之所指出（《思想》第五十七號，頁七以下）已很充分，故此處不再揭出其例，要言之，以執著、取著、希求等為出發點，大體上，將緣起觀視為「欲緣起」的一個支流，大抵無妨。據此而形成的，是由愛（欲）、取、有、生、老、死所成的六支緣起，而四諦觀也可以視為是此欲緣起之另一形態。苦（老病死——）之因在於欲（集），苦之滅在於行滅欲之道，正是以欲為基本的逆觀之生觀與滅觀。更且如此看來，欲緣起在所謂的緣起觀中，可以代表最根本的原始佛教之精神。筆者將原始佛教之立場解釋為與其說是認識論的，不如說是主意論的理由，即在於此（《原始佛教思想論》第二篇第二章之三、第五章之四、第六章之二等）。

其次，是以識（viññāṇa）為首席的，如前所述，欲緣起雖最為根本，但在性質上，欲原屬於情意，無認識性是其特相。當然，實際言之，所說的欲，已含有判斷，是緣起觀之主要意旨，但至少從心理解剖而言，將欲之特相視為是盲目的，應是妥當的。對於老病死，感受苦惱，可說是基於本能，就心理活動言之，是一種判斷，因此觀察老病死之緣起，有必要從此意識性的判斷進行。相應此要求的，即是以識為首席的緣起觀，更且此際通常是以「名色」（nāmarūpa）相對而作考察。不只是整然的緣起系列，作為單獨問題，在論述名色之成立與消滅之際，彼經常與「識」並論。從而，為闡明此時的識的性質，也必須闡明名色之意義。對此，雖有種種解釋，但坦白言之，就筆者所見，所謂的「名色」，是就自然的存在的身（色）、心（名）之組織依自意識而個體化時予以命名。較容易理解的表述是，視「此為我身、我心」，將「我」納入而思考時，自然的組織即成為我的組織，此即稱為「名色」（個體化）。

見人天世界。彼等於無我執我，止住於名色，更且視此為真實。（Suttan. 756 p.147——南傳卷二四，小部二，頁二八九）

於任何意義，於名色，無我執（mamāyitaṃ），因無我執，無憂，於世間，無老。（ibid. 950 p.184——南傳卷二四，小部二，頁三六一）

就文獻的而言，此較容易獲得承認。如此看來，是具有令此名色成立的「識」，廣義而言，當然是意識性的，但實際上，是指以自我意識為中心的認識與判斷作用，此乃是其主要內容。如是，識緣起之意義——以所予的身心組織為自我意識而分別的，是於其組織生起個體感的理由。相應此個體感，以我執為中心，生起種種心的活動的是，有生、老、病、死（價值）的理由。是故，其自我意識若滅，作為價值的種種相（名色）亦滅，從而生、老、病、死滅——可歸著如此的順序。是故，此識絕非先前所說的脫離「欲」的心理作用，其背後必然有「欲」存在。自我意識若脫離基於「欲」的我執，則不能存在。就此而言，筆者認為將所謂的「識」，解釋成欲的意識的活動，大抵無妨，實際上，依據如此解釋，對於生老死之緣起，何以用「識」作為首席即可清楚了解，同時，佛教對於識之抑止，傾注全力的意欲將識轉為智慧（paññā），以此為實修目標的理由，亦可了解。此識，如同先前的欲，是伴隨種種事情與關係而發動，如爾後的阿賴耶識等，其自身並非獨立之原理，仍是依據依存關係的心之作用。尤其將此視為是所予的要素，在組織名色的要素中，此識占有其地位（將五蘊對配名色的解釋即是依據此一見地），同時，依自我的規定而產生的我之名色的個體感之助，自我意識的發動才能得其所據。此即「名色依識而成立，同時，識又依據名色」之說的原本意義，無論識或名色，都解釋成心理活動，其相互關係才能清楚理解，此當切記莫忘。

如是，將識中解釋成已有我執、我欲存在，是契合「識緣起」原意之所以，但表面看來，識之作用，無論如何，仍以認識為主。識之判斷分別，雖最後歸著於我執、我欲，但在認識作用中，至少表面上，其與我執、我欲的關係不深。從而將此視為生老病死、憂悲苦惱之根本，在論議上，雖不成障礙，但至少從實修的立場，毫無緊要性。因此，此識的另一作用，尤其成為其中心，強調與生老病死有直接連絡的，是以無明為首席的緣起觀。無明（avijjā），又有無知（aññāṇa）、盲暗（moha）等名稱，主要是無知之意或錯誤的分別之意，筆者對於如此的解釋，毫無異議。但若解釋成對於一切的無知或錯誤的判斷，如所謂的解釋經與阿毘達磨所說的，將此視為對於一般事物之無知，是稍嫌過分，而宇井所說的，對於佛陀之根本思想無知，又是狹義且是間接的，至少從關心焦點而言，此二者都是筆者所不取的。從關心的焦點而言，所謂的無明，應是指對於人生真相欠缺實感的確認而導致錯誤的判斷，詳言之，是指不能達觀吾等既然有生，必然有病老死之自然約束的無知。更且此乃吾等所具的先天的傾向，說為自然的立場，誠然得當。從而性質上，在此無明背後，相較於先前作為自我意識而說的「識」，更為直接的，認為有欲與執著之存在，也是當然。爾後，此無知被分類成染污無知（klişṭa-ajñāna）與不染污無知（aklişṭa-aj.），而原始佛教所說的無明，完全是所謂的染污無知，並不是脫離欲與執著，簡言之，並不是脫離煩惱的，而是僅只具有"ignorance"之意的無知。既然已有出生，在各各瞬間有老病死，是任何人都有的常識，但所以對此有憂悲苦惱，是因為先天的，潛藏著對於「生」的欲求與執著，不知不覺的，對於人生之價值下錯誤判斷，所謂的無明，不外於此。此依述說無明之相反的「明」（vijjā）或「智慧」（paññā）時，說為「有厭之義，無欲之義，見真實之義」，遠離欲，遠離執著，如實（yathābhūtaṃ）見世界，即是滅無明之智慧，即可知之。從而無明並非只是消極的作用，而是基於「欲」的判斷所致，此中——從世間的立場而言——有積極的構成人生之力，也是當然，在整然的緣起系統中，指出依無明而有行，依此而導出意志行為的理由，全在於此。筆者將此無明翻譯成盲目意志之所以，完全是依據前述見解，意欲強調其中所含的「欲」之意義，是理由之一（其他理由於後文述之）。相對於此，宇井認為無明只是消極的，認為毫無得以證明其具有活動性的文獻，故反對筆者所說（《思想》第三十九號，頁一一～一五），但此乃是宇井過分區別欲與無明，過分抽象化次於無明的「行」所導致。若將無明與欲解釋成表裏關係的心理作用，次於無明的「行」，則如經典所作的解釋，可解為善行、惡行、不動行（禪定），簡言之，若將「行」解為追求欲樂之意志，則能令意志發動的無明即具有活動性的意義。更且筆者確信若作如此理解，得以契合根本佛教本意，此徵於前文所論，以及此處所論，即可知之。

上來以作為價值的生、老、病、死為課題，探究欲、識、無明的緣起的意義，最後擬以我執等（內在的自然的立場）的心理的經過或方面為中心而作觀察，但其間未必有劃然的區別。若就其各各的特徵看來，「欲」是盲目的肯定「生」的作用，代表情意的方面；「識」專依認識力，是以自我為中心而配列規定一切的作用，代表知性的方面；「無明」則是兩者結合所成，是與兩方面都有關係的作用。但此三種作用並不是獨立的，其中任一若居上位，就具體的心理現象而言，其他二種從旁相抵相輔，直至於老病死，此即是緣起觀之原意。從而緣起系列的原始意圖，在於意欲分析性的配列由此相抵相輔的心理的經過，爾後，對於此間的關係，雖給予種種解釋，但其初始完全是出自於心理生活的觀察。

## 五、種種的緣起系及其精神

以根本的關心為主，有關原始佛教緣起觀之大要，上來所作說明，大抵已可囊盡。相傳其所記載是佛陀成道後一週之內所作觀察的《緣起經》（Udāna III, 10, p.32f ——南傳卷二三，小部一，頁一三五～一三七），只是簡單的依據執著、無明、有愛而說明生存苦與解脫。但吾人心理活動之經過或樣式極其複雜，只是概括的說為欲，說為識，說為無明，無法知其具體的發動經過。從而制御彼等的實修線索，若僅只如此，不免有所欠缺。不只如此，理論上，吾等之存在並不是以固定的自我為中心，而是一種複合的經過（內在的心理的），我執或苦樂無非是此經過中之產物，此乃緣起觀之根本立腳地。若是如此，前文所述的複合的經過是如何生起？如何移行？有必要更為詳細闡明。

如是，相應此一要求，以前述的三大項目為主幹，以生老病死為課題，闡明至此的心理的經過與條件，此即是大小種種緣起系列輩出之所以。更且大體上，是由簡單趨向於精密，此乃筆者與和辻的共識。但就根本之關心而言，雖有大小種種的緣起系列，但主要在於心理分析上，有精粗之差異，以及探究實修方針的動機所致，未必是本質上有太大差異。不只如此，此依據心理分析之系列，坦白言之，是以具體的體驗的心理生活為主，未必因於其中一支之有無而影響全體，若能如此理解，反而能獲得原始佛教之真意。例如九支緣起中，欠缺六入（六根），若有此六入，則成十支緣起。從系列整理之立場而言，無疑的，有加此六入的後者較前者進步，而加入六入的理由，其論理的根據是基於心理的，更且具有制御六根之用意。據此看來，緣起系列未必僅限於六支、九支、十支、十二支，亦可進而立為十五支、十六支乃至二十四支，如此理解，未必傷害原始佛教之真意。此因至老病死之心理條件，十二支未必能完全盡了。如先前所述，《經集》中的《雙觀經》，以苦為老死之緣，列出執著、無明、行、識、觸、受、愛欲、取著、活動、食、動亂等十一支，闡明「有」與「名色」是依此等而入生老病死之領域，此處雖未規定彼等關係，但若適當將彼等組成緣起系列，恐將成為十四、五支之緣起系列。今日吾等所見的十二支說雖被視為是典型的，以此為基本而產生種種解釋法，但至少其根本精神，「約」則簡單夠用即可，「廣」則可以無限擴充，如是的理解，是可以得原始佛教真意之所以。緣起觀的根本精神在於吾等之存在（心理的）皆成立於同時與異時的關係之上，基於若脫離關係則無獨立的心理現象的立場，以本能的自然態為出發點，闡明生老死之相依而起的關係，分析至此之經過而得的所謂緣起支之數，在某種程度上，既方便又不失其精神。

## 六、基於前述精神的十二緣起之解釋

如前所述，從關心的焦點而言，固定緣起支之支數，未必是緣起觀成立之根本條件。雖然如此，但就整然的典型的形態而言，是十二緣起說，因此，大致有探尋其原本意義之必要。剋實言之，此當然是極其困難之事。吾等所見的十二緣起說都是形式化的，更且其中作為根本關心的，被賦予價值的生老病死之同時，至少其中十分之三分是就事實化的生老病死而言（筆者認為此事實化的精神決定十二支緣起之形態），故僅依根本關心之立場而作解釋，應是相當困難。雖然如此，但思及至少其十分之七的根本關心是五部四阿含，尤其是古十二緣起觀，故雖未能徹底，但嘗試依循前述立場，述其大意如次：

（一）（老病死）客觀言之，何以對於只是一種自然的經過的老病死感受苦？

（二）（生）因於對於「生」關心。

（三）（有）對於「生」關心之所以，是由於固執一定之身分與境遇（將 bhava 理解為一定身分的理由，是繼承通常將此解釋成欲有、色有、無色有的精神）。

（四）（取）固執一定之身分，是因於對彼產生執著。

（五）（欲）執著是基於渴愛。

（六）（受）渴愛之發動是基於苦樂之感情。

（七）（觸）苦樂之感情，是與對象接觸，產生感覺。

（八）（六入）與對象之接觸是依據六根之活動。

（九）（名色）六根之活動是依據個體化的身心組織。換言之，由於對此所予的身心組織生起個體感，故有追求欲樂的六根之活動。

（十）（識）對於身心組織，之所以生起個體感，是受自我意識統制所致。

（十一）（行）自我意識之生起，因於有追求欲樂之意志（abhisaṅkhāra）。

（十二）追求（無明）欲樂之意志生起，是因於不知諸行無常，難以滿足欲之要求。

亦即就順觀而言，作為自然的存在，吾人必然有老病死，此乃世之常規。但——吾人受本能的要求所驅，無法體認此一事實（無明），遂以生存之快樂為目標，生起種種意志行為（行），據此而有自我意識之確立（識），對於此身心組織，產生此乃我之所有的個體感（名色），以此個體感為中心而有六根之活動（六入），與欲樂之境接觸（觸），生起苦樂之感情（受），欲心增長（愛），而有對於個體之執著（取），進而有一定之身分與境界的心理確立（有），如是，由於有以生為代表的生存的固執關心（生），對於與此背道而馳的老病死產生苦惱（老病死）——。

上來是就始自於無明而歸結於老病死的十二段的心理的經過，所作的解釋。從各支的性質看來，此未必只是在顯示前滅後生的繼起次第，前後支之間不僅有互成關係，同時，全體也是各支成立的助緣。例如識與名色的相互關係，從文獻上看來，是很顯著的事實，進而就識與行的關係言之，從行導出識雖是相當困難，但若從相互關係的立場見之，則較為容易理解。進一步言之，一方面是在探尋時間的經過的關係，另一方面，則是探尋相依相成的同時關係，無論是縱是橫，闡明此中具有重大關係，是緣起觀的本來目的，若作如此理解，才能近於歷史真相。作為緣起之定義，雖以「有此故有彼，此生故彼生」規定同時異時的兩種關係，但若分析「緣起」（paṭiccasamuppāda）一語之語義，應是托彼（paṭicca）而眾起（sam-uppāda），並非前文所述之意，其因何在？若將緣起系列理解為只是朝向某一方面之進展，則難以說明十支緣起經的識與名色之間的相互關係，但若依此解釋，不只是識與名色的關係，無論無明與行之間，或受與愛（欲）之間，都有相互關係，若是如此，不僅不傷害緣起觀之精神，更能與文獻相符，緣起觀的深意也能了解。但此僅只允許將緣起觀之原意作心理的解釋，不適合於作論理的或輪迴論的解釋。

如此的解釋未必只是筆者個人之見。以正統上座部自任的南方派，至少其初期所屬論書即有此明確解釋。例如位居七論首位的"Vibhanga"（分別論），對於十二緣起所作的種種說明中，可以看出是從三種立場揭出各支關係之真意。第一，是從因（hetu）的立場，揭出前支是因（動機？），後支是果，終致老病死的繼起的關係。第二是從相應（sampayutta）的立場，亦即以十二支之任一（尤其是老病死）為中心點時，其他的十一支具有相應俱起之任務。第三是從相互關係（aññamañña）的立場，十二支是所謂的相應緣（聯想關係？），此是從各各互成的關係而論（Vibhanga VI~VII, p.148ff ——南傳卷四六，分別論，頁二〇三～二三一）。亦即明白地顯示十二緣起所揭示之真理含括同時與異時、中心與周邊等的關係。《論事》（Kathāvatthu）將認為十二緣起僅只揭示一方進展的大眾部斥為異端，並揭出其主張如次：

> 是故，以無明為緣而有行，同時，以行為緣而有無明，以欲為緣而有取，同時，以取為緣而有欲。（Kathāvatthu XII, 2 p.511 ——南傳卷五八，論事二，頁二六九）

亦即將十二緣起視為是輪迴形式之說明的解釋占有勢力時，比較純樸傳述原始佛教立場的上座部卻強烈主張應解為是心理生活之樣式，如此才能保存其正確解釋。是故基於此一立場，將十二緣起理解為只是朝某一方進展的人，可以說其見解是隨從大眾部之流，此中雖有大眾部流的可取之處，但將此有關人生之事實解釋成論理的形式，終究不能說是契合原始佛教的根本精神。

## 七、滅觀與解脫

將緣起觀的原本意義作如此解釋時，據此而實現的解脫涅槃之意義，必然也是基於前述的心理的解釋。亦即從前述的見地而言，滅觀（nirodhadesanā）必然是以揭示無明滅而行滅，行滅而識滅，乃至生老病死滅，以如此順序的進展為其精神。在任何情況下，只要某支是徹底的滅，則其全體亦隨之而滅，此乃是其實修的精神。以此生老死為中心，各緣起支依縱橫關係而成立，其中一支破壞時，全體亦應崩壞。尤其是無明與欲直接關聯著生老病死，特將無明與欲征服的心解脫（cetovimutti，欲之征服）、慧解脫（paññāvimutti，無明之征服），說為「現法涅槃」，但嚴格說來，任何一支若作根本的征服，自然帶同他支，皆可證得緣起支全體之滅的解脫涅槃。作為實修方針，此乃佛教不說十緣起支或十二緣起支全體之征服，而是或揭示六根（六入）之制御，或揭示勿執名色，或揭示勿放縱愛，乃至揭示征服十二支之任一支，認為任一之征服，皆是解脫道之所以。從來通常將此簡單之教示視為與緣起說無關，但就佛教之修道法而言，即使最簡單的，也都是基於縱橫關係且含蘊心理的緣起觀，是從某一點而及於全體的修法，此當切記莫忘。筆者先前主張在設定種種緣起支的動機中，其實修的用意較強的理由在此。

若是如此，何者是實現滅觀之當體？依據前述精神，無庸贅言，此乃是絕對的空。就某種意義而言，不可能只有某支緣起是解脫者身心活動之基礎。宇井認為以無明為基礎的吾等凡夫的緣起之外，另有與佛陀有關的脫離無明之緣起，佛陀沒有無明，但仍有脫離無明之規定的行或識，或名色，或六入，或欲愛（!!），乃至老病死，對於解脫者的生存與活動予以說明（《思想》第三十九號，頁六〇～六五），但如此的說明全然逸脫緣起觀之根本精神，只是與常識妥協而提出的解釋。從緣起觀的根本精神而言，——雖一再重複，但任何緣起支（識，色名，六入當然，欲或無明）都因為相成，才具有其特相，因此若脫離其平衡的關係，絕對沒有單獨的識或名色等存在，因此不可能有逸脫無明之規定的識與名色。將緣起觀作制式的解釋的不合理，在此最為明顯。事實上，雖不能否認解脫者的佛陀仍有心理活動與生理活動，但從緣起觀的立場而言，此已非識、名色、六入……非以我執為中心的價值的活動，因此，識、名色等概念並不適用。對此，和辻對於宇井所說的「雖說是解脫者，但基於客觀的事實而存在之立場，應有不以無明為條件之識、名色等」，表示敬意，也對「絕對空說」（《思想》第五十九號，頁二二～二四）如此至當的見解，表示敬意。

但必須注意的是，雖是如此，但不能將此絕對空解釋成「一切都消失」之意。此處所說的空，完全是從價值的立場，和辻氏恰當且貼切的指出並不是「自然的立場」（本能的立場）的人生意義與價值，自此根本的消失。從純客觀的立場而言，身體或精神當然依舊存在，但對此的態度完全異於從前，此即稱為「空」之所以。從來對於一切都以我執為中心，如今可以說是，將自己置於純客觀之立場，自己成為觀照對象，據此靜觀，老死固然無庸贅言，所有感覺的所感受的苦樂，都是純客觀的經過，此外毫無它物，已不受彼等所煩，從自然必然的生老病死解放。是故，此一境地，依據從來的立場而言，是絕對空，但從新的立場而言，是靜觀之力所致，於其中產生絕對自由之境地。就此靜觀之所基而言，不外於是否定客觀化的自己，故基於此一立場，無論是自己或世界，都以「新光」重新認識，作為高次的存在而重新復活。強烈意識此的，即是出自於般若真空的華嚴無盡緣起觀，原始佛教雖未至於此，但至少在佛陀的人格中，已充分表現之。就此而言，筆者對意欲就佛陀本身而見緣起的宇井表示敬意，但宇井將活動要素的根據置於一般的十二緣起觀，從無明之有無而作探究，此舉絕對無法發揮佛教深意。滅觀之體驗之當體，從古立場而言是「絕對空」，從新立場而言，是「絕對有」。

# 下　從唯心緣起到輪迴緣起

## 一、生老病死的事實化及其契機

如前文所述，緣起觀之出發點在於揭示感受老病死為苦惱的心理的根據。但緣起觀之解釋若僅只如此，並不充分。理解緣起觀構成之出發點的契機，若脫離前述心理的解釋，無法從他處求之，雖然如此，至少就所予的文獻而言，不能只有前述的解釋。此因若是稍具整然的緣起相關資料，其中心課題並不只是對於「生」的關心，或對於老病死的苦惱，至少表面上，是直接對於生或老病死作解釋。因此，將心理觀的生死事實化的契機及其經過是如何？對此，筆者作如次探討。

將生老病死視為事實化，以此為重點而考察，意欲將緣起觀定立為是有關輪迴的說明，無可懷疑的，應是爾後才發展出的。但此絕非出自於與出發點之心理的緣起觀不同的系統，而是在關心焦點的心理觀之中，是暈圈內蘊含的思想。從而就其關心範圍廣狹的立場而言，依據價值心理的觀察是原本的，而客觀化的，可以說是第二次的，但從緣起觀的組織者而言，自始已有事實的生死，因此在價值生死與事實生死之間未必予以嚴格區別，此乃原始佛教表面的立場。如後文所述，依著重於內心深處或著重於事實而有原始佛教與小乘佛教之區分，但在初始，價值（內心深處）也含有事實之意。更且就筆者所見，以價值生死為關心焦點的緣起觀，在實際的意義上，是直接簡明而有效，但無論體驗或理論，至少其表象之形態若不推進至事實化的生死之緣起，則緣起觀之意義不能完成。爾後，作為生死事實的說明，緣起觀（尤其是十二緣起觀）被重用的契機，全在於此。

此價值的心理與客觀的事實之間的交錯推移，不只是生死問題，也遍及佛教思想的全部，因此，理解緣起支各支之意義是必要的準備，故略述其理由如次：

首先是出自一般的妥當的要求。如屢屢所述，內在的而言，吾等的生活，亦即價值的世界（die Welt-für-uns），是以「我心」作為代表。但從其他方面而言，吾等的心的生活，完全是個人的。甲感受為苦的，乙則未必；乙感受為樂的，甲也未必，類此之經驗絕對不少。從而就以自內證為主的實修的立場而言，以內心生活為依據，是既簡單又有效，更且充分，雖然如此，但至少在以教條形態發表之際，有必要給予超越個人主觀的某種形態。此即作為緣起觀之中心課題的生老病死，既然是對於生之執心，對於老病死之苦惱的主觀事件，自然有必要提出客觀條件的生老病死。縱使對於生，沒有意識性之執心，以及對於老病死，沒有感受為苦惱，但有生必有老病死，此所予的事實是任何人都必須承認的真理，更且此中也有促使吾人覺醒之力。換言之，價值之本質雖在於判斷的心（欲望），但將此移至財物的考察，反而成為一般性的考察。

其次，第二個理由是從禪定的考察的性質而得。此乃是產生內在的生活秩序與客觀世界相應的信念之最大根據。無庸贅言，遲至奧義書以降，印度的思想都出自於禪的思惟，禪定（samādhi or dhyāna）或瑜伽被視為是認識實在的方法，進而在某種意義上，被視為是創造實在之方式，故頗受印度思想界重視。禪的思惟雖有種種特質，但最顯著的是，觀念的內容能帶來客觀的普遍性之自覺。其理由未必出自於吾等所具的思惟方式而對於現象給予論理性的規定，而是作為自覺之經驗而至於此，此即是禪的思惟之特質。依據禪的思惟，以某種對象而將心統一，將全部意識占領時，至少對於思惟者本人而言，此即是直感的實在。當然，作為思惟對象之素材，以及下工夫的方法，因思惟者不同，未必得以一定（此乃是印度思想有種種區分的原因之一），但至少只要是移至禪的思惟，即被承認為直感的真理，此即是印度特有的思惟法。無論奧義書的梵我同一思想，或數論的二元、二十五諦說，或勝論的六句義思想都是依此而成立，就此而言，佛教也不例外。尤其緣起觀是佛陀在菩提樹下依據禪觀的思惟而成，對此，諸論的傳說幾乎一致（請參見註），因此前述的禪定心理之思考法完全包含。從而作為緣起觀之出發點，佛陀完全是以自己的心（不是被概念化的心，而是具體的心理生活）為依據，但此也是適用於客觀的事實界的真理。將價值之生老病死，改為事實之形的，不外於是事實界的禪定心理所致。

如是，依據前述二種理由（尤其是第二種理由），將心的秩序擴展至客觀的秩序，如前所述，此不只是生死的問題，而是有關佛教全部的思想。從而緣起觀的其他支分，也是採取相同心理經過，向相同方向進展，自是當然。今無暇就此一一說明，僅就其中最為重要的二、三種觀念述之。

首先是「有」（bhava）朝向三界（主要是正報）之意發展之契機而言，如前所述，緣起支中的「有」，從其關心的焦點而言，主要是指對於吾等之存在，從一定之身分與地位之立場而執著的心理狀態。但依所謂的解釋經所載，是將此說為欲有、色有、無色有，採取所謂的三界之意，無論《雜阿含》的《分別經》或《長阿含》的《大緣方便經》，都取此義。相對於此，欲作論理的解釋的人，認為三界說是取自於在來的神話（宇井——《思想》第三十九號，頁三五。和辻——《思想》第五十八號，頁三六以下），就筆者所見，此不外於未慮及禪定心理所致。將三界視為物理的存在，以須彌山說等為基礎的說明方式，無疑的，是受神話影響，筆者也同意此一論點。但佛教三界觀之基本斷然不是毫無改變的沿用在來的神話，而是從其本質作考察，用以作為誘導，此不容忽視。在來的神話的天空地等三界說，是出自於奇特的物理的考察，但佛教所說的，不外於是以禪定態為標準的心理狀態的分類。亦即所謂欲有，不外於是指未經禪的修養之心態，而色有與無色有則是已有四禪與四無色禪定之經歷的心態之擴大。是故將此視同出自物理考察的在來的神話的三界觀，斷然不恰當。雖然如此，但從禪定心理的立場而言，此仍包含客觀的存在，作為世界觀，此三界說逐漸壯大的契機，未必須要等待漢譯《長阿含》的《世記經》及爾後的阿毘達磨出現，在《中阿含》卷四三的《分別意行經》（大正一，頁七〇〇 b f f；M. 120 Saṅkhāruppatti sutta, 3, p.99~103 ——南傳卷十一下，中部四，頁一一二~一一八）等，禪的狀態的三有與客觀的存在的三界並揭，已可見之，因此，如此的思想其成立可以說是相當的早。

---

註：相對於筆者認為緣起觀是佛陀在菩提樹下所觀得，和辻持反對態度，認為是「成覺時，所悟的，不是緣起，而是三明」（《思想》第五七號，頁一九），但此乃是不理解三明之意所致。相傳佛陀於初夜得宿住智，中夜得天眼智，後夜（破曉）得十二緣起智，一般稱此為成道時之三明。故十二緣起觀與三明觀並不是不同的傳說，主要是廣略之差異而已（參見Jātaka I, p.75 ——南傳卷二八，小部六，頁一五九）。巴利《中部》第三六（Mahāsaccaka-s.—I, p.248f ——南傳卷九，中部一，頁四三二~四三四）載有經宿住、天眼，之後悟四諦，可知也有與緣起觀無關的傳說存在，但如前所述，四諦觀也是「欲緣起」的一種形式，因此，任何形式的緣起觀之悟得，仍是菩提樹下思惟的內容。以「三明說」排除緣起說，是因於對此沒有深思所導致。又，傳述此菩提樹下得緣起觀的經典中，筆者認為如次三經是其代表，其一，Udāna III. 10（p.32f ——南傳卷二三，小部一，頁一三二~一三四）的小經。其二，S.（2, p.104~106 ——南傳卷十三，相應部二，頁一五一~一五八）；《雜阿含》卷十二（大正二，頁八〇 b f）的《十支緣起經》。其三，律（Vinaya 1, p.1~2 ——南傳卷三，律部三，頁一~三）等的十二支說，乃是簡單探尋聖典思想開展痕跡的絕佳材料，故特附記於此。

其次，就「行」（saṇkhāra）予以考察，在緣起系列中，通常是位於第二位，但就一般的意義而言，極其複雜多歧，難以掌握其義。此如 Davids 與 Stede 的《巴英辭典》所述：“One of the most difficult terms in Buddhist metaphysics, in which the blending of the subjective-objective view of the world and of happening, peculiar to the East, is so complete.” 若從種種用例看來，此「行」，大致可分成三種類別。第一，是從純心理的立腳地，近似吾等所說內在的意志的用法，五蘊中的行蘊即此。在爾後盛行的「心所說」之中，受想識除外，其他的心之作用都攝於此，但在初期時代，「受」是用於指感覺或感情的方面，「想」用於指知覺表象的方面，「識」用於指判斷的推理作用，相對於此，「行」是用於指心的動態方面，亦即意志方面。巴利本《中部》一〇九“Mahā puṇṇama sutta”述說行蘊生起之因與緣，與想蘊同樣是依據「觸」（3, p.17 ——南傳卷十一上，中部三，頁三七二 f），將行蘊之「行」，視為心的活動之代表。以「思」（cetanā）替代「行」之舉，即是透露此一消息。《十二緣起經》解釋此「行」，說為善行（puñña saṅkhāra）、惡行（apuñña s.）、不動行（āneñja s.），但主要是指內在的意志立下一定目標而進行的狀態。第二是純心理的，更及於生理方面的用法，將此對配身與意而說為身行（kāya s.）、語行（vacī s.）、心行（citta s.），是最普通之例。亦即此際是將身心（生存）活動的全體稱為「行」，尤其隨從其機關而說為三行。第三，如說為諸行無常（aniccā vata saṇkhārā），將「行」解釋成內外一切現象，是相當廣泛的用法。如是，大致將行的用法分成如此三類，若是如此，何者最為原始？無庸贅言，應是第一類的純心理的。此因原始佛教的目的是以心為基礎，但廣泛的一般的現象，並不是當下的問題，而是在解決心的問題時，才逐漸被意識到。亦即簡言之，吾等之心受種種雜念推動，片刻亦不休止的變異，據此而獲得「行」之觀念，進而此心是動態的，此重大之特質，以心為中心的身心全體皆適用之，最後至少在表象上，認為心所表現的一切現象，不外於也是「行」。經典為「行」下定義所說的「形成有為的」（saṃkhataṃ abhisaṃkaronti saṅkhāra），不外於是以心的動相為主要觀點，認為吾等之身心，固然無庸贅言，與此等相對的世界（die Welt-für-uns）等作為有為法而遷動不止之所以，是因於心之動相而被統一而被著色。戴維斯與史提德所慨嘆的包含主客觀兩方之意的「行」，其所以難以理解，在於此「行」一語所表述的是，依前述之經過而開展的概念，故作上來之分析考察，多少可防其混亂。意欲理解原始佛教最初狀態的人無論立於何等立場，若不常將此置於心中，依各種狀況而作適當解釋，終將無法得其真意。

同樣的情形也見於以“upadhi”一語所表示的觀念。如前所述，upadhi 用於表述近似取著（upādāna）或欲（taṇhā）的觀念，有時幾乎是立於異語同義之位。但相對於取著與欲一直保持著心理的特質，此 upadhi 則有相當實體化的用法，故其義不免曖昧。通常西洋學者將此譯為「本質」（substratum），實際上，解為本質也算恰當，但有時是將妻子家畜金銀說為 upadhi（S. 2, p.108 ——南傳卷十三，相應部二，頁一五七），如“Cullaniddesa”所揭，有欲、瞋、（四）所執界、六根、六識等十種 upadhi（Cullaniddesa p.77f ——南傳卷四四，小部二二，頁九八）。從而欲以一語作適當翻譯，極為困難，漢譯以音譯的「億波提」表示，其因在此。就筆者看來，至少作為出發點的關心焦點，此仍是執著之意，因於禪定之心理而逐漸客觀化一般化，遂包含前述之多義。將妻子家畜說為 upadhi，是將執著心移至對象，其所列出的十種，即顯示執著心與全體的身心組織的關係，而所以採用本質之意，不外於是具體的表明吾等之存在是以欲為中心。亦即如同先前所說的「行」，初始從心出發，逐漸客觀化，故其多義之間仍具有一定的關係。

最後雖稍具危險，但筆者認為「法」（dhamma）的觀念，原先也是從心理活動之觀察出發而逐漸一般化的。當然就歷史而言，「法」的觀念已見於吠陀時代，婆羅門社會早已以「正律」「正行」之意，使用此語，但此語在佛教中，具有極為複雜之意，首先是被內在化，進而含有婆羅門社會之意義而一般化，因此，如同先前所說的「行」，依觀點廣狹而有種種意義。今依此見地而略述佛教中的法的意義之開展——基於方便，暫依覺音之分類，將法分成（一）教法（pariyatti），（二）因緣（hetu），（三）德行（guṇa），（四）現象（nissaṭanijjīvatā）等四種，此中，應予以注意的是因緣法與現象法。此二種觀念是佛教特有之法觀。尤其作為現象的「法」，正是稱為「一切法」（sabbe dhammā）時的法，無論心或物，都包含在內的概念。就筆者所見，在出發點上，相較於對象的物，以表象自身為主的心理現象較為重要。此依有關「法」一語的重要用例即可知之。例如：

「一切法以何者為根本？」（Kiṃ mūlakā sabbe dhammā）答曰：「一切法以欲為根本，一切法依作意而生，一切法以觸為集，一切法與受俱起，一切法以念為首位，一切法以解脫為本質。」

（A. 4, p.338~339 ——南傳卷二一，增支部五，頁三〇三 f.；Geiger, s "Dhamma" p.89）

此是與心理現象有關的文獻。又 Saṃyutta（N. IV p.350~358）指出憂愁與法起（dhamma samuppāda, 心起）對立而 dhamma samādhi（法定＝心定），一切現象之三昧難以理解，故此處所說的「法」，如蓋格教授所作的解釋，是與對象有關的表象之抑止（Aufhebung der Dingvorstellungen）之意（Geigers: Dhamma, p.87），更且是指從 dhammasamādhi（法定）至 citta samādhi（心定），因此，將此處的「法」，解釋為個個的表象，是至當的。所謂的「諸法無我」（sabbe dammā anattā），就筆者所見，同樣透露此一消息。諸法無我，廣義而言，一切現象都是成立於關係之上，其間並無常一主宰之神，但宇宙並不是佛教的主要問題，又，稱為「我」的概念，其心理的意義較強，因此，將此際所說的「諸法」，理解為其所著重的是指一切的心理現象，應較為容易了解。覺音特將現象說為 nissata nijjīvatā（無我而流出的），不外於是在保存前述的原始意義。進而依據六根六境之組合的認識過程，也得以明顯表示。亦即色、聲、香、味、觸、法分別作為眼、耳、鼻、舌、身、意之對境，於此中生識，此乃佛教之認識論，此處應予以注意的是，特將意根（Denksinn ?）之對境稱為「法」。此際的法，不外於是指被對象化時的心象，此相對於其他五境之外境即得以比知。蓋格所說的「意根所認識或所了別，故，彼法必然是某種精神的存在」（Dhamma D. 81），誠是至當之解釋。此依爾後法處雖含攝種種，但其大部分是所謂的心所，或概念之實在化，亦足以窺見其原始精神。如是，作為現象的法的觀念，原是從心的現象導出，若是如此，何故將此名為「法」（law; Gesetz. 法則）？此乃覺音作為第二義而揭出的因緣（hetu）之意所導致，一切心的現象依一定的秩序與法則而動，故依此而命名。亦即心依緣起法則而動，故就其個個的內容給予「法」之名。就此而言，法的觀念與緣起的觀念有極為密切的關係，認為其出發點同一並無不可。如「見緣起者見法，見法者見緣起」之說，或在說明緣起法則時，所提出的法住（dhammaṭṭhitā）、法位（dhammaniyamatā）之說，正是透露此間消息。筆者在《原始佛教思想論》中，指出「佛教將一切現象說為一切法，是因於一切現象受此因緣理法所支配，故直接將因之名應用於果，是基於此而作此命名」（《原始佛教思想論》，頁四九），如今此感益深，更且如前所述，其因緣觀原是出自以心為據之考察，如同心觀，法觀亦擴大而一般化。更且基於此心觀的法觀逐漸擴大其適用範圍之所以，如同前述之行觀，有其客觀化之經過，在某一方面，諸行與諸法的範圍一致，遂取代諸行無常而有諸法無常之說。但「行」的觀念是由心之動相所導出，相對於此，「法」是依其活動的法則而被誘導的觀念，故相較於「行」，「法」的觀念更富於歷史背景，其適用範圍也廣，意義也深，此乃法之觀念較「行」更為複雜之所以。雖然也有人認為佛教初始是從抽象的法則的觀念出發，爾後逐漸的下降為具體的，但此斷然不是正當的歷史的解釋。初始從具體的心理生活獲得法則之觀念，逐漸的予以抽象化普遍化，如此才是歷史的真相。

上來就與緣起觀之課題的生死觀相關連的，尤其緣起觀中，居重要地位的三、四個題目，述說原始佛教的觀點。就筆者所知，明白就此作論述的，此文為初始，剋實言之，實有必要更予以詳細論證。但今尚無餘裕，故僅只舉其一隅而已，要言之，無論研究原始佛教任何部門，若欲真正理解，若無前述大致之考察，終究不能達其目的，此乃筆者深所堅信。可稱為綜合的緣起觀，前述的考察之外，加上輪迴問題，是更為複雜的心的經過之產物，因此，若欲理解，當然需要更緻密的分析與綜合。

## 二、緣起觀與輪迴觀

前項所述，是暫且擱置與緣起觀有最深關係的輪迴觀之問題而作的觀察。若是如此，緣起觀與輪迴觀之間的根本關係如何？此乃近時日本學界緣起觀論爭之主題，作論理解釋的宇井與和辻兩人，意欲從緣起觀之原始意圖排除輪迴觀，反之，赤沼主張緣起觀之目的自初始就是意在說明輪迴。筆者的立場則居於中間，若從根本之關心而言，三世輪迴的說明未必是緣起觀之目的，雖然如此，但筆者認為於其暈圈思想之內，初始已含有此意。不只如此，緣起觀的目的原先並不是為揭示人生之事實，而是意欲揭示以老病死為代表的人生之苦如何生起，從而，自初始其時間的經過的意味較強，因此相較於認為緣起觀與輪迴觀自初始就是分開的，認為是結合的，應較契合原始佛教真意。

因此，為闡明此一問題，首先有必要探究原始佛教（稱為根本佛教亦可）對於輪迴問題是採取何等的關心態度。

無庸贅言，佛教的輪迴觀也是取自當時的信仰，近時某些人士主張佛教初始是全然不承認，或縱使承認，也是極輕微的，對於如此的觀點，筆者不能接受。當然佛教之輪迴論相較於當時之輪迴論，有顯著的內在化，佛陀完全是尊重現實的人，無論解脫或涅槃，都以「於現法證知實現游履」為目的，因此，並無後世那般致力於三世輪迴之說明，此應是無可懷疑的。但因此而認為對此問題，佛陀不關心或是不甚重視，則是大錯誤。從根本之關心的修行觀而言，此輪迴之說具有極為重大意義，生死解脫之要求也需要有輪迴觀才能確實理解。從理論而言，若生老病死只是此一生的問題，則一死一切問題都能解決，無須捨離一切，冀求解脫生死苦惱。佛陀捨離一切之所以，進而就所予的事實言之，佛陀熱衷於解脫此老病死之所以，豈非是受在此無限的輪迴之中，常蒙受自然必然之壓迫的觀念所影響?更且若徵於有關悟道之文獻，例如「流轉非一生」（anekajātisaṃsāraṃ）（Dh. pada 153~154—p.23 ——南傳卷二三，小部一，頁四〇；Jātaka I, p.76 ——南傳卷二八，小部六，頁一六一）云云的菩提樹下所悟之偈，縱使是後世假託，但在被視為最古老之紀錄中，若無輪迴則毫無意義的記事其數眾多。「此乃我最後生。不更受後有」（ayaṃ antimā jāti, na'tthi dāni punabbhavo ti）的表現，以《中部》的《聖求經》（Ariyapariyesana-s. = 《中阿含》卷五六《阿羅摩經》）為首，隨處可見，尤其「後有」一語，在表述解脫之自覺時，是最常使用之語。「此乃我最後生」「不受後有」

之句，若無輪迴之觀念，將如何解釋？從而解脫之要求雖是於現法證知實現，但將此視為與死後問題有關連，也是自然之數，《經集》（2, 12—p.59f ——南傳卷二四，小部二，頁一二七f）有如次應予以注目之記事。據其所載，佛弟子中，被視為詩人的有名的鵬耆舍（Vaṅgīsa）其教授師尼倶盧蛇卻波（Nigrodhakappa）死時，鵬耆舍掛念其師是否大圓寂（parinibbuto），遂請問佛陀。其中所說，應予以注意。

> 問：吾師卻波所修契於實義之梵行。此為空耶？彼入於圓寂耶？有餘滅（saupādiseso）耶？如何解脫？吾願欲聞之。
>
> 世尊答曰：彼於現世滅名色之欲愛。又，五者之最上之世尊曰：彼全然渡過長夜執著愛欲之流之生死。（Suttanipāta 354~355 — p.62 ——南傳卷二四，小部二，頁一三一）

是對於所謂的無餘涅槃，或不還果之有餘涅槃的疑問（有關有餘無餘請參照註）。更且視此為死後之問題而提出詢問，若不是關心輪迴論，何以生起如此掛念？當然對於喜歡作論理解釋的人而言，可以依據其文獻方法論，認為如此的文獻是後世附加的，或解釋成將現在所作的說明，附上含有過未色彩的文句。如今從原始佛教之立腳地，和辻意欲全然除卻輪迴論與業論（《思想》第六十二號），就筆者而言，實相當難以理解，宇井雖非如此大膽，然其根本關心之範圍仍是意欲排除輪迴觀，故與和辻有相同傾向。其所說的「就根本佛教而言，輪迴一語是意指一再重複，因此不應視為是事實，而應視為是要請」（《思想》第三十九號，頁四九）。不清楚宇井所說的「不是事實而是要請」其意如何？或許其意是，所予的人生雖是事實，但過去未來永然存續的輪迴之說只是暫時隨從當時的信仰，雖然如此，但如先前的文獻所顯示（尤其被宇井視為是最古老經典的經集中之小品），其輪迴觀是實踐之要件，因此，若「非事實而只是要請」，則根本問題無法解決。若其所說的要請是康德所說的 **Postulat** 之意，則「不是事實，只是要請」之說，可說是無意義的。此因康德所說的「要請」，在理論理性之範圍雖不能證明，但從實踐世界而言，若無此，則人生之意義不能完成，因此就初始即著重實踐世界的根本佛教之立場而言，要請必然完完全全是事實。若是真正的要請，如前文所述，至少是作為背景的重要的關心點。當然，筆者也不認為輪迴得以作科學證明，也不認為原始佛教對於輪迴特加重視，筆者只是認為輪迴論是基於道德的要求而產生，此外並無得以證明的方法（參照《原始佛教思想論》，頁一一五）。雖然如此，但筆者完全承認輪迴論是取自於當時的信仰，而佛教循例予以內在化，具有「一再出生」之意的此語，有助於通俗的教化，同時，也具有能強化解脫之要求的背景，此即是佛教的出發點。

如是，佛教自初始即將輪迴觀納入其重要的要素中，緣起觀與輪迴觀當然自初始即有密切關係。諸法依緣而起，而輪迴也屬於緣起法的論述之外，在組織緣起系統之際，頗為重要的任務就是有關輪迴之解決，此依種種文獻所載，即可知之。首先從全體觀之，在重要的緣起經中，是以各種

---

註：漢譯阿含中，將第四果稱為無餘涅槃，稱第三果為有餘涅槃的用例屢屢可見。筆者認為此乃最原始的分類（《原始佛教思想論》，頁二四五註）。雖然如此，但當時筆者在巴利本中不得見其典據，故暫依常例處理有餘、無餘的問題，今據此鵬耆舍之問看來，可知 Saupadisesa（有餘）是不還之意。既將已死之人稱為有餘，則不能認為是在不還果之外。不只如此，《經集》大品第十二所屬的《雙觀經》（南傳大藏經的二種隨觀經），所說更為明白。亦即在述說種種修行之效果時，揭示可期待的二種果報：「於現在世可得全智，若是有餘，可得不還位」（diṭṭhe va dhamme aññā, sati vā upadisese anāgāmitā—P. T. S 本 p.140＝南傳卷二四，小部二，頁二七二）。在古文獻涅槃觀之研究上，此乃是必要的，故特附記於此。

形態言及輪迴問題之解決。例如被視為最古老的緣起經的 Udāna III, 10（南傳卷二三，小部一，頁一三七），其最後是以「藉由對於一切方面之欲之滅盡，而有完全離貪止滅之涅槃。到達寂靜之比丘無執著故，已無再有」（p. 33 ——南傳卷二三，小部一，頁一三七），結合被視為十支緣起經之代表的「相應部」的 Nagara sutta XII, 65（S. 2, p.104 ——南傳卷十三，相應部二，頁一五一；《雜阿含》卷十二——大正二，頁八〇六 f）所載的「此世實受憂苦所制。生老滅而又更生。不知此老死之離脫。如何得知此老死苦之離脫」？就緣起經而言，此等屬於最古老的部分，是顯示緣起觀與輪迴觀具有難以脫離的關係的重要材料。更且就所謂緣起支的一一觀念觀之，凡屬於重要的，皆與輪迴有密切關係。例如「賢者依取執之滅而正了知，體驗生之滅，後有不再來」（Suttanipāta 743—p.144 ——南傳卷二四，小部二，頁二八二），揭示取與後有（輪迴）之關係，「此生彼生再三生死輪迴，以無明為歸趣。實則此無明為大暗，據此，眾生長久輪迴。去之，達知慧（明）之彼等眾生，後有不更來」（Suttanipāta III, 12 = 729, 730—p.142 ——南傳卷二四，小部二，頁二七五 f），顯示無明與輪迴的關係，尤其將欲下如此定義：「伴隨滿足貪欲，隨處求滿足之心，是再有之因」（Vinaya I, p.10 ——南傳卷三，律三，頁一九；M. 141 Saccavibhaṅga s.—3, p.250 ——南傳卷十一下，中部四，頁三五三；《中阿含》卷七《分別聖諦經》——大正一，頁四六七 f），是意欲從欲之自體探索輪迴之因的解釋。將此等予以彙整的是「彼等無聞凡夫為無明所覆，為愛緣所縛，得此識身。彼無明不斷愛緣不盡，身壞命終還受後身」（《雜阿含》卷十二——大正二，頁八四 a），是古文獻之一例。不只如此，他派也認為此乃佛教之輪迴觀。對於《摩訶婆羅多》（一二、二一八、三三）所揭的「無明為田，業為種子，潤以渴愛，此等結合而有輪迴」，註釋者 Nīlakaṇṭha 指出此乃佛教之說，將此與「諸業愛無明因積他世陰」（《雜阿含》卷十三之第四經——大正二，頁八八ｂｃ；S. 2, p.23~24 ——南傳卷十三，相應部二，頁三四）相對照，Nīlakaṇṭha 所說是正確無誤的。

據此看來，緣起經之總體或其部分，自初始即與輪迴觀有關係，應是無可懷疑。筆者先前指出相較於此二人所說，赤沼所說不合理之處較少，其意在此。但問題的是，若是如此，九支十支，尤其是十二支的順序，如後文所述，是否初始即含有為因應輪迴相狀而組織？剋實言之，對此，筆者尚未能確定。如前所述，縱使是十二因緣說，其出發點主要也是心之分析而已，雖然如此，但當順序被確定時，爾後，每當言及十二緣起，必具有說明輪迴之形式，此乃大小乘無一例外，據此看來，應是初始即具有因應事實的輪迴而決定其順序。無論如何，與此相關的根本性的研究，且留待他日，至少就歷史的事實而言，在契經中，已企圖逐漸將此與輪迴之順序結合，此乃必須予以承認的。更且筆者不認為另有其他解釋，仍應是緣起觀本身所含意義朝某一方向開展所致。所以如此的契機，有二個。其一，原始緣起觀中所含相互依存的同時關係與前後傳生的經過關係之中，從輪迴觀的立場而言，以影響較強的異時的經過關係為線索，採用前揭考察法，直接將緣起系統之順序擴及於有關生死之規定。另一理由是伴隨將生老病死事實化的精神而得的自然結論。此因一旦將生老病死事實化，由於生與死之間有一定的時間順序，導致其他諸支之間也有相同關係，就解釋之統一而言，此乃是自然之數。

如是，依此二種理由而逐漸將緣起系統與輪迴系統結合時，在八支、九支、十支，尤其是十二支的緣起觀的解釋上，有顯著的轉向。但原是從心理觀出發的，究竟是在何處轉向於事實的輪迴？此並無一定。徵於尼柯耶，如《大緣方便經》，因應生老病死的事實化，而將有對配三界，識與名色的關係是托胎時的關係，但其餘的，大多仍保存其心理的意義，如《中阿含》卷五四《荼啼（嗏帝）經》（M. 38 Mahātaṇhāsaṅkhaya-s.）所載，是從托胎時出發，將觸受愛取視為是嬰童時代至青年期之前的經驗，進而揭出經由有而至生老死之順序，其所述類似有部的三世兩重因果說，如是，在契經中，有不同的解釋，即明顯透露前述消息。就論部而言，若言及十二緣起，必作輪迴論之說明，但出發點的唯心緣起仍隨處保持，在程度上雖有種種差異，但總地說來，其狀勢是初期著重心理觀，到了後期，則著重生理觀。但對緣起觀作如是解釋，從思想的價值而言，絕非進步，此中含有將廣義限定於單一事項，將深義通俗化的遺憾，此如筆者在《原始佛教思想論》（頁一四八）之所指出。雖然如此，但就歷史的事實而言，此輪迴的解釋逐漸占有勢力，到了大乘，雖意圖再回歸唯心緣起，脫離十二緣起之形態，藉以恢復緣起觀之根本精神，但如前文所述，縱使是此際，一言及十二緣起，輪迴觀的形式仍順延在大乘經論中，其由來淵源久遠，其末流又如此長遠，因此，若不知所以如此的內在的必然性，則無法理解此歷史的現象。尤其到了後世，輪迴觀大受重視，隨著教團擴大，無法證得現在涅槃的教徒日多，而在修行上，輪迴也逐漸被注意到，緣起觀中特別著重於此，應是其一大理由。

## 三、筆者對於唯心緣起與輪迴緣起的止揚方針

如是，初始以現實之心為依據而作觀察的緣起觀，其中所含的輪迴論的意義逐漸形成。雖是極為粗略，但筆者仍將此間之迴轉分成三段而作觀察。若以通俗的語言表現，可稱為七分三分之觀察。

第一，價值的心理觀七分，預想的存在觀三分（修行七分，理論三分；現在七分，輪迴三分）。原始佛教以外，若可以另立根本佛教，此一立場即是。經典方面，"Udāna" 與 "Suttanipāta" 的古部分，以及被編入《雜阿含》的古部分等是其代表。

第二，心理觀五分、存在觀五分（其他也是五分五分）。以吾等所見的五部四阿含為總體時，即是此一立場。此中，可以《長阿含》、《中阿含》作為代表。

第三，存在觀七分、心理觀三分（理論七分，修行三分；輪迴七分，現在三分）。屬於阿毘達磨之後期，有部論書可作為代表。

相對於此，若立第四，即是大乘，如前所述，再回歸根本精神，以心為主，更且給予此心極高之地位（認識論的，或形而上學的），高次的綜合先前的心理觀或存在觀。

如此分類之細分以及說明且留待他日，總之，如此的分類之中，筆者所說的原始佛教，是指第二立場。筆者的《原始佛教思想論》實基於此立場，在允許的範圍內，是朝此思想推進。若是如此，基於此一立場，如何理解存在五分與價值五分的緣起觀，將是得其精神之所以。如前所述，隨從其出發點，將一切歸於心之考察，雖是契合關心焦點之所以，但對於生老病死事實化的立場而言，僅只如此，並不足夠，雖然如此，若作《茶啼（嗏帝）經》方式之考察，作胎生論的解釋，此舉雖不知能否契合爾後有部之意，但斷然不契原始佛教之精神氣魄。難道此中毫無得以止揚兩者的一貫的解釋？此乃吾人最為苦惱之處。但筆者充分認為此間實有納入種種解釋之餘地，到了大乘，中觀派解為是認識論的「空」，瑜伽派更依其有關認識主體之考察而說為略為的「有」，此等都是為克服前述的困難而提出的。從而近代學者為克服此困難，或依自然科學之立場，或依哲學的立場，作種種解釋，相對於此，筆者既已意識前述之經過，故常以尊敬與趣味對待。尤其對於學習德國哲學之人企圖將「範疇」之說納入於此中，嘗試據此而止揚事實與心理之舉，是最誘惑的且具有趣味，此乃筆者必須充分承認的。從心理出發，且客觀化其內容，此中含有既非心理，亦非客觀的事實的思想，貫串兩者，更且以兩者都適合的形式原理之範疇行之，至少在外表上可以克服其困難。就此而言，對於宇井、和辻的論理的解釋，尤其是和辻的範疇論的解釋，筆者覺得頗為注意，更且表示敬意。雖然如此，但若執此為原本的意義，如前所述，此中含有種種缺點，硬是將原是動態的具體的心理的緣起觀作靜態的概念的解釋，就原始佛教的性質而言，終究是筆者不能安心與滿足的。

若是如此，筆者在《原始佛教思想論》所企圖之方針又是如何？既已成書，因此表面的道理此處不再重複，實言之，宇井、和辻兩人的解釋是承繼中觀系之思想，筆者所說則與唯識系統之思想有某種程度之關聯。雖非故意，但在不知不覺之間，至於此境，此乃筆者必須坦白承認的。此因唯識思想之特徵是既含有空觀，又注力於認識論，意欲就阿毘達磨所關心的輪迴思想給予基礎，是基於心理與事實、現實與輪迴都予以止揚的目的而組織的，故對於筆者的目的給予標識。但筆者並非意欲強與唯識思想連結，而是在種種考察之內，自然達於此境，坦白的說來，苦心脫離唯識思想也是事實。如是，筆者最後所到達的結論，可以說是倫理的唯心論之立場，此正是由內觀之焦點與量圈思想所貫串的原始佛教的情況。所以說為倫理的唯心論（註）——是因為原始佛教的世界觀未必是觀念論的。可成為觀念論之傾向雖極其充分，但未必是批判的認識的觀念論，而是以某種形式承認此所予的世界。但此所予的世界其本身不能成為吾等的生活價值，彼所以成為生活價值，在於吾等以欲望賦予好惡美醜粗細等價值。更且此價值之賦予，是依存於吾等先天的或後天的養成的性格

（業），就此而言，吾等的性格可以造就吾等之世界，是故，名此為倫理的唯心論。從而若依此立場而言，唯有將十二緣起觀視為主要是在揭示性格形成之次第以及彼造作此世界（吾等的）之經過（易言之，主要是業論之一種形式），心理與事實之世界才得以止揚，此乃筆者在《原始佛教思想論》所提出的第二種解釋。性格之形成其本身是屬於心理活動之領域，據此，對於所予的世界賦予價值而有事實界之建立。如此的關係若以譬喻表示，即如同戴上有色眼鏡（種種變化）看外界。由於眼鏡的顏色，外界遂有種種色彩，因此，無可懷疑的，是眼鏡的產物，此如同依眼鏡而見的外界是以某種形態作為 etwas 而存在，佛教並不否認此所予的世界，但就價值而言，實是以吾等的心之眼鏡為根據，此至少是依據前述見地的佛教的立場。更且此眼鏡不是依據感性、悟性的知的範疇，而是依據情意的實踐界而形成，就如此的主張而言，可稱為倫理的唯心論。筆者在《原始佛教思想論》中，指出「若無執著，縱使三界是物理的存在，此亦非吾等之世界」（頁一四一），述說緣起系統中的「取」與「有」的關係，對於筆者所說，和辻作「若佛教不承認此世界，如何從心理的執著導出三界」之類的非難（《思想》第五十八號，頁四一以下），縱然筆者亦有「生的最重要的條件是三界」「縱使物理的三界存在」等之說，但顯然筆者是失敗的。但筆者主要的意圖完全不在於物理的三界，如筆者在該書一再強調：三界的依報（物界）、正報（身分）之中，境界的正報是主要，依報之三界觀是心的狀態之客觀化，易言之，是有色眼鏡所顯現的對象。縱使暫將物理的三界當作重要的關

---

註：以倫理的唯心論之名稱呼佛教，就筆者所知，是 Radkrishnan: Indian Philosophy（1. Chap. VII），但筆者早已使用此語，茲附記於此。

心點，但就基於現今立場的緣起觀而言，可以從取著與欲愛形成吾等的三界。和辻主張心理的「欲」不能成為「有」之根據（《思想》第五十八號，頁四七），但將「有」普遍化成「一般的存在」，即是基於認識論的立場；若將「有」理解為境界，更且從情意的立場而言，則可了解無造作的關係。簡言之，因於意欲成為學者之執著與欲愛而獲得學者身分，因於意欲前往外國之欲執，故外國成為我之所在，情形如出一轍。如是，既然承認輪迴，則無論是三界在何處，因於對此之欲愛與執著，以及與此相應的行為而轉生之，此乃是通俗的佛教常識。並不是「將有視為外界現象，將取視為心理現象，由於一語二義而混淆連結此間的緣起關係」。筆者所欲表明的是，亦即同樣在該書，筆者亦一再指出：斷「有」並不是要排除外界的現象，而是廣義的人生境界（價值的存在），此無非暫且以「三界」一語表述藉由欲與愛所培養之性格而創造自己之種種經過。請參照諸如「此不在天堂，不在地獄，而是吾等之性格所作」的說明。由於承認作為 etwas 的所予的世界，此乃將種種根器等等視為阿賴耶之變現的唯識異於原始佛教之所在，雖然最壞的情況是此間含有產生極端實在論之契機，但認為原始佛教之立場完全是在於價值的世界是吾心（主要是情意）之產物，應是最妥當之見解，此乃至今筆者仍不變易的相信。

如是，經由相當的苦心與迂曲，依據心的開展之經過終究是輪迴開展之經過的立場，嘗試止揚唯心緣起與輪迴緣起的，是筆者在《原始佛教思想論》中的主要觀點。剋實言之，由於問題的性質有難以克服之難點，因此，思索力弱的筆者，在體系上，存在諸多弱點，此乃必須承認的。但至少就筆者而言，筆者確信原始佛教之思想，尤其以十二緣起為代表的，必然應是如此，斷然不能插入或多或少的獨斷的解釋，此乃筆者之所力求。尤其將筆者依此立場的無明理解為盲目意志，遂將筆者與叔本華的世界意志結合，據此而非難筆者，最令筆者感到難過。「盲目意志」一語顯然受到叔本華影響，但筆者絕非當作「世界意志」之意使用，而是意指個人的（此中雖含有價值的世界）。此乃是朝將"upadhi"與「欲」解為「本質」之意的佛教精神推進，故筆者斷然沒有以甲代乙之企圖。既然以輪迴觀作為緣起觀之課題，即必須指出何者是輪迴主體，因此，佛教基於將欲與執著視為世間之因的一般的立腳地，基於前文所述的欲與無明之表裏關係，因此，作為十二緣起觀之出發點的無明遂具有意義，筆者將此理解為盲目意志，就某種意義而言，意欲用以代表輪迴之主體（一切都是遷流不止，因此，佛教不承認有固定的主體，從而就遷流而言，無論行或識，都可以視為主體之代表，但基於出發點的地位，故以無明擬之）。意欲將輪迴論從佛教排除的人主張佛教是「無我論」，對於「輪迴的調和說」不留餘地的痛擊，但此乃是對於佛教「無我」的意義瞭解不徹底所致。佛教所破斥的「我」，並不是「經驗我」（假我），而是「本體我」，此本體我具有常一主宰之屬性。佛教所破斥的是，常住的存在，可以隨意自己規定自己的精神的原理。此徵於對於五蘊一一論述無我，無常的，是無我，無我是苦的說明，即可知之。從而佛教的「無我」，是不承認如此的統一原理，但對於作為自然的經過的一種現象，依種種關係而規定，不絕如流的生命的現象，仍是承認的。此不僅不與「無我論」牴觸，更且可以理解佛教所以意欲脫離輪迴，是因為吾等的本質是如此的不隨意。筆者所以指出「業觀輪迴說在佛教中，才真正具有哲學的意義」（《原始佛教思想論》，頁一〇一）的理由在此。如奧義書與數論等所述，自我是常自由存在，故毫無可納入於令人憎厭的輪迴的理由，反之，佛教在解釋一切都是遷流的經過之現象時，作為經過之一，即有可以充分承認輪迴存在的理論根據。充分了知無明本來即帶有智的性質，但作為十二緣起觀之出發點，將此視為生命的意義，進而視為是盲目意志，從而與此相應，將「行」解為是其發動位，順次是心理作用發展之經過之所以，完全基於前述的理由，亦即意欲發揮在十二緣起中結合心理觀與輪迴觀的精神。

基於前述見地的十二緣起之解釋，在《原始佛教思想論》是作為第二釋而提出，如前所述，今有必要略作訂正，並簡單列舉其要如次：

| | 焦點與暈圈之思想 | 止揚綜合 |
|---|---|---|
| 一、無明 | 基於生存欲的錯誤的判斷（關心之焦點）<br>過去世的煩惱之總代表（暈圈之思想） | 生的盲目的肯定（盲目意志）。 |
| 二、行 | 追求欲樂的意志作用<br>過去的業之代表 | 生命活動所具的先天的無意識的性格。 |
| 三、識 | 自我意識<br>托胎時的心識 | 以先天的性格為背景的意識之覺醒。 |
| 四、名色 | 對於身心組織的一般的個體感<br>以識為中心的身心組織 | 意識之反省的自我分裂而客觀化自己。 |
| 五—九、六入、觸、受、愛、取 | | ——意識之反省的自我分裂而客觀化自己。 |
| 十、有 | 對一定身分之執著感<br>決定未來之生的生有、業有 | 作為前述活動之結果，新得的性格與基於此的新世界之開展。 |

十一、十二、生老病死
- 依對於生之執心，對老病死之苦惱
- 未來世之生老病死

新的世界的前述十支重複。

嚴格說來，前述的止揚綜合法只是大致的，筆者不敢認為僅此別無他法。此中的主要關心點雖與以《荼啼（嗏帝）經》為出發點而完成的有部與南方上座部等三世兩重觀相對立，但如前文之所指出，所說的行，所說的識，另有廣泛的解釋，因此關心之焦點完全不動搖，但所謂的暈圈思想則有廣狹之別，依據採取何等程度之解釋，其止揚綜合之狀況有別。此乃筆者不敢自滿原始佛教所含緣起觀之難點已充分解決之所以，更且此難點之所在，終究是佛教種種開發之契機，若過份排除其中某一方，將斷絕爾後產生的思想之連絡，此乃筆者所不欲見的。筆者所欲主張的是，緣起觀絕非只是意在揭示包含生死的概念間的論理的關係，而是意欲揭示廣義的生活的動態的經過，在緣起觀中，也有與其關心焦點稍異的暈圈思想存在，因此，對於緣起觀的真正的理解，必須在止揚綜合之上，才得以完成。